推薦の言葉

　本書は近代エネルギーの世界を俯瞰的に描いたものとして画期的である。エネルギーをめぐる攻防が今日の経済基盤をつくってきたものと理解してよい。

　とりわけ、日本が世界に先駆けてLNGを導入し、世界のLNG貿易を切り開いたのは、日本の大手電力、ガス事業者であると言ってもよいであろう。しかし、ガス供給インフラは大都市港湾に建設されたLNGターミナルからの供給に特化し、今日に至るまで全国流通網をつくるに至っていない。したがって、LPガスを用いた中小地方都市の都市ガス事業者まで加えると、膨大な数のガス事業者が、ガスソースへのアクセスを模索している状態である。

　米国や欧州では、近隣ガス田からの広域パイプライン網が発達し、さらに規制改革によりガスを運送する事業者TSOとガスの売買を行う事業者が分離されているため、ガスの消費者はガスの供給者を選択でき、その売買には市場が大きな役割を果たしていることがわかる。DXの発達によりパイプラインの中のガスの所有権を識別できていることも驚きである。

　電力の方は、第二次世界大戦以前には、ガス同様に多数の地域電力事業者が分立していたが、ガスと異なるのは、電線は容易に接続して地域電力事業者相互の供給安定性の向上に寄与できるということであろう。第二次大戦中には、戦時下の電力供給の確保のために、国策として戦時統制令により全ての地域電力を吸収して大電力に一本化した。戦後、現在の10電力体制に分割され、現在に至っている。日本の電力業界は、戦時統制令以来の安定供給を至上命題として発展してきたと言ってよいであろう。

　欧米のガスの世界は、パイプラインで繋がっているので、広域市場が形成され、ここには様々な市場参加者が参加し、LNGガスやバイオガスを含む多様なガスが取引されるシステムに発展していく。多くの地域ガス事業者は、広域グリッドを利用しつつローカルグリッドを運営する。多くの分散電源が立地するようになると、このガスのシステムはそのまま電力に適用され、広域市場が形成され、多数の市場参加者が電力市場に参加するようになる。ここでも、広域グリッドとローカルグリッドの役割分担が明確になってくる。このようなシステムをうまく運営するためにコンピューターを駆使したDXが導入されることになる。

　日本では、ガスはバラバラで、電力は逆に中央統制が強すぎて、いずれにしても、市場の多様な参加者を許容したり、ローカルグリッドの独立性と広域グリッドの広域流通のバランスを取るようなシステムには、なっていなかった。国のエネルギーシステム改革により、変わりつつあるが、まだまだ、先は長そうである。

　本書は、欧米の取り組みの本質を理解するうえで、大いに示唆に富むものであり、今後の日本のエネルギーシステムの改善への参考になろう。

早稲田大学名誉教授
環境エネルギー技術研究所株式会社代表取締役
米国 IEEE Life Fellow
2024年12月　横山 隆一

はじめに

　エネルギーDXというとイメージがわかない人が多いかもしれない。エネルギー産業というと典型的な重厚長大型の装置産業というイメージであり、一方、DXというとIT産業に代表される軽薄短小型の情報産業というイメージで、両極端に位置する言葉を結び付けた造語であるからである。しかし、このようなイメージを持つことが普通になっていること自体が、実は日本の限界を露呈している。ここに垣間見える発想の原点は、ハードが意識の中心にあるということである。

　日本は、重厚長大の世界では高効率の発電プラントや高断熱のLNGタンクなどの最先端の技術を誇ってきた一方で、軽薄短小の世界でも高集積度のメモリーチップや光情報通信の技術など世界の先端を走って来た。このような実績が、ハード志向の意識を生み出しているのであろう。

　DXの世界でも日本では、直ぐに大規模データセンターなどのハードが真っ先に想起され、国の政策もこのようなものを中心に組み立てられる。しかし、DXの本質は、実はそこにはなくて、いかに高度な情報処理により高度なサービスを実現するかというオペレーションソフトウェアの世界にあるのではないか思う。

　大規模データセンターは、これを実現する一つの道具でしかない。肝心なのはオペレーションの高度化の方である。コンピューター技術の発達により、今日では、昔は実現不可能であった高度な情報処理に基づく高度なオペレーションによる高度なサービスの提供が、あらゆる分野で可能となった。

　ところが、ハード志向の日本人の思考パターンからは、このソフトウェアのことが抜け落ちていたのである。エネルギーの分野も同様で、欧米では日々オペレーションが高度化、改善され、対象もガスから電力へ、さらに統合システムへと拡大しているが、日本ではハードは最新鋭のものが投入されているがオペレーションは20〜30年前と基本的に変わらない状態となっている。

　世界では、コンピューターの進化と並行して、この20〜30年の間にエネルギーの分野でも、このようなDXが大きく進んでいたのである。その結果、設備を見ると、一見、日本も世界も同じように見えるが、設備の運営内容は日本は20〜30年遅れ、といった事態が生じている。

　本書で取り扱うエネルギーDXは、このようなエネルギーのオペレーションを巡る世界の動き解説しようとしたものである。

2024年12月　内藤　克彦

CONTENTS

はじめに	3
ご注意	8

第1章　エネルギー分野で進むDX　　9

第1章　概要	10
1.1　アナログの世界だったエネルギー	11
1.2　ネットワークの自然地域独占	14
1.3　エネルギー需要と供給の課題	17
1.4　地域自然独占の悪用と対応策	20
1.5　世界に発展するDX技術	21
1.6　欧米のエネルギー改革「ガスから電気へ」	24
1.7　コンピューターで管理するエネルギーDX	27
1.8　エネルギー配給事業者レベルのDX	30
1.9　ガスグリッドに組み込まれるバイオエネルギー	34

第2章　ヨーロッパの天然ガスの歴史とDX　　37

第2章　概要	38
2.1　DXのはじまり：天然ガス需要拡大によるパイプラインの導入	39
2.2　国境をまたぐパイプラインの枠組み	43
2.3　ロシアのウクライナ侵攻によって表面化したエネルギー問題	46
2.4　EU加盟国ドイツのガス価格と市場化	49
2.5　EUのガス指令とガス事業の自由化	53
2.6　ノルドストリームとエネルギー憲章条約	56
2.7　エネルギー憲章条約の役割終焉	59
2.8　ロシアを経由しない天然ガスの導入	60
Column1　エンロンの初期の調達手段としてのハイイールド債	64

第3章　北アメリカの天然ガスの歴史とDX　　65

第3章　概要	66
3.1　アメリカのガス事業の自由化	67
3.2　巨大パイプライン事業者エンロンの登場	74
3.3　ガス供給を最適化するHub Pricing Program	81
3.4　ガス銀行の創設とSPC	83
3.5　ビジネスを拡大するファイナンシャル取引	85
3.6　デリバティブ商品の開発	88
3.7　エンロンのマーケットと終焉	95

未来エコ実践テクノロジー
エネルギー DX
～デジタルで効率化する電力システム大転換技術～

第4章　イギリスとヨーロッパのガス市場改革　101

第4章　概要　102
4.1　イギリスのガス事業改革と市場化　103
4.2　NBPの仕組み　107
4.3　オランダ天然ガスの仮想取引所の仕組み　110
4.4　イギリスの市場運営とAPX Gas UK　112
4.5　ドイツのガス市場と日本　114

第5章　ガスエネルギー取引市場の発展　115

第5章　概要　116
5.1　ガス取引市場の設立　117
5.2　ガス先物の上場　119
5.3　ガス取引市場の契約システム　121
5.4　先物市場の清算機構　123
5.5　ガス市場の運営会社　125
5.6　エネルギー取引市場のDX：電子プラットフォーム　129

第6章　産業を支えるLNG　131

第6章　概要　132
6.1　日本のLNG導入の背景　133
6.2　LNG開発の仕組み　136
6.3　LNG価格の決定プロセス　138
6.4　日本のLNGインフラの課題　142
6.5　韓国のガス事業とLNGターミナル　144
Column2　アンモニアの次世代発電燃料の可能性　146

第7章　アメリカのパイプライン事業者　147

第7章　概要　148
7.1　アメリカのパイプライン事業　149
7.2　第三者によるガスインフラ施設へのアクセス　153
7.3　パイプライン使用料金の設定とサービス　156
7.4　需給のマッチング　161
7.5　パイプライン輸送容量の解放　163
Column3　アメリカのシェールガスの発見を支えた鉱業権賃貸制度　164

第8章　電力のDX：なぜエネルギー分野で DXは進んだのか　165

第8章　概要	166
8.1　DX前のエネルギーは中央集権型	167
8.2　変動する需要に合わせた中央集権的な出力調整	170
8.3　分散エネルギー源の出現	174
8.4　市場の変化と市場独占	176
8.5　中央集権と地域分散の熾烈な争い	178
8.6　電力の民主的な流通とは	181

第9章　電力のDX：再生可能エネルギーの出現とDX　189

第9章　概要	190
9.1　再生可能エネルギーは面的に分布する膨大な供給源	191
9.2　再生可能エネルギーには出力が自然変動するものが多い	198
9.3　地場資源の再生可能エネルギーを最大限利用	200
9.4　膨大な再生可能エネルギーと需要のマッチングにはDXが不可欠	203
9.5　需要も再生可能エネルギーも天気予報と連携	205

第10章　電力のDX：どのように需給調整するか　207

第10章　概要	208
10.1　電力の公平性と効率性の原則	209
10.2　エネルギー源を経済的に選択	211
10.3　電力の送電制約	213
10.4　経済的選択と送電制約の調整：計算機で潮流シミュレーション	215
10.5　経済的選択の結果を微調整するリ・ディスパッチ	218
10.6　DXで管理する電力管理システム	221
Column4　トマスペインとベーシックインカム	230

第11章　電力のDX：電力会社・市場でさらに進むDX　231

第11章　概要	232
11.1　コンピューターで行う市場価格のリアルタイム監視	233
11.2　地域ごとのWEB市場価格設定ノーダルプライシング	236
11.3　電力の地産地消とDSO	240
11.4　自立した地域電力とは？	246
11.5　需要を管理するDX	253

未来エコ実践テクノロジー
エネルギー DX
～デジタルで効率化する電力システム大転換技術～

第12章 貯蔵をコントロールするDX　259

第12章 概要　260
12.1 国内外のガス貯蔵施設　261
12.2 再生可能エネルギーの季節による活用　263

第13章 スマートエネルギーとDX　265

第13章 概要　266
13.1 欧米のガスのスマートメーター　267
13.2 イギリスのスマートエナジー政策　270
Column5 エネルギー産業でのサイバーセキュリティの重要性　274

第14章 日本の総合取引所　275

第14章 概要　276
14.1 日本の総合取引所が設立された経緯　277
14.2 日本のガス先物市場設立の課題　279
14.3 ISO・TSOの運営する電力市場　280
Column6 グローバリズムを支えるのは誰か?　282

第15章 再生可能エネルギーを評価するシステム　283

第15章 概要　284
15.1 再生可能エネルギー価値取引の経緯　285
15.2 再生可能エネルギー価値取引の位置づけの変化　290
15.3 属性トラッキングシステム　292
15.4 RE100技術基準でのトラッキングシステム　296

付録 エネルギー産業の歴史　299

付録 概要　300
付録1 エネルギーとして使われはじめた石油の歴史　301
付録2 石油メジャーの誕生と発展　307
付録3 ナショナリズムとOPECの創設　311
付録4 オイルショックとスポット市場の設立　315
付録5 天然ガスと石油メジャー　318
付録6 ヨーロッパの天然ガスの歴史　321

おわりに　323
参考文献　324
索引　328

ご注意：必ずお読みください

●本書記載の内容は、2024年12月20日現在の情報です。そのため、ご購入時には変更されている場合もあります。また、本書は著者が独自に調査した結果を出版したものです。

●本書の内容について万全を期して作成いたしましたが、万一、ご不明な点や誤り、記載漏れなど、お気づきの点がありましたら、奥付に記載の小社連絡先にてご連絡をお願いします。

●本書に記載された内容は、情報の提供のみを目的としています。本書の運用については、必ずお客様自身の責任と判断によって行ってください。これらの情報の運用の結果について、技術評論社および著者はいかなる責任も負いかねます。

●本書の全部または一部について、小社の許諾を得ずに複製することを禁止しております。

以上の注意事項をご承諾いただいた上で、本書をご利用願います。これらの注意事項をお読みいただかずに、お問い合わせいただいても、技術評論社および著者は対処しかねます。あらかじめ、ご承知おきください。

本文中に記載されている会社名、製品の名称は、一般にすべて関係各社の商標または登録商標です。

＊本文中に記載されている[1]は参考文献番号、1は同ページ下部の脚注番号です。

第1章

エネルギー分野で進むDX

第1章　概要

　ガス、電力ともに昔はエネルギー価値しかなかったが、現在では、エネルギー価値に加えて、「ゼロエミッション価値」ともいうべき価値が付随するようになっている。
　この「ゼロエミッション価値」の部分は、完全にDXの世界で構築された価値体系となっている。この分野は電力、ガス共通テーマとして、新たな世界を築きつつある。
　1章では、DXがなぜ電力とガスで重要となっているかについて、事例を交えて解説する。

1.1 アナログの世界だったエネルギー

1 これまでの電力供給システム

　大規模な電力システムやガスの供給システムのようなパワーシステムは、典型的なアナログの世界で、デジタルの世界は「弱電」や「情報・通信」の世界の話というのが、今までの常識であったかもしれない。

　たとえば、電力の世界で今まで行われてきたことは、多くの需要に対応するだけの供給力を持つ大規模発電所を少数つくり、一方通行で送電線で需要に送り届けるという方法で、送電線はすべての発電所が定格値で同時に運転しても破綻しないキャパシティで整備された。

　これは、精密な需給管理というよりは、発電所の定格値の合計の送電キャパシティにしておけば、間違いがないという言わば極めて安直な考え方で、「大雑把」に送電線がつくられていたわけである。

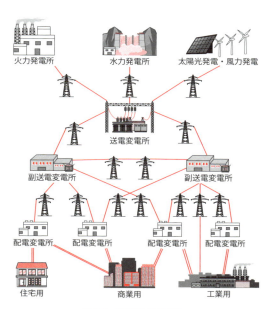

図1.1 典型的な送電の例

安全を十分に見た大きめのキャパシティを用意しておいて、あとは需給の状況の出たとこ勝負で大雑把に人手で対応することでなんとかなった。グリッド（送配電網）での実際のエネルギーの流れに関しては言わば盲目状態のまま、電力では周波数を監視し、ガスでは圧力を監視し、需給バランスの乱れを察知するのである。

　たとえば、電力の中央給電指令所では、多数の人間が周波数の変動を監視し、不測の事態に備えていた。供給が不足すれば周波数は低下し、供給過剰になれば周波数は上昇する。各発電所などの周波数同期の状況と要所の電圧を観測して、不測の事態の発生地点と対応策の指示を出すわけである。これは、余裕度を大きく取った上で、わずかな情報を手掛かりに手探り運転しているようなものである。

　アメリカのガスの場合も同様で、テキサスの大規模ガス田などの地域的に限られた資源を東部の大都市に送り届ける送ガス管の運営は、一方通行の単純な運営で済んだわけである。ところがガスの世界では、シェールガスをはじめとして大中小規模の多様なガスが、全米各地で採掘されるようになると状況が変わってくる。

2 複雑化する多様なエネルギー

　電力の世界もコージェネレーションの発電電力、独立系発電事業者（IPP：Independent Power Producer）などの独立系の発電施設や大中小規模の再生可能エネルギー発電などが普及してくると、状況が変わってくる。

　このような多数の分散エネルギー源を適正に活用しようとすると、ガスも電力も需給の状況やエネルギー流通の状況が複雑になる。

　たとえば、電力では環状に接続された送電線では、需給に応じて流れる電力の大きさ向きが複雑に変化する。従来は電力の潮流予測は送電計画をつくるときに需給が逼迫する「最悪状況」で計算しておいて、あとは、「安全幅」を大きめに取ることで不測の変動に対応しようというアバウトなアナログ的管理を行っていたものが、電力の流れが複雑になると日々の需給の変動の中で何が起こるかわからなくなる。

　そこで、たとえば環状送電線で不測の流れが起こらないように、フェイズシフターという流れをコントロールするハードウェアにより、強制的に流れの方向を操作する。

　しかし、物理法則による自然のエネルギーの流れを変えるということは、エネルギー効率が悪くなるということに他ならない。時々刻々と変化する複雑なエネ

ルギーの流れを適切に管理しようとすると、エネルギーの流れは見えないので、時々刻々のエネルギー潮流の計算をする必要がある。

今まで、計画策定時に、しかも最悪条件だけで済ませていた計算をリアルタイムで時々刻々の変化に応じて行うことが必要となる。

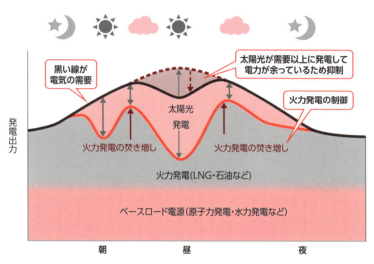

図1.2 発電出力の日変化と電力需要のギャップによる出力制御の一例
出典：経済産業省・資源エネルギー庁「再エネの大量導入に向けて〜「系統制約」問題と対策」(2017)[1]をもとに作成

1.2 ネットワークの自然地域独占

1 事業者ごとにつくられたエネルギー流通網

　送ガス管や送電線は、道路と同じで1つのルートに1本あれば十分である。

　そこで、電力事業者もガス事業者も小さな地域から事業をスタートさせ、次第に事業範囲を拡大して他の事業者と境界を接するようになるまでは、各社独自の流通網として整備し、一種の「縄張り」が形成されてきた。戦国大名が領国を広げ、国境に関所を設けるようなものである。

　ところが大中小多数のエネルギー源がつくられるようになると、同じルートに事業体ごとに新たな流通ルートを並行してつくることは無駄となる。そこで、先行事業者のネットワークを借用する必要が生じてくる。

　鉄道の世界は幹線ルートだけなので、キャパシティ不足が起こると競合他社が並行線を設置することで解消されることがあるが、エネルギーの流通はエンドユーザーまで繋がっているので、流通ルートの地域独占の傾向が強い。このようなことをアメリカでは、ネットワークの自然地域独占と称している。ネットワー

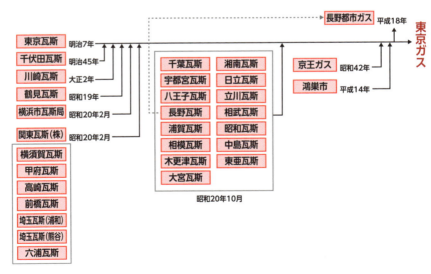

図1.3　日本のガス事業の変遷
出典：高橋 豊／神奈川県川崎市「東京ガスの歴史とガスのあるくらし」(2006) [2] をもとに作成

クの自然地域独占は、そのままネットワークを持つ事業体の「縄張り」となる。

たとえば、日本でもガス事業の創成期には、多数のガス事業体が存在したが、戦国大名と同じで、力のある事業体が「縄張り」を拡張していったのである。関東でも、かつては横浜市ガス局(横浜市瓦斯局)、鶴見ガスなどの多数のガス事業者が分立していたが、東京ガスが次々と他のガス事業者を併合して行き、「縄張り」を拡張して、現在の姿となったわけである。

2 日本は電力もガスも自然地域独占

電力の世界も同様である、第二次世界大戦前までは、日本には数百の事業者が存在していた。特に、山間の町村のように需要に比べて供給区域が広い地域は、収益性が低いので民間電力会社は手を出さなかった。このため、山間町村では、電化のために自ら投資して地域電力をつくり、地域に給電していたところが多いのである。

これは、最近、日本でも注目されているドイツのシュタットベルケ(地域電力公社)にむしろ近い存在と言えよう。

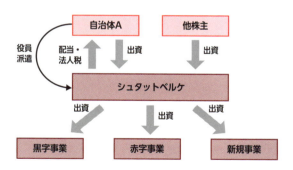

図1.4 ドイツのシュタットベルケの仕組み
出典：自然電力株式会社／HATCH「自治体がつくる地域の会社。ドイツのシュタットベルケとは？」(2022)[3] をもとに作成

しかし、第二次世界大戦時の政府の戦時統制令により、これらの多数の地域電力は、今の大手電力の母体となった、日本発送電株式会社に強制的に吸収され、戦後に自治体に地域電力が返還されることはなかった。幹線の送電ルートや幹線の送ガス管については、鉄道と同じようにキャパシティが不足すれば並行線の設置事業も可能である。アメリカでは、たとえば送ガス管の事業者として多数の事

業者が分立している。ここでは、一種の競争原理が働くことになる。

　戦前の南満州鉄道は、日露戦争後の国際条約で並行線の設置が禁止されていたが、張作霖がアメリカ資本と組んで並行線を設置しようとしたことが、満州を巡る日米対立の1つの原因となったように、並行線の設置は常に何らかの争いの元になる。

　関西の大阪─神戸間のJR、阪神、阪急の並行線や関東の東京─横浜間のJR、京急、東急の並行線の設置は、一定の競争を鉄道事業者の間にもたらしている。日本の送電線も電源開発の設置した並行送電線が10電力の送電線とは別に存在している。しかし、これは日本では例外的で、基本的にはガスも電気も送エネルギーグリッドは、自然地域独占となっている。

図1.5　日本の大手電力・ガス会社

1.3 エネルギー需要と供給の課題

1　IPPによる価格競争

　エネルギーのアナログ的流通管理を行っていた頃は、需要規模に合わせて供給施設が計画的に整備されていったので、供給施設の役割分担の差はあっても、まったく余剰となるということは基本的にはなかった（ただし、老朽施設は余剰となることがある）。

　しかし、たとえばシェールガスがアメリカの各地で採掘されるようになると、当然、ガス田の所有者はガスの販売をしたくなるだろう。発電の場合も同じで、IPPの発電所を設置できる資力のある事業者は、電力販売の事業を考えるようになる。

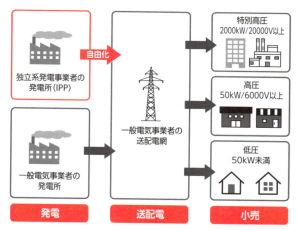

図1.6　IPPの事業形態
出典：フューチャー株式会社／フューチャー技術ブログ「電力基礎知識編」(2022)[4]をもとに作成

　先行事業者の「縄張り」としてほとんどの需要が取り込まれている場合には、1対1の相対契約ででも何とかエネルギーの販売先を確保して販売しようとする。
　エネルギー以外の産業分野で起こったのと同様に、新規技術開発を契機として、その分野のイノベーションが起こることになる。新規技術の方に本質的に良いと

ころがあれば、旧技術から新技術への新陳代謝が起こり、当該産業の発展と効率化が達成されることになる。

　エネルギーの分野でも同様である。エネルギーネットワークの中に新規技術の第三者が加わるという自然の流れが発生することになる。ところが、「縄張り」を張る既存の事業者は、すでに自家所有の供給施設だけで需要に対応する供給体制を構築している。しかも、アメリカの規制当局の報告書にあるように、「縄張り」を張る既存の事業者の供給計画は、とかく過大になりがちであるという傾向を持つ。

　将来の需要の拡大の絵を大きく描いて、大きな供給施設をつくり、スケールメリットで価格競争力を確保しようとするのである。

2　需要と供給のアンバランスによるロス

　これは、日本でも同様な傾向があり、実際の需要は頭打ちなのに供給計画の需要想定だけは年々大きく伸びているということが多々見受けられる。そして、この大きく伸びると想定した需要に合わせて大きな供給施設を建設するわけである。

　アメリカの場合は、規制当局の分析によると、結局、過大設備となり、設備の平均利用率が下がり、逆効果になったと評価されている。そこに、新技術による第三者の供給施設が、参入してくることになるので、基本的に供給側の方がダブつくことになる。

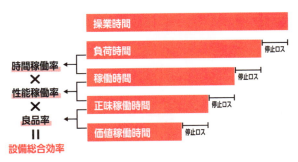

図1.7　供給側の過大施設による設備総合効率
出典：株式会社コアコンセプト・テクノロジー／Koto Online「設備総合効率（OEE）とは？計算方法や低下する原因、改善方法を解説」(2024) [5] をもとに作成

日本の高度成長期のように、官民のエネルギー関係者の関知しないところで、多様な産業活動が「予期せぬ」発展を続け、新需要を創出するような状態であれば、過大投資もいつのまにか吸収され、常に供給不足の恐れに追われることになる。しかし、近年のように成熟経済の世界で需要の伸びがさほどない時は、新技術による第三者の供給施設の追加は、そのまま、供給過剰となる。

　日本も同様で、競合第三者による新規供給技術が参入すれば、その分エネルギー供給は過剰になり、また、アメリカ同様、過大な整備計画でそもそも供給設備の余裕度が大きい。これが、2011年に起きた福島第一原子力発電所事故によって原子力発電がすべて止まっても、電力供給ができた理由でもある。

　アメリカの規制当局は、だからといって新規参入を止めてしまうとエネルギー産業に競争原理が働くなり、他の産業でどんどん進んでいるイノベーションからエネルギー産業だけ取り残されてしまうという危惧を持つ。このために、限られた需要に対して新旧にかかわらず、供給を公平に割り振るようなシステムを創出する。

　一方で、このように基本的に供給力過剰で需要と供給が非対称の状況下で従前のように供給に合わせてエネルギーグリッドをつくれば、当然過大なグリッドキャパシティになり、グリッドの利用率は極端に低くなることになる。

　このようなことをやっていると、エネルギー供給の経済合理性が損なわれて、経済全般に悪影響が及びかねない。

1.4 〉 地域自然独占の悪用と対応策

1　行き過ぎたネットワーク管理

　エネルギー事業体は、ネットワークの地域自然独占により「縄張り」を張っているわけだが、3節で述べたようにエネルギー供給が過剰だと、自然の成り行きとして自らの供給施設が有利に稼働するようにネットワーク管理をコントロールするようになる。その時に、アメリカでもヨーロッパでもよく用いられた手法は、「ネットワークが満杯」で新規供給施設は受け入れられないという理屈である。

　日本では、同じことをネットワークの「空き容量」がないという形で表現されている。これは、よく考えてみると、自らの供給施設に「優先的」にネットワークの利用権を割り振っているから「満杯」になっているというだけで、ネットワーク管理を地域自然独占していることから、このようなことが可能となっているわけである。

2　ネットワークのオープンアクセス

　ここで、アメリカで生まれた考え方がネットワークの「オープンアクセス」という考え方である。アメリカの規制当局は、全米のエネルギー関係者と議論を積み重ねて、エネルギー産業のイノベーションを進め、効率化を進めるために、「オープンアクセス」を制度化した。

　しかし、複雑なエネルギーネットワークに多数の事業体が関係するようになったネットワーク管理に「オープンアクセス」の原則を持ち込むためには、1節で述べたように、緻密なデータ処理が必要となる。

1.5 　世界に発展するDX技術

1 実用化が進むデジタル技術

　分散エネルギー源が世の中に出回り始めたころと時を同じくして、デジタル技術が急速に普及を始める。21世紀はデジタルの時代と言っても過言ではない。わずか20年で世界は大きく変わった。今や多くの人々が、ネットワークに繋がるだけではなく膨大な情報を生み出し、ビジネスや政治をも変える力を持つようになった。

　同時にコンピューターの進歩により、人工知能(AI)やブロックチェーン、クラウドコンピューティング、そして量子コンピューターなど、これまででは考えられなかった技術が実用化されつつある。

図1.8　サイバー空間とフィジカル空間の融合を目指したSociety 5.0の世界
　　　　出典：内閣府「Society 5.0」[6]をもとに作成

2 コンピュータ技術の歴史

　1971年に世界で初めて開発されたCPU(マイクロコンピューターLSI)は、日本のある電卓メーカーが汎用電卓用のLSIをつくるというアイデアを1968年創業の創業間もないアメリカのインテル社に発注してつくらせたもので、設計は、日本人の嶋正利氏が行っている。1986年にマイクロソフトの日本法人が設立されると技術者の中島聡氏がNTTから転職し1995年には、Windows 95を開発する。

1999年、日本のNTTドコモは世界に先駆けて携帯電話を用いたインターネットサービスi-Modeを立ち上げて以来、日本のインターネット接続は急速に拡大した。このように、日本は1990年代までは電子機器での世界のリーダーの1つだった。図1.9に示すように、コンピューターの技術は、その後も急速に発展し、筆者が大学生のころに大学の計算機センターのコンピューターでやっと計算できたような計算処理は、今や普通のノートパソコンで簡単にできるくらいに急速にコンパクト化、高速化が進んでいる。

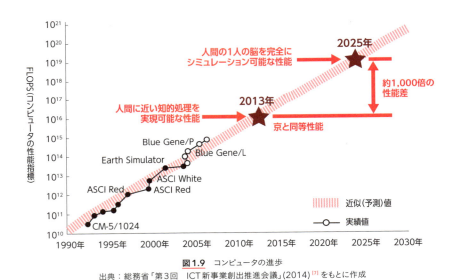

図1.9　コンピュータの進歩
出典：総務省「第3回　ICT新事業創出推進会議」(2014) [7] をもとに作成

　アメリカの規制当局が、「オープンアクセス」のエネルギー改革を行なったのも丁度この頃である。
　オープンアクセスといっても、ネットワーク上のさまざまな地点でエネルギーの出し入れがあり、しかも時々刻々と変化している。このような状況の中で、すべての市場参加者に対して「公平」な管理をしなければならない。
　これを実現するためには、元来のエネルギーネットワークの管理が「安全幅」を大きめに取った上で、あとは指標を監視しながらのアバウトな管理しかできなかったものを、ネットワークのすべての地点の状況を計算機で時々刻々と算出しながら管理するように変えることが必要になる。これにより、ネットワーク運営の破綻をきたさずに、公平性を確保するということが実現できる。

コンピューターの性能もこうした要求に耐え得るだけのものとして発達していた。アメリカでは、いち早く、コンピューターを駆使してこのような管理をすることを前提とした制度改革が行われた。

3 DXに乗り遅れた日本

日本では、どうだろうか。アメリカの制度改革の情報は、すぐに日本にも伝えられた。しかし、アメリカでは、「オープンアクセス」を確保するための手段の1つとして導入された「発送電分離」のみ着目され、改革の基礎となるネットワーク管理の改革については、まったく理解されなかったのである。

理由としては、日本のハードウェア重視体質に起因しているのではないか思われる。先に述べたように日本は、1990年代まで、DXの世界でも世界の先端を走っていた。しかし、日本では電力であれば送電線や変圧器、遮断機といったハードウェアの技術の価値は高く評価されるが、ソフトウェアの価値は必ずしも評価されず、ハードウェアの付属品のような扱いとされてきた。

先に挙げた中島氏が日本に居場所を見いだせずに米マイクロソフトで活躍し、CPUの設計技術は丸ごとインテルのお家芸として取られてしまったことを見ればわかるとおりである。

日本のエネルギー業界も結局、直流送電などのハードウェアには強い関心を持つが、コンピューターを駆使した管理技術には、まったく関心を持たなかったのである。これは、エネルギー分野に限らず、日本の産業界全体としてDXに乗り遅れた理由でもあろう。

1.6 欧米のエネルギー改革「ガスから電気へ」

1 TSOとDSO

　アメリカの規制当局が「オープンアクセス」の原則を最初に確立したのは実は、ガス改革の場であった。欧米では、ガス事業者に送ガス管理者 (TSO：Transmission System Operator) と配ガス管理者 (DSO：Distribution System Operator) の2種類あって、TSOはガスの広域流通を担当する事業者である。

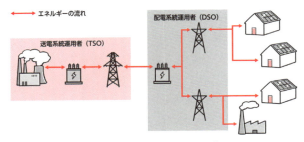

図1.10 TSOとDSOのシステムモデル
出典：Md. Shirajum Munir et al.,「Intelligent Agent Meets with TSO and DSO for a Stable Energy Market: Towards a Grid Intelligence」(2020) [8] をもとに作成

　アメリカには、多数のTSOが存在し、それぞれ「縄張り」を張っているわけだが、多数存在するガス生産者が遠方の需要家にガスを届けようとすると、TSOを利用せざるを得ない。TSOが公平でないといろいろな問題が生ずる。そこで、電力に先立つ数年前にアメリカでは、ガス改革が行われた。
　この議論の中で「オープンアクセス」の概念が、確立されたのである。電力改革を行ったときのアメリカ規制当局の元長官に取材した時の話では、ガス改革ですでに議論され、実績があったので、電力改革に同様のコンセプトを持ち込んだ時に直ぐにアメリカ社会に受け入れられたとの話であった。

つまり、ガスで確立された「オープンアクセス」の原則を電力にも適用したわけである。ガスの場合は流通速度が遅く、TSOのグリッドも比較的単純なので、リアルタイムの潮流の計算も時間解像度をそれほど高くしなくても良い。

　一般にガスの場合は、需給のバランシングを1日単位、数時間単位で考える。これはガス管自体に貯蔵機能があって、不測の需要が発生してもガス管内のガスがクッションとなり調整されるからである。1日の消費でガス管内の圧力が減少すると、夜の間に翌日分の供給に支障が生じない程度にガスを補充し、ガス管の圧力を高めておくのである。

2　電力システムでのコンピューターの必要性

　一方で、電力の場合は、瞬時に伝達され、グリッドも複雑であるので、リアルタイムの計算の時間解像度はかなり高いものが要求される。アメリカの送電管理者の管理では、最小5分単位で需給の調整[1]をしている。

　したがって、電力の場合は、ガス以上に高いコンピューター能力が要求される。

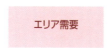

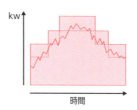

図1.11　アメリカの送電管理
出典：大橋 弘／山本 敏之 (東京大学大学院経済学研究科)「需給調整メカニズムの現況と課題：欧米の比較を踏まえた2024年度以降に向けての考察と提言」(2022)[9] をもとに作成

1　**最小5分単位の受給調整**　さらに需給市場バランスの調整とは別に、グリッドの安定性の確保のための5分未満、秒単位以下までの自動調整が行われていることを念のために付記しておく。

3 世界と異なる日本のエネルギーシステム

　ちなみに、日本では、ガスについては、DSOのみ存在していて、配ガス管理者が、孤立して各地に割拠している状態となっている。電力については、日本のグリッドカンパニーは、TSOとDSOを兼ねていて、機能が分離していない。

　このような意味では、DX云々の前に、日本のエネルギーシステムは、そもそも世界標準とは異なっているということは指摘しておいた方が良いだろう。

1.7 コンピューターで管理するエネルギーDX

1 計画作成もDXで行う

　日本のエネルギー計画やエネルギーインフラ整備計画は、役所がコンサルを使って事務的につくるものという印象である。

　ドイツのある送電管理会社 (TSO) の講演を聞いたところ、ドイツでも前述したように、コンピューターを駆使してリアルタイムですべての送電ルートの時々刻々の電力潮流を算出しながら送電管理を行っている。

　ドイツの場合は、1時間1コマで年間8760コマの潮流と、需給バランスの計算を行っているわけである。

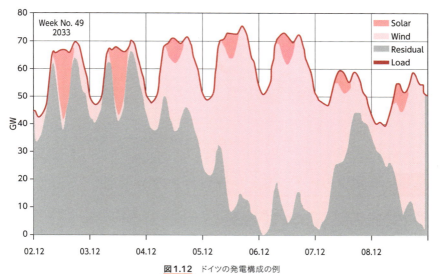

図1.12　ドイツの発電構成の例
出典：Felix Christian Matthes／Öko-Institute「The transition toward a sustainable energy system」(2015) [10] をもとに作成

　このため、ドイツのTSOの話によると、年間の需給計画をつくるときも、送電線整備計画をつくるときも、実運用に合わせてすべて8760時間全地域のシミュレーションを行い、計画の基礎データとするとの話だった。

年間のシミュレーションをすることで、送電線の年間利用率も算出でき、効率的な送電線利用もできるようになる。従来の日本のように最悪事態の計算だけで、効率的な送電利用を実現するのは無理だろう。

　3節に示したように分散型エネルギー源の多数立地する時代には、基本的にエネルギー供給源が過剰となっている。つまり供給希望者がたくさんいるわけである。一方で、需要側は、近年はむしろ人口減や省エネなどが徹底してきて、減少傾向にある。

　エネルギー供給は、需要に対して供給すればよいのだから、エネルギーグリッドインフラのキャパシティは、基本的には需要で決まると考えてよい。昔のように供給キャパシティの足し算で決めると、供給側は過剰キャパシティとなっているので、グリッドキャパシティも過剰となり、グリッドの設備利用率は大幅に低下することになる。

　こうしたことを避ける意味でも、8760時間のシミュレーションは重要である。

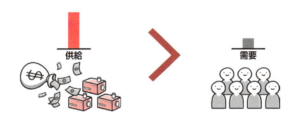

図1.13　需要に対する供給側の過剰キャパシティ

2　年間グリッドシミュレーションの必要性

　欧米では、新規のエネルギー供給拠点を新規立地する場合にも、立地事業者側は、年間のグリッドシミュレーションを行うのが通例となっている。

　これは、年間の時々刻々の需給状況やグリッドキャパシティ制約によって、グリッドへの接続点ごとに、グリッドを通じて年間に販売できるエネルギー量や価格が異なるからである。あらかじめ、どこに接続するのが、もっとも事業性が高くなるかということを計算して立地地点を選考するわけである。

　太陽光発電のように出力抑制が問題となる供給施設では、立地に当たって年間の経済性を評価するために、年間の出力抑制の状況を予測することが重要になる。

　グリッドのどの位置に接続するかによって年間の出力抑制の状況は変化するの

で、立地点の選定に当たって年間グリッドシミュレーションを行うことは、重要となる。

3 グリッド基礎データの情報公開

前述したように、グリッド管理者側だけではなく、エネルギー供給事業者や計画策定者の側も8760時間の年間グリッドシミュレーションを行う必要があるので、欧米ではグリッドシミュレーションに必要となる基礎的な情報がグリッド事業者から情報公開されている。たとえば、電力グリッドであれば、グリッドの要所要所の年間需要データやグリッドの潮流データ、送電線や変電所のキャパシティなどの諸元である。

日本でも、2018年データから、上位二系統 (通常は50万kW、27.5万kW) の送電線の潮流データなどが情報公開されているが、需要データは公開されていないので、需要データは潮流データなどからつくらなければならない。日本の場合、電力会社自身が、リアルタイムシミュレーションを行っていないところが多いので、もしかしたら電力線のポイント、ポイントの需要データが整備されていないのかもしれない。

いずれにしても、このような情報公開データに基づき、欧米のように、幅広い関係者が色々な見地から、年間シミュレーションを行うことにより、合理的な政策や意思決定がなされるようになる。

1.8 > エネルギー配給事業者レベルのDX

1 ニューヨーク州政府の電力改革

　前述したように、ガスも電力も日本以外の先進国では、エネルギーグリッド管理者が、TSOとDSOに分かれている。アメリカでは、TSOは連邦政府の管轄、DSOは州政府の管轄となっている。それでは、DSOレベルではどのようなDXが考えられるのだろうか。ここでは、参考までに、ニューヨーク州政府の電力改革の話をご紹介したい。

　ニューヨークというと金融センターのイメージだが、実はエジソンが電力会社をつくったところでもあり、電力改革への意識も高い。ニューヨーク州政府の話では、次のことを改善するためにREV（ニューヨーク州の2014年改定エネルギー計画）を進めているとのことだった。

> 現在の電力システムは、エネルギー面で非効率であるだけではなく、金融面でも非効率である。他の産業で導入されているIT技術も活かされておらず、イノベーションが進まない。

　ここで言う「非効率」とは、実は、従来型の大規模発電施設は、年間54%しか利用していないので投資としても非効率であり、このような非効率が許されているのは自然独占状態の電力業界がイノベーションから取り残されてきたからという認識だった。金融センターのニューヨークらしい見方である。

　既成概念では、ピーク需要対応の施設の利用率が悪いのは止むを得ないということになる。しかし、ニューヨークの行政当局の指摘は、巨大な装置をつくりながら半分の時間は遊ばせておき、長距離のエネルギー伝達で大きなロスを伴いながら利用するというシステムは、身近で発電したり電力の制御をする技術がなかった時代の産物で、他の分野で進んでいるICTによる分散化・相互融通・高度化の流れから取り残されているということである。

2 電力改革REVの内容

　ニューヨーク州のREVは、20年前からアメリカ連邦政府により進められた一連の改革が連邦政府機関の担当分野である送電・卸売段階の改革であるのに対して、州の権限に委ねられている配電・小売段階で同様の改革をさらに進めようとするものである。

　この中で、従来の垂直統合型の電力システムの問題点と技術・需要側の要請の変化を改革の動機として整理している。主要な点は次のとおりである。

❶	現在の経済は、ますます電力への依存を深めている。特に、デジタル化の進展により、信頼性強化のニーズが増加している。
❷	経済のグローバル競争の激化は、経済の電力依存の増加と相まって、電力システムの非効率を許さなくなってきた。
❸	電力需要全体は増加していないが、ピーク需要は増加している。
❹	気候の極端化と経済のデジタル化の進展による信頼性増強要請は、需要側を自家発へと駆り立てている。
❺	低炭素化の要請による風力、太陽光といった変動電源の取り込みの必要性が高まっている。
❻	電気自動車・PHVの普及が見込まれる。

　ニューヨーク州のREVでは、このような時代の要請に対応して、従来のシステムを見直す必要があるとしている。たとえば、次のような点が挙げられている。

❶	経済のデジタル化とグローバルな競争は、新たな産業・技術をつくり出し、グリッドと需要家の役割を変えている。
❷	情報技術の進歩は、グリッド制御の能力を高めている。
❸	情報技術の進歩は、需要側の需要コントロール能力も増加させ、グリッド側が需要側の資源をコーディネートが可能となった。
❹	コージェネレーションや太陽光発電などの分散電源や電力貯蔵の効率が向上し、コストが低下した。
❺	電気自動車などのアンシラリーサービスへの利用可能性がある。

　これらは、結局、経済・産業のデジタル化・分散化の潮流に対応したイノベーションを電力システムにももたらすということだろう。

ニューヨーク州のREVビジョンの中心的な要素の1つは、次のようにユーティリティを分散システムプラットフォームプロバイダー(DSPP)として捉えるという概念である。つまり、配電事業者は単に電力を送り届けるのではなくDX技術を駆使して、多数の分散システム間のやり取りのプラットフォームに変貌するということである。

DSPPは配電システムを近代化し、新しいエネルギー製品とサービスのための柔軟なプラットフォームを構築し、全体的なシステム効率を向上させ、顧客のニーズにより良く応えていく。

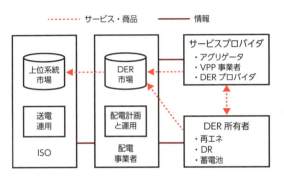

図1.14 DSPのイメージ
出典：一般財団法人電力中央研究所／電気新聞ゼミナール(158)「電力系統の近代化に取り組むニューヨーク州での配電事業者の役割とビジネスモデルとは？」(2018)[11]をもとに作成

3 高度な流通管理システム

DSPPは、ローカル バランシング機関として機能し、負荷を予測してリソースをリアルタイムでディスパッチし、顧客のニーズを満たすとともに、供給と負荷をリアルタイムでバランスさせて信頼性を維持する。

DSPPは、配電システムがDER(分散エネルギー源)技術を統合するためのプラットフォームとして機能するために必要な高度な配電管理システムを調達して導入する必要がある。このような高度なシステムは、太陽光や風力などの再生可能な発電リソースを含むDERのより広範な導入を可能にするために不可欠である。

これらの高度なシステムアップグレードにより、配電システム オペレーターは、ローカル配電ネットワークに接続された発電、貯蔵、需要応答などの顧客サイトのDERをモデル化して制御できるようになる。

4　通信インフラストラクチャ整備の必要性

　スマートグリッドの開発には、エネルギーの供給と需要の高精度な監視、さまざまな条件下での供給と需要のパターンの高度な分析とモデリング、リアルタイムの障害検出、多様で分散したエネルギーリソースの信頼性の高いほぼ即時の制御が必要である。

　これらの目標を達成するには、DSPPはスマートグリッドをサポートできる通信ネットワークを採用する必要がある。

1.9 〉 ガスグリッドに組み込まれる バイオエネルギー

1 ガスグリッドを強化する背景

　日本の場合は、前述したように、ガスTSOが存在していないため、各地のDSOが孤立している状態である。このため、ガスの調達に当たっても基本的には各地域毎バラバラに対応するということが行われている。

　ガス市場の効率化、近代化はもとより、海外とのパイプライン接続にしても全国グリッドが前提となるのが世界標準だろう。潤沢な国産エネルギー資源として期待されているメタンハイドレード由来の天然ガスが採掘されても、全国グリッドがなければ流通することはできない。

　ガス供給は、欧米では天然ガス井から直接パイプラインにより需要地点まで輸送し、供給することを基本としているが、日本はLNG基地を中心としてガス供給が行われてきた。このため、EUではEU全体を覆う形のTSOパイプライン網が整備され、これに各地の小売り用の配ガス網が接続している。

　一方、EUでは、さらにガス市場のEU全体での一体化、効率化を目指して長期的・計画的なガスグリッド増強政策がとられている。なお、後発の中国、韓国では欧米にならってすでに国土全体を繋ぐ幹線パイプラインが整備され、ガス市場の一体化が進められている。

2 バイオエネルギーを活用するためのガスグリッド

　EUでは、ガスでもガス系再エネの組み込み、将来のPtoG (Power to Gas：電力からガスへの変換) に備えてのグリッド増強も政策の視野に入っている。

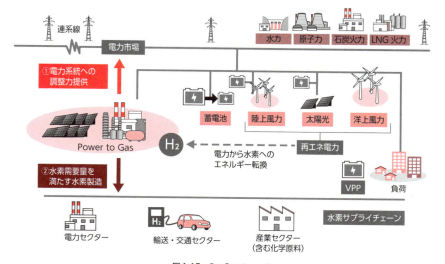

図1.15 PtoGのイメージ
出典：東芝エネルギーシステムズ株式会社「水素をつくる」[12]をもとに作成

　実はバイオエネルギーの利用の観点からも、ガスグリッドが欧米では重要な役割を担っている。欧米では、各地で生産されたバイオガスはTSOパイプラインの受け入れ基準[2]を満たすように不純物が除去され、「バイオメタン」として、TSOパイプラインに投入され、取引される。PtoGで発生した水素も同様に、TSOパイプラインに投入される方向となっている。

　特に、水素については、再生可能電力が普及拡大すると、発電も需要も各々バラバラに変動するために、需給のギャップを水素製造や水素発電で調整することが必要となることが想定される。この場合には、水素のTSOパイプラインでの流通が必要となる。

　日本のガス業界は、水素からさらにメタンにして流通することを考えているようであるが、いずれにしても多数の水素源に対する「オープンアクセス」管理のシステムを構築していくことが必要となる。

　アメリカの場合も、たとえば、筆者の取材したサクラメント市営電力会社のSMUDは、先進的取り組みをしているカリフォルニア州の中でも、温暖化対策で一歩先を行っており、2014年に26％の再エネ比率を達成し、2050年に90％という意欲的な目標を掲げている。SMUDの2014年の再エネ利用量のうち「バイ

2　**受け入れ基準**　カロリーについては柔軟に、不純物については一定の基準を満たすもの。

オガス・バイオマス」が28％、「バイオメタン」が18％を占める。バイオガスは、ガスをオンサイトでそのまま燃料として発電するのに対し、バイオメタンは製造場所からTSOパイプラインで運んで発電燃料にするという違いがある。SMUDの場合は、バイオメタンをテキサス州、コロラド州のバイオメタン製造業者との相対契約で確保し、TSOパイプラインを使ってカリフォルニア州のガス発電施設まで運んでいる。バイオメタン製造業者は、受入基準を満たせばバイオメタンをTSOパイプラインに投入できる。

　このような管理が行えるのもTSOの運営の「オープンアクセス」化の成果であり、DX化により取引や決済が容易となっているためだろう。

第 2 章

ヨーロッパの
天然ガスの歴史とDX

第2章　概要

　ガスビジネスは、ガスインフラの発展と共に、当初の2国間あるいは2者間の取引から市場を介した不特定多数との取引に代わっていった。そして少なくとも日本では異質と考えられてきたLNGとパイプラインガスが同じプラットフォーム上で売買されるようになった。ロシアによるウクライナ侵攻に際し、ロシアはガス供給を武器としてEU諸国を威嚇したが、ガス市場が機能したため、その効力がある程度削がれるものとなった。

　2章では、EU諸国にパイプライン・インフラが急速に整備された背景にあるエネルギー憲章条約とその後のDXを駆使したガスエネルギー市場設立に至る経緯について解説する。

2.1 DXのはじまり：天然ガス需要拡大によるパイプラインの導入

1 ウクライナ危機によって示されたエネルギーDXの必要性

　ドイツ主導で構築された世界のエネルギーの安全保障の仕組み、すなわちエネルギー憲章条約が、ロシアのウクライナ侵攻を機に一夜にして消え去った。この条約は、もともと西ドイツの東方政策 (1969年) の一環として、ソビエト社会主義共和国連邦 (ソ連) から天然ガスを導入したことに始まる。冷戦のさなかでも機能し、世界のガス供給の安全を保障するための国際条約として発展したが、この21世紀にロシアによるウクライナ侵攻により突然役割を終了した。そしてロシアは、ガスが武器として機能することを改めて世界に示すことになった。

　天然ガスは単なる燃料ではない。食料生産には欠かせない窒素系化学肥料 (アンモニアや尿素) の原料だが、ロシアはこれも武器として使用し、あるいはアフリカ諸国などを懐柔するための戦略物質として使用した。ロシアによるウクライナ侵攻が、脱原発の流れを変え、世界は未だ石油ガスに依存していることを示す機会となった。

　需要なことは、エネルギー憲章条約によりヨーロッパ域内のパイプラインインフラが高度に整備され、その結果ガスの市場化に大きく貢献したことである。そしてLNGとパイプラインガスが同じプラットフォーム上で売買されるようになった。これにより、ロシアガスの武器としての効力が大きく削がれ、市場と物流を支えるエネルギーのDXがエネルギーの安全保障に大きく貢献することを示した。

2 北海のガスとソ連のガス

　ヨーロッパではガスの供給源として、2つの可能性が考えられた。1つは新たに発見された北海のガス、もう一つはソ連のガスだった。イギリスでは、1970年代に北海油田・ガス田開発が本格化され、天然ガスの恩恵を受け始めた。一方当時の西ドイツでは、別の方法、すなわち政治と天然ガスのパッケージにより、遠く離れてはいるが技術的には不可能ではないソ連のガスの入手を試みた。ヨーロッパの本格的天然ガス導入は、当時の西ドイツによるソ連の天然ガス導入に始

まる。

　西ドイツには石炭の乾留や炭層メタンを使ったガスと一部オランダ・グロニンゲンからの天然ガスが導入されていた。天然ガスはアンモニアや尿素、あるいはメタノールなどの基礎化学品の原料となるが、天然ガスが導入される以前は石炭の乾留による合成ガスから生産されていた。しかし、1970年代に入り、ガスタービン技術の向上にともない、発電利用が開始されると天然ガス需要は激増し、ガスの時代が始まった。大気汚染の元凶となっていた石炭や重油から天然ガスに大きくシフトした。

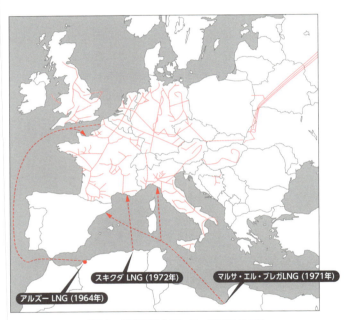

図2.1　1975年時点のヨーロッパのガスインフラ
出典：Cambridge Energy Research Associates (CERA)「European Gas Pipelines Situations in 1975」(1991)[1] をもとに作成

3　ドイツのパイプライン

　西ドイツによる天然ガス導入の物語は、1969年にヴィリー・ブラント (Willy Brandt) が西ドイツの首相となり、オスト・ポリティーク (東方政策) を開始したことに始まる。東方政策とは第二次世界大戦の後の未解決課題だった領土問題と

エネルギー問題を同時に解決する大きな政策転換だった。西ドイツの場合、エネルギー問題とは天然ガスパイプラインの敷設問題であり、領土問題とは切っても切り離せない解決しなければならない課題だった。

冷戦の最中にありながらブラントの東方政策は国民の全面的な支持を受け遂行することができた。領土問題に関し、ドイツは、1945年にポツダム宣言を受け入れ、アルザスとロレーヌをフランスに、オーデル川とナイセ川を結ぶいわゆるオーデル ─ ナイセ線の東側をポーランドに、東ポーランドとカントの生まれた東プロイセンの中心地ケーニヒスベルグをソビエトに割譲し、全体として103,600Km^{2}の領土を失った。これは第一次世界大戦後のベルサイユ体制で確定していた領土の23％に相当する。

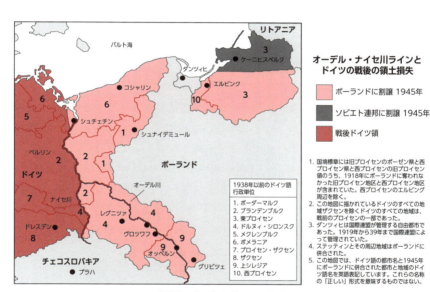

図2.2 ポツダム宣言による国境線
出典：Jan A. Wendt「Germany`s postwar territorial losses」(2017) [2] をもとに作成

社会民主党のブラントは、1969年の総選挙で勝利を得た。彼は首相就任後ただちにオスト・ポリティーク（東方政策）開始した。1970年、「ソビエト・西ドイツ武力不行使協定」（ソ連はコスイギン首相）と「ソビエト・西ドイツ天然ガス開発協定」に調印した。同年「西ドイツ＝ポーランド条約」を締結し、オーデル ─ ナイセ線を国境とすることを西ドイツが承認した。1972年、「東西ドイツ基本条約」を締結し、両国国境の承認とポーランドとの国境のオーデル・ナイセ線

の確認を行い、東西ドイツの関係改善を行った。1973年には、念願だった東西両ドイツの国連への同時加盟を実現させた。1972年12月のクリスマスに最初のロシア天然ガスが西ドイツに導入されたと言われているが、実際には1973年5月に運用が開始された。このパイプラインはトランス・ガス・パイプラインと呼ばれ、現在のロシア西シベリアからベラルーシ、ウクライナ、ハンガリー、スロバキア、そしてチェコを通り西ドイツまで敷設されたものである。当時としては、国境はソ連圏のチェコと西ドイツの間に1つしかなかった。

　ブラントは、私設秘書が東ドイツのスパイだったことの責任を取り1974年5月に辞表を提出し首相の座を降りることになったが、彼の東方政策はその後の政権に引き継がれていった。

　1989年11月に東ベルリンと西ベルリンを隔てる壁が壊され、東西ドイツ統合の機運が高まるとともに東ドイツの崩壊が現実のものとなった。東西ドイツの統合は西ドイツにより東ドイツを吸収するという形で実現した。これには「信託」という手法がとられた。イメージ的には豚を解体し、血の一滴に至るまで商品として市場 (信託) を通じて売りさばくようなものだった。

　さて、エネルギー問題解決のための次の課題は統一ドイツとポーランドとの関係だった。ポーランドとの国境に関して1993年、ドイツ・ポーランド条約が締結され、国境が正式にオーデル・ナイセ線とすることで合意された。これに合わせて、ロシア - ポーランド - ドイツ間でヤマル・ヨーロッパ・パイプライン (Jamal-Pipeline) の建設に関する協定書が締結され、1999年に完成、運転が開始された。ヤマル・ヨーロッパ・パイプラインはロシア北極圏のヤマル半島のガス田からベラルーシ・ポーランドを通り、ドイツのフランクフルト・オーデルに至る4500kmのパイプラインである。

2.2 > 国境をまたぐパイプラインの枠組み

1 ソ連に依存したドイツの天然ガスパイプライン

1970年のソビエト・西ドイツ天然ガス開発協定のパイプラインの建設にかかる枠組みは画期的だった。この枠組みは、その後の国境をまたぐエネルギーインフラの基本型となり、エネルギー憲章条約につながっていった。建設に当たっては、ソ連との間でパイプライン資産への不可侵が宣言された。西ドイツ国境までのパイプラインの所有権は、51%がソ連で、残りの49%が西ドイツとなった。ガスそのものの所有権に関しては100%ソ連で、西ドイツの国境で所有権の移転が行われた。

2 エネルギー憲章設立の経緯

1991年にソ連が崩壊するとソ連とドイツあるいは西ヨーロッパの間に多くの独立国が生まれた。こういった動きに対し、EUは、エネルギーインフラを政治リスクから切り離すために、ソ連・西ドイツとの協定を基本に、政治宣言としてエネルギー憲章 (Energy Charter) を採択した。

1994年、エネルギー憲章は国際条約に格上げされ、エネルギー憲章条約 (Energy Charter Treaty) として1998年に発効した。これは多国間にまたがるエネルギーインフラの在り方と安全保障に関する枠組みを示したものでEU内のパイプラインネットワーク (Trans-European Network) を支える重要な協定となった。そして統合されたヨーロッパのガス市場がこういったネットワークに支えられて発展するための基礎となった。

一時、日本を含め50カ国が署名し、オブザーバー国として20カ国とASEANが参加したが、当初署名国だったロシアが2009年に脱退し、その後イタリアも脱退した。後述するように、2国間協定を基本としたこのエネルギー憲章条約は、多国間で売買を行う市場とは相いれないもので、市場ができ上がったEU域内では存在意義がなく、無用の長物となっていた。

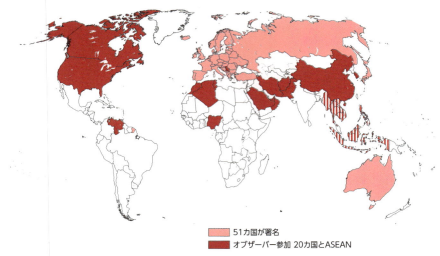

注) ロシアは2009年に脱退

図2.3 エネルギー憲章条約署名国

出典：エネルギー憲章に関する条約 (Energy Charter Treaty)「Role of the Energy Charter Treaty」(2009) [3] をもとに作成

　エネルギー憲章条約は、2つの合意書で構成されている。1つは政府間協定 (IGA：Inter-Government Agreement)、もう1つは事業者と当事国の間で締結される当事国協定 (HGA：Host Government Agreement) である。

　IGAは、プロジェクトが行われる政府間の協定で、国家間の国境をまたぐエネルギーインフラの資産の保全、プロジェクトの円滑な実行を保証する環境の提供、HGAの厳守がうたわれている。HGAは、プロジェクトの当事者とプロジェクトが行われる国の政府との間で締結される協定書である。プロジェクト当事者の権利と特権が定められ、プロジェクトが行われる当事国の役割と関連するリスクが明記される。

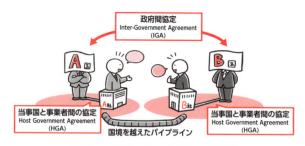

図2.4 エネルギー憲章条約を構成する合意書

2.3 ロシアのウクライナ侵攻によって表面化したエネルギー問題

1 ロシアのガス事業

　ロシアはソ連崩壊の後、西側諸国との経済的な結びつきを強め、経済発展を遂げた。2000年にプーチンが大統領になると強権を用いて経済を立て直し、そして、旧ソ連の復活を意識するようになり、EUやNATOの拡大を脅威と見なすようになった。

　ロシアのガス供給価格は2国間交渉を基本とし、EU向け価格、旧ソ連向け価格、ロシア国内価格の3種類に分かれている。旧ソ連向け価格にも格付けがあり、ロシアに恭順な国（親ロシア価格）とそうでない国（外様価格）で個別に価格が設定されている。ロシア国内価格もさらに商業用と一般消費者用に分かれている。ロシアのガス事業は国営企業であるガスプロムによって独占的に行われて、ガスプロムは国内のユーザーにガスを供給する義務があり、その国内価格は統制されている。

　2011年のガスプロムのAnnual Reportによるとガスの生産コストは$3.7/MMBTUであるのに対し、国内供給価格は$2.3/MMBTUだった。国内市場には生産コストよりも低い価格で供給され、輸出分で得た利益で補っているものと見られている。EUの脱ロシア化の中でロシアのガス事業は、ヨーロッパという巨大市場を失い、痛手を受けているものと考えられる。

2 ロシアとウクライナの問題

　ウクライナのEUやNATOへの加盟問題を受け、ロシアはウクライナのガス価格を親ロシア国価格から外様価格に値上げしたことやウクライナのパイプライン通過国としてのトランジット料金問題、そしてウクライナによるガス抜き取り疑惑がヨーロッパを揺るがすガス供給の中断問題に発展した。特徴的なことは、ロシアはヨーロッパ諸国を人質にとる形で厳冬期を狙って価格問題を提起したことである。

　第1回目のガス供給危機は、2006年1月に起こった。ヨーロッパへのガス圧力低下が3日間続いた。第2回目は、2008年末のロシアとのガス価格交渉が決裂し

たことで始まった。2009年1月1日、ロシアはウクライナ輸出分を減量しヨーロッパにガスを供給した。1月5日ウクライナによるガス抜き取りを口実に、ヨーロッパへのガス供給量を減少させた。1月7日にはガス供給は完全停止された。その後、17日にモスクワで関係国の首脳会談が行われ、ガスの供給が再開されたのは1月20日だった。結局この時はウクライナへのガス供給価格はエストニア・ラトビアと同等価格（いわゆる外様価格）で合意された。

このようなロシアの行動は、政治リスクと経済の分離を理念とするエネルギー憲章条約に違反するものだった。

3　ウクライナのエネルギー事情

ウクライナの外貨収入源として尿素の輸出は大きな割合を占めていた。国際競争力を保つためには安価なガスが必要だった。ウクライナは親EU派と親ロシア派との間で揺れ動いたが、2014年に親ロシア派のヤヌコビッチ大統領がEUとの連合協定を破棄したことに対して蜂起した市民によりロシアへの亡命を余儀なくされるという、いわゆるマイダン革命がおこった。これを機会にロシアは直ちにクリミア侵攻を行った。それまでウクライナは年間3,500,000t程度の尿素を輸出しヨーロッパにおけるマーケットメーカーだったが2014年を境にマーケットメーカーとしての役割を失った。

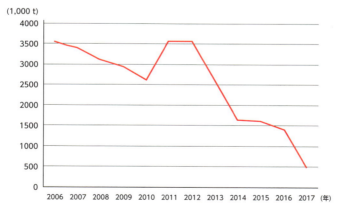

図2.5　ウクライナの尿素輸出
出典：国際肥料工業協会(IFA)「ウクライナの尿素輸出」(2019)[4]をもとに作成

2014年のロシアによるクリミア侵攻後でもドイツは夢を追い続け、2018年ノ
ルドストリーム2建設の調印を行ったが、他のEU諸国とアメリカから見たこの
プロジェクトはウクライナを迂回する政治的な意図があるものとみられていた。
2022年2月24日ロシアによるウクライナ侵攻に際し、ドイツが60年にわたり築
き上げたエネルギー安全保障の仕組みは消滅してしまった。

　なお、ウクライナという国は、歴史的に、西部はポーランド・リトアニア連合
王国の流れを汲み、東部はコサックによる開拓の歴史を持つ地域で、ソ連フルシ
チョフ首相時代に人為的に作られた国であるという面があるが、産業的には先進
地域で文化的にもスラブの中心であり続けた。

2.4 > EU加盟国ドイツのガス価格と市場化

1 ドイツのガス価格

　従来ドイツのガス価格は、ロシアとのガス価格協定により、長期契約に基づく軽油と重油の市場価格の加重平均（バスケット価格）が基本だった。なお当初は石炭価格も加味されていたとされている。バスケット価格フォーミュラは次のように示される。

$$P = P0 \, [Ax \ (GO/GO0) + \ (1\text{-}A) \, x \ (FO/FO0 \,)]$$

注）　P：ガス価格／$P0$：契約時のガス価格／GO：軽油市場価格／$GO0$：標準軽油市場価格／FO：重油 (HFO) 市場価格／$FO0$：標準重油 (HFO) 市場価格／A：係数 (0.4-0.5)

　1998年ベルギーとイギリスを繋ぐパイプライン Interconnector (IUK) を通じてイギリスの National Balancing Point　(NBP) でのスポット市場価格がヨーロッパにも波及し始めた。2006年にはイギリスとオランダを繋ぐパイプライン (BBL) が建設され、イギリスのスポット市場 (NBP) とオランダのスポット市場 (TTF：Title Transfer Facility) を直接つなぐパイプラインとなった。そして、APX (市場運営会社) によりイギリスとオランダの市場がプラットフォーム上で連動するようになり、ヨーロッパの主要市場間の価格連携が図られるようになった。これによりロシアによる二国間協定を基本とした石油製品リンクの価格体制は終焉した。その後、ロシアは、EUでの市場シェア拡大を目指すようになった。

　TTFは、2009年に発効したEUのガス指令により統一市場創設を支えるガス取引のプラットフォーム上で運営されるようになった。ガスパイプラインにもビジネスと輸送を分けることが要求された。ロシアにとって天然ガスは国益を代弁する戦略物質で、ガスインフラの運営とガスビジネスは不可分なものだった。このためロシアはエネルギー憲章条約から脱退した。

2 ヨーロッパのガス市場とロシアの利害

　ロシアのガス供給は2国間協定が基本だったが、2009年にEUのガス自由化が実行されるとロシアの目論見が大きく外れてしまった。そしてEUは市場価格でガスを購入することになった。ロシアはエネルギー憲章条約から脱退し、市場占有率の拡大と量の確保に力を入れることになる。結果としてガスは武器として使われることに繋がっていった。

　2010年を境にドイツのガス価格はイギリスのNBPスポット価格やオランダのTTFスポット価格に沿うような形となった。2011年よりTTFはドイツの電力取引所に起源をもつEEX社により運営されるようになった。

　なお電力では2015年4月、電力取引のEPEX SPOT (Europe Power Exchange Spot) とAPX Groupは統合することになり、APX GroupはEPEX SPOTの名前に統一されることになった。これにより中央ヨーロッパとイギリスの電力市場が1つのルール、1つのシステムでプラットフォームで統合的に管理運営されることになった。一方APX Groupのガス部門は電力部門から分離されICE傘下に入った。

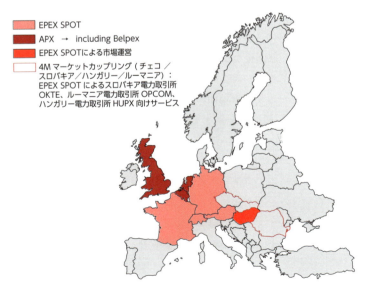

図2.6 EPEX SPOTとAPX Groupの統合
出典：EPEX SPOT「APX Group and EPEX SPOT integrate their businesses」(2013) [5]をもとに作成

3 ドイツのパイプラインシステム

　ドイツ国内の幹線パイプラインはドイツとロシアの戦略的パートナーシップにより整備され、ヨーロッパではガスのハブ的役割を果たしてきた。1990年にドイツの化学会社BASFの100％子会社Wintershallとロシアの国営ガス会社Gazpromの間でガスパイプライン建設と運営に関する合意が締結され、1993年にはドイツ国内のパイプライン建設と運営を担うWingas (Wintershall 65％、Gazprom 35％) が設立された。

　2003年にEUのGas Directive (2003 / 55) により最初の自由化が推し進められ、以下の原則が定められた。

❶ 工業・商業用利用者に対する小売参入の自由化
❷ ガス事業の法的機能分離と Transmission System Operator (TSO) の設立

　2006年にWingas Transportationが設立され、これまでに建設されたJAGAL、STEGAL、MIDAL、WEDAL、RHGなどのパイプライン資産がこのWingas Transportationに統合された。2007年にWingasに対する出資比率がWintershall 50.02％、Gazprom 49.98％に変更された。さらに2015年に、BASFとGazpromの資産交換により、Wingasは100％ Gaspromの小会社となった。なお、BASFは、資産交換の結果、ロシアのガス利権を得た。

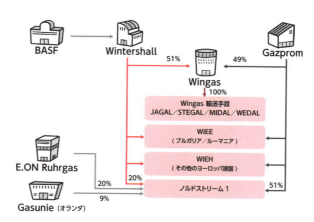

図2.7　ロシア ― ドイツ戦略的パートナーシップ
出典：WiGas GNV 資料をもとに著者作成

ドイツ（西ドイツ）には1973年完成のTransgasパイプラインにより最初のロシア（ソ連）ガスがもたらされた。その後1999年にはヤマル・ヨーロッパ・パイプライン、2011年と2012年にはノルドストリーム・パイプラインにより大量のガスがもたらされた。これらのガスはドイツのガスパイプライン網及びガス貯蔵施設を通じてフランスをはじめほとんどのEU諸国に供給された。以下にWingasのパイプライン資産(ドイツ国内)を示す。

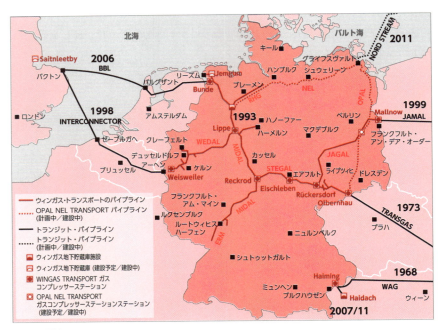

注）ドイツ国内

図2.8 Wingas Pipeline 資産
出典：WiGas GNV「Russia-German Partnership Pipeline」(2008) [6] をもとに作成

2.5 > EUのガス指令とガス事業の自由化

1 EUのガス自由化と市場創設

2009年に発効したEUのガス指令 (2009/73/EC and Regulation 715/2009) は、EU域内のガスマーケット創設に関する原理原則を示したもので以下4項目からなっている。

❶ 第3者アクセスの許容
❷ ガスインフラ運営とビジネスの分離
❸ 透明性の確保
❹ 差別のないパイプライン使用料の設定

ガス市場創設のためにThird Energy Packageと呼ばれるさらに具体的な協定書が合意され2009年に施行された。この協定書ではでは以下の5項目が定められた。

❶ 独立したIndependent System Operator (ISO) の設立
❷ 独立した監督機関の設立
❸ 国境を超えるパイプラインの調整機関の設立Agency for the Cooperation of Energy Regulators (ACER)
❹ 国境を越えてパイプライン・インフラを運営する機関で、European Network for Transmission System Operators for Electricity (ENTSO‐E) と European Network for Transmission System Operators for Gas (ENTSO‐G) の設立
❺ 消費者の権利として開かれた公正な市場の確認

2009年に発効したこのEUガス指令に基づき、垂直統合されていたガス供給会社は解体され、ビジネスとインフラは完全に分離された。インフラは、ISO (Independent System Operator) と呼ばれる非営利法人のパイプライン運営会社となり、これによりパイプラインの保守点検と運営が行われるようになった。2012年にはWingasの改編が行われ、基本的にはインフラ会社とトレーディング会社に分離された。Wingas TransportはGASCADEとして、ISOとなった。

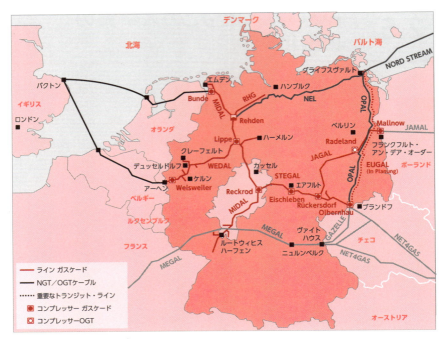

注）オレンジの線が該当のパイプライン
図2.9 GASCADE Gastransport GmbHのパイプライン
出典：GASCADE Gastransport GmbH「Unser Netz - Für Deutschland und Europa」[7] をもとに作成

2 ISOの設立

　EUでのガス自由化の一環で、ドイツのパイプライン・インフラはすべて独立系システム運用事業者 (ISO) に改編された。

　WIGA TransportはWintershall Dea社とガスプロムの合弁会社であったが、2022年のロシアによるウクライナ侵攻後、ガスプロムの資産はドイツ政府が創設したSEFE (Securing Energy for Europe GmbH) 社に引き継がれた。NELとOPALはノルドストリーム1の受け入れのために建設され、EUGALはノルドストリーム2のために建設されたが、これらを含めWIGA Transport保有のパイプラインISOとなった。

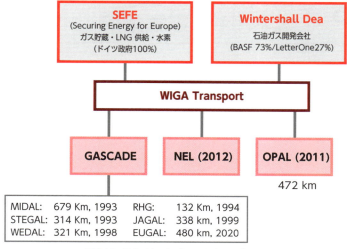

図2.10　ドイツガスパイプライン(TSO)運営会社

2.6 > ノルドストリームと エネルギー憲章条約

1 ノルドストリームの意義

ノルドストリーム1と2はロシアからドイツに直接ガスを導入することができるパイプラインでドイツとロシアの戦略的パートナーシップを象徴するプロジェクトだった。そして政権与党のドイツ社会民主党にとっては戦後の集大成のプロジェクトと言えるものだった。技術的にも流体力学の粋を集めた革新的な設計思想が用いられた。ガス体はある一定の圧力を超えると分子同士の反発力よりは引き合う力、すなわちファンデル・ワールス力が働く。この状態のガスはDense Phaseと呼ばれ、ガス体の粘性も小さくなり、同じ口径でより多くのガスを運送できることになる。こういった特性を生かした最初の商業パイプラインだった。ノルドストリーム1の詳細設計はイタリアを代表するエンジニアリング会社Snamprogtti、建設はイタリアの世界的な建設会社Saipemにより行われた。

2 ノルドストリームの設計とガス輸送能力

ガスが流れるためには圧力差が必要である。ロシアのヴィボルグに設置されたコンプレッサーで220barG（3190 psig）まで昇圧する。ガスはパイプラインの中で圧力降下が起こるが同時に流速が増す。1220km離れたドイツ側出口のグライフスヴァルトでは177.5barGに圧力調整を行い、同時に流速を管理することになる。

パイプラインは、ノルウェーの船級協会が設定した改定パイプライン設計コードDNV OS-F101に基づいて設計され、鋼管材料としてX70クラスが使用された。鋼管の内径は1153mmで、圧力降下に従い、設計肉厚は34.4mm、30.9mm、26.8mm、の3セクションに分割されるなど、合理的な設計が行われた。

このパイプ1本で年間27.5bcm（LNG換算2000万t）のガスを運搬することができる。パイプは2本建設され、年間合計55bcmのガスを輸送する能力があった。

図2.11 ノルドストリームパイプラインの設計
出典：Nord Stream「Sichere Energie für Europa」(2014)[8] をもとに加筆・作成

　ノルドストリーム1の第1ラインは2011年11月に運転を開始し、第2ラインは2012年10月に運転を開始した。
　ノルドストリーム2もノルドストリーム1と同一仕様の設計だったが、ロシア側始点のガスコンプレッサーはUst-Lugaに設置された。**図2.12**に示すように、ノルドストリーム1と2のルートは、ポーランドを迂回するものとなっている。

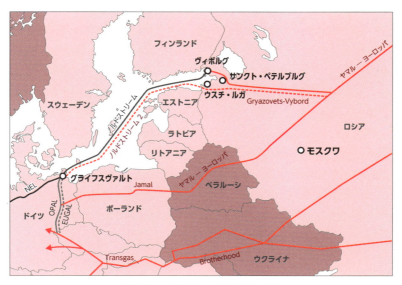

図2.12 ノルドストリーム1と2のルート図
出典：Urgewald eV「Global Oil & Gas Exit List」(2021)[9] をもとに作成

3 ノルドストリームの課題

2009年にEUのガス自由化に関する法律EUガス指令が施行されたが、ノルドストリーム1は2009年以前に設計が開始されたため、この2009年発行のEUのガス指令の対象外となった。しかしノルドストリーム2は、少なくともこのガス指令の対象パイプラインと見なされた。

ノルドストリーム2の建設と運営の許認可は、EUの法律に従わなければならない。その中でパイプライン・インフラの所有権とビジネスの分離、第3者アクセスの権利、ガス運送料の透明性、供給保証に関する懸念が指摘されていた。

ガスプロムはロシア国営ガス会社で所有権と運営権は一体であり、ガス供給の独占企業である。パイプラインの輸送料金に透明性を保証するものはなく、またすでに実証したように供給についても意図的に制限することがきた。さらに2019年の改定ガス指令ではすべての第三国からのパイプラインがガス指令の対象とされた。

妥協案としてドイツの領海内の部分に関してのみEUのガス指令を適用することも審議されたが、根本的には課題は残ったままで、受け入れられるものではなかった。

ノルドストリーム2への不信感は強く、EU構成国、とりわけパイプラインが国内を通るポーランドとウクライナは、ガスを武器として使わないための保証を求めた。それに加え、ドイツを除いたEU各国では、ノルドストリーム2が完成すると、ロシアガスへの依存度がさらに高まることに対する警戒感も明るみになった。

このような動きに対し、ドイツのシュレーダー元首相によるバルト海沿岸諸国への説得工作が功を奏し、建設が開始された。彼は首相退任後、ガスプロム関連会社のアドバイザーの地位に就き、ロシアのガス戦略の一端を担った。パイプラインの建設は、アメリカが強く建設の中止を求めるに至り、一時中断されたが、ロシア側が建設を継続し、2021年6月に第1ライン、9月に第2ラインが完成した。しかしEUのガス指令の条件を満たすものではなく、商業運転は行われなかった。

2022年9月26日、何者かにより、ノルドストリーム1のパイプ2本とノルドストリーム2パイプ2本のうち1本が破壊された。

2.7 〉 エネルギー憲章条約の役割終焉

1　ノルドストリームの終焉

　ノルドストリーム2の建設は、EUによる建設許認可を受けないままに開始されたが、EUのガス指令と改正ガス指令の条件を満足できないため、実質的には運転される可能性はなかった。

　2019年にノルドストリーム2の運営会社ノルドストリーム2AG社は、エネルギー憲章条約を根拠に、EUを提訴した。ロシアはエネルギー憲章条約の最初の批准国だったが、2009年に脱退した。しかし、ノルドストリーム2AG社はスイスに法人があり、スイスはエネルギー憲章条約の批准国だったため、これを根拠に損害賠償を求めたものだった。しかし、建設にかかる投資判断 (FID) を行う以前からノルドストリーム2はガス指令の対象になることは知られていたことと、ノルドストリーム2 AGの所有者は実質的にロシア国営ガス会社ガスプロムで、ロシア政府の貿易と政治の手段にしか過ぎないことは明らかだった。当然のことながら、ガスプロムによる提訴は退けられた。

2　エネルギー憲章条約の終焉

　エネルギー憲章条約は、ロシアからのガス輸入に関する安全保障の仕組みを提供するものだったが、EU市場の自由化の進展とともにガスプロムにも改革を迫るものだった。結果的にロシアは、エネルギー憲章条約から脱退した。実質的に、この時点でエネルギー憲章条約は意味をなさないものとなった。エネルギー憲章条約そのものは2国間のエネルギー供給の安全を保障するもので、市場の自由化には馴染まないものだった。ある意味で歴史の必然だったと言ってよい。

　また、新たな流れとして、EUはエネルギー憲章条約が再エネ導入の妨げになっているとの批判を受け、2022年末にEU内では適用されないことを確認した。

2.8 ロシアを経由しない天然ガスの導入

1 ヨーロッパに直接導入するパイプライン南部ガス回廊

　ロシア産の天然ガスへの依存度は年々高まり、2020年にはEUのガス輸入量の40％に相当するようになり、ドイツでは58％に達した。ロシア依存のリスクを軽減するために、中東のアゼルバイジャンからのガスを直接ヨーロッパに導入するパイプラインの建設が検討され、南部ガス回廊 (SGC：Southern Gas Corridor) として2015年より建設を開始し、2021年に運転開始にこぎつけた。

　このプロジェクトは、カスピ海のShah Denizガス田第2期 (アゼルバイジャン) からジョージア、トルコ、ギリシャ、アルバニアを経由してイタリア南部に至るパイプラインで、全長3500km、7カ国にわたり、10社以上のエネルギー会社によって運営される世界でも類を見ないパイプラインとなっている。SGCの概要を図2.13に示す。

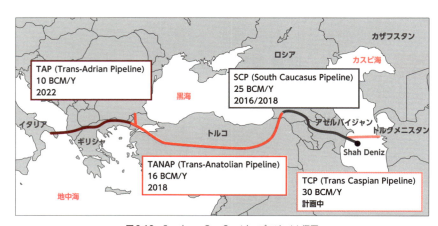

図2.13　Southern Gas Corridorプロジェクト概要
出典：GIS「Turkey's energy foreign policy at a crossroads」(2018) [10] をもとに作成

　ガス田開発会社と各ガス事業者は長期にわたる「Ship or Pay」契約を締結し、長期にわたり経済性を支えることになっている。

　イタリアには、2022年にプロジェクトを通じた最初のガスがもたらされた。現在

年間10bcmのガスが導入されているが、20bcmまで拡張する計画が進展中である。

　ロシアはこれまでトルクメニスタンやウズベキスタンを自国の裏庭と考え、安価にガスの調達を行ってきたが、これらの国々からガスが直接ヨーロッパに向けて流れることになる。

　トルクメニスタンからのガスパイプラインの接続も計画され、近い将来、ウズベキスタンやカザフスタン、あるいはイランやイラクのガスがこのパイプラインを通してヨーロッパに流れることは想像に難くない。

2　アルジェリア・ガスの役割

　ロシアによるウクライナ侵攻を機にアルジェリアの地政学的な重要性も認識され始めた。アルジェリアはこれまで、TRANSMEDを通してイタリアへ年間10〜20bcmのガスを輸出し、スペインにはMEDGAZとMEGを通じて年間9bcmのガスを輸出してきた。またアルズーやスキクダのLNG施設から年間15bcm相当のLNGをポルトガルやスペインを含む地中海沿岸諸国のLNGターミナルに供給してきた。なおMEGはモロッコを経由しスペインのシステムに接続されるパイプラインであるが、2021年10月以降アルジェリアとモロッコの関係悪化により操業を休止している。

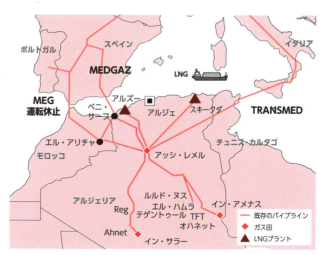

図2.14　アルジェリアからヨーロッパへのガス輸出

出典：S&P Global Commodity Insights「Algerian pipeline gas flows to Southern Europe remain robust in 2023」(2023) [11] をもとに加筆・作成

3 ナイジェリアからのパイプライン・ガスの可能性

　アルジェリアのガスに加えて、ナイジェリアとアルジェリア、そしてヨーロッパをつなぐガスパイプラインとして、Trans Sahara Gas Pipeline (TSGPあるいはNIGALとも呼ばれる)も改めて見直されている。ナイジェリアでは、年間30bcmのガス生産が見込まれている。

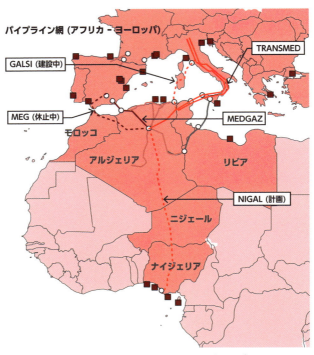

図2.15　TSGPとアルジェリア-ヨーロッパ・ガスパイプライン
出典：DW (Deutsche Welle)「Pipeline network Africa-Europe」(2006) [12] をもとに作成

　TSGPの全長は約4,128km (2,565ml) で、そのうち1,037kmがナイジェリア、841kmがニジェール、約2,310kmがアルジェリアを通過する。計画によれば、このパイプラインはルート沿いの地域にもガスを提供する予定である。
　天然ガスのほとんどは、アフリカ最大の石油埋蔵量を誇るナイジェールデルタで生産される。このデルタ地帯はもともとは原油の生産で知られていたが、原油加え天然ガスも豊富に埋蔵されている。現在ナイジェリアはアルジェリアに次ぐアフリカ第2位のLNG輸出国となっている。

ナイジェリアのガス埋蔵量は200tcf（1tcfはLNG換算2000万t）と見積もられ
ている。ナイジェリアは莫大な資源に恵まれているにもかかわらず、国民の大多
数は貧困と政治的不安定の中に置かれ、とりわけイスラム教徒が多数を占める同
国の北部では、テロ組織ボコ・ハラムのイスラム原理主義者らが中央政府当局に
対して内戦を繰り広げている。パイプラインが通過するニジェールでも政情が不
安定でガスインフラへの投資には高いハードルがある。

2・8 —— ロシアを経由しない天然ガスの導入

Column 1 エンロンの初期の調達手段としてのハイイールド債

筒井 潔

　日本経済の一つの課題は、中小企業が大企業、さらにはグローバル企業になれないことである。その原因の一つは、投資が増えないことにある。ハイイールド債取引市場など、日本にはスタートアップのための仕組みが存在しないことは一つの課題と認識してもよい。次の図は従来の日本での典型的な「事業化の成長段階と資金調達モデル」である。

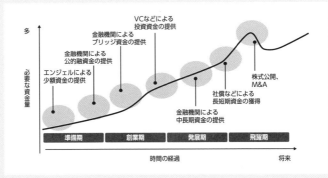

コラム図2.1 日本における典型的な事業の成長段階と資金調達モデル

　1984年にのちにエンロンとなるヒューストン天然ガス会社の最高経営責任者となったケネス・レイが最初に遭ったことは、同社がコタール・コーポレーションから仕掛けられていて株式公開買い付け (TOB：Takeover Bid) に対応することであった。そのために、ケネス・レイは、フロリダガスとトランスウェスタン・パイプラインの天然ガス会社2社を買収して、会社の規模を2倍に拡大する。さらに、ケネス・レイは同業のインターノース社と手を組む。インターノース社はヒューストン天然ガス会社を買収したと認識していたが、ケネス・レイは従業員に合併と嘘の説明したが、大事なことはインターノース社がTOBを仕掛けられていたことで、その解決のためにケネス・レイは、ハイイールド債によって、資金を調達する。

　エンロンは、エネルギー市場における規制緩和の波に乗って、エンロン・オンラインなどイノベーティブな新規事業を開拓していくが、その背後にはジャンク・ボンドによる資金調達と利払いがあった。アメリカ資本主義の一つの姿がここにある。

第 3 章

北アメリカの
天然ガスの歴史とDX

第3章　概要

　エンロン (Enron Corporation) は、もともとアメリカのヒューストンの地域ガスパイプライン会社だった。規制緩和の機運をとらえ、吸収合併を繰り返し大きな会社となったが、負債も大きく、そのため買収の対象にはならなかった。

　エンロンは収益の向上のため、物理的なガスの売買に加え、先物市場を利用したファイナンシャル・トレーディングや金融工学を駆使したデリバティブをガス売買に組み込んでいった。

　資金調達のために数多くのSPCを創設した。SPCはそれぞれ自立していなければならなかったが、このうちのいくつかでクロス担保が見つかり破綻に至った。

　3章では、硬直的だったガスビジネスを金融ビジネスに変えたエンロンの興亡と、その後のエネルギー市場の発展について解説する。

3.1 〉 アメリカのガス事業の自由化

1 エンロンが金融市場で果たした役割

　天然ガスと金融・情報をビジネスとして、統合的に組み立てたのはエンロンだった。エンロンの功績は物理的な売買市場に加えて、ファイナンシャル・トレーディングによる金融市場を活発化させ、ガスのビジネスを流動性のあるビジネスに変えたことにある。エンロンによってエネルギーのDXは進展した。とりわけエンロンのエンロンオンライン (EnronOnline) は、ガスの売買プラットフォームとして機能し、当時の石油メジャーに先んじた形となった。エンロンの成功が、市場運営会社ICE (Intercontinental Exchange) の設立を促した。

　原油WTI先物やヘンリーハブでのガス先物を支配するNYMEXに対し、ICEはブレント原油先物やイギリスNBP (National Balancing Point) でのガス先物を支配するものとなった。このようにエネルギーのDXとは、エネルギー市場のDX化に他ならない。市場とは人・物・金・情報をブラックホールのように吸い込むものである。

2 自由化前のガス事情

　アメリカの電力とガス事業は、FPC (Federal Power Commission) によって規制されてきた。これは現在のFERC (Federal Energy Regulatory Commission) の前身である。FPCは、水力発電事業の規制・調整機関として1920年に設立された。1935年にThe Federal Power Act of 1935、1938年にNatural Gas Act of 1938がそれぞれ制定され、電力事業とガス事業の規制機関としての権限が強化された。

　アメリカのガス事業は、このFPCの監督下で、価格の統制が行われてきた。当初ガスの生産者は、パイプライン事業者に決められた価格でガスを売り、パイプライン事業者は、ガス消費者あるいは購入者に決められた価格でガスを売るというものだった。パイプライン事業者にとっては、決められた価格での売買の差額が利益のため、ビジネスとしては魅力のない事業だった。契約はすべて相対取引で、当然マーケットは存在しなかった。

　また、ガス事業はガス生産者にとっても投資意欲が湧かない産業であり、

1970年代を通してガスの生産が滞った。しかし、ガスに対する状況は変化しつつあった。

1973年の石油輸出国機構 (OPEC：Organization of the Petroleum Exporting Countries) による原油禁輸措置により、代替エネルギーとしてのガス供給に関心が向けられた。また、1970年代中盤は折しも厳冬が北米を襲い、ガス需要が高まった。さらにこの間、ガスの使用には大きな変化が起こり、ガスタービンの大型化や性能の向上の結果、従来の石炭ボイラー発電に代わり、主要な発電方式としての地位を確立していった。このため電力用ガス需要が急増増していった。このような状況に対してガス事業者は、需要を満たすような対応ができなかった。

このような事態を受け、アメリカ議会では規制緩和が議論され、1977年にFPCはFERC (Federal Energy Regulatory Commission) として再編され、アメリカの天然ガス事業、水力発電事業、石油パイプライン事業、そして電力の卸価格等の規制を行う組織から、規制緩和を主導する機関へと大きな変換を遂げた。

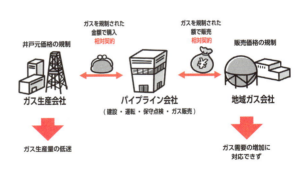

図3.1 自由化前のガスビジネス
出典：各種資料をもとに作成

3 第一の自由化政策

1978年に「Natural Gas Policy Act of 1978」が公布された。これにより、新規ガス田の井戸元価格の統制を行わないことになった。一方、既存のガス田の規制は残り、すべての井戸元価格の自由化は1989年まで待たなければならなかった。

しかし、その効果はてき面だった。パイプライン事業者は、ガス供給の安定のためにガス生産者と Take or Pay と呼ばれる長期契約を締結することができるようになった。

Take or Payとは、ガス購入者（パイプライン事業者）は数量の買い取り義務を負い、ガス生産者は決められた販売価格でガスを供給する義務を負うものだった。したがって、ガス購入者はガスが必要であろうとなかろうと、決まった数量に対する対価を支払わなければならなかった。実際の契約に当たっては、供給ガスの7割は買い取り義務を伴うTake or Pay契約で、残りはオプション契約を取り入れ、需要変動のリスクを回避する方式が取り入れられた。

　パイプライン事業者はこのような契約により、供給ガスを確保した。一方、ガスの生産者は、これにより安定した収入を享受することができ、投資にも意欲的となった。その結果、ガスの生産量が大幅に増加した。さらに、パイプライン事業者にとっては、買ったガスの売り先の選択ができるようになった。

　しかし、1980年代前半には、一転してガス供給過剰に陥り、ガス価格は半減した（6ドルから3ドル/mmbtu）。このため、ガスパイプライン事業者には、長期のTake or Pay契約により高額で購入したガスによる財務的負担が重くのしかかるようになった。このような状況を緩和するため、パイプライン事業者大手のTranscoを中心に余剰ガスを処分するスポットマーケットが創設された。これは毎月一定期間だけ開かれる言わばフリーマーケットのようなものだった。

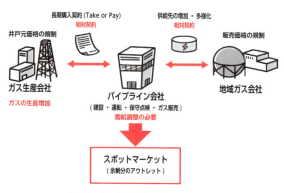

図3.2　自由化開始時のガスビジネス
出典：各種資料をもとに作成

4 第二の自由化政策とその後の制度設計

　1985年に、「FERC Order 436」により、第二段階の規制緩和が行われた。これは、パイプライン事業者に対して第三者アクセスの許容を促すものだった。その結果、ガスの需要者は直接生産者からガスを買うことができるようになった。その際に、ガスの需要者はパイプライン事業者に対し、輸送料（タリフ）のみを支払うことになる。これは、パイプライン事業者の事業形態に大きな影響を与え、結果としてパイプライン事業者は、ガス輸送事業とガスのトレーディング事業に分離されていった。このような時代の変化を積極的に利用したのがエンロンだった。エンロンのガス市場創設に対する貢献に関しては後述する。

　1989年に「Natural Gas Wellhead Decontrol Act」が公布され、すべてのガス田の井戸元価格が自由化された。

　1992年には「FERC Order 636」により、すべての州をまたぐパイプライン会社のガス販売とパイプライン事業が分離され、消費者にも供給者の選択が与えられることになった。そして開かれた市場での売買が開始された。

　2000年には、「FERC Order 637」により、ガスバランスの調整を行うサービスや季節変化による価格設定の自由が認められ、売買のリスクが緩和できるものとなった。また違反者に対する罰則も厳しいものとなった。

　2006年には、「FERC Order 678」により、新規ガス貯蔵の充実が図られるようになった。また市場原理の働かない地域でもその恩恵にあずかることができるよう、市場価格を基本とした価格体系が適用されるようになった。また、同年制定された「FERC Order 670」では、エネルギー市場における恣意的な価格操作は禁止された。

　2007年の「FERC Order 702」では、重要なエネルギーインフラに関する情報の公開が義務付けられた。「FERC Order 712」では、効率的で健全な市場運営のためにガス輸送容量（Capacity）や、一時貯蔵容量（Gas Parking）の市場が整備された。今後の課題はガスと電力市場の一体化であり、そのような方向で整備が進められている。

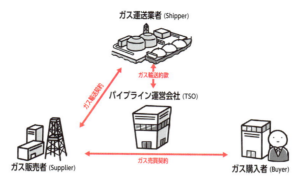

図3.3 自由化後のガスビジネス
出典：米国連邦エネルギー規制機関（FERC：Federal Energy Regulatory Commission）資料[1]をもとに加筆・作成

5 スポットマーケットの創設

　1980年代前半にはガス供給が増加し、供給過剰となる事態に陥った。このため、ガスパイプライン事業者にとっては、長期のTake or Pay契約で購入したガスの余剰分をスポット的に売却する仕組みが必要となった。パイプライン事業者で最大手のTransco社は、ガス生産者と大手購入者間で余剰ガスをスポット売買できる機会を毎月期間限定で行うことができるようにFERCと協議を行い、認可された。これはBid Weekと呼ばれ、フリーマーケットのようなものだった。

　これがさらに発展し、1984年後半には、パイプライン事業者の大手となったHouston Natural Gas（のちのエンロン）を中心に、Transco社とその他ガスパイプライン事業者4社に投資銀行のモルガンスタンレー、さらにいくつかの法律事務所を加えて共同でNatural Gas Clearing House（スポットマーケット運営会社）を設立し、ガスのアウトレットとしてスポットでの売買を開始した。このとき運営については、モルガンスタンレーが主導的な役割を担ったが、これが投資銀行によるガスエネルギー産業への参入の第一歩となった。

　1985年の第二段階の規制緩和を受け、パイプライン事業者はガス輸送事業とトレーディングを分離していった。1989年にはテキサスから南カリフォルニアに至るエンロンのTrans-Western Pipelineは、ガスの販売をやめ、輸送に特化したパイプラインの第一号となった。この際のパイプラインの使用料あるいは輸送料（タリフ）は、FERCの管理下にあったが、トレーディングについてはFERCの管理下外に置かれた。エンロンのトレーディング部門は、穀物や原料が自由に売買されるのと同様にガスの売買ができる環境を得ることになった。1990年には

75%のガスがスポットで売買されるようになった。

6　先物市場の設立

　ガスのスポットでの売買が活発になってきたことを受けて、ニューヨーク・マーカンタイル取引所 (NYMEX) は、1990年4月にガスの先物を上場した。先物とは将来の決められた日に決められた価格で取引をするもので、すでに穀物や金、原油市場で用いられていたものだった。この先物市場設立により、1カ月先から12カ月先までのガスの先物取引が可能になった。のちに18カ月先まで延長された。

　NYMEXは、価格のベンチマークと現物受け渡し場所として、ルイジアナ州のヘンリーハブを選んだ。これはヘンリーハブにはガスの前処理施設やガス貯蔵施設があり、ガス品質の均一化 (あるいは商品化) を行うことができること、11のパイプラインの集結点であることなどの条件が整っていたからだった。

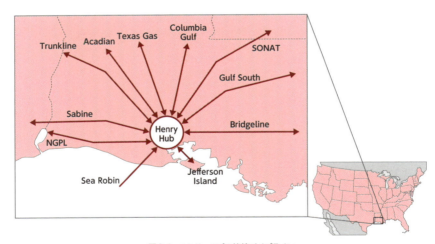

図3.4　ヘンリーハブの接続パイプライン
出典：RBN Energy LCC「Riders on the Storm - Henry Hub Physical Gas Volumes Jump with LNG Exports, Storage Flows」(2020) [2] をもとに作成

　NYMEXはチーズとバターの取引所として1872年に設立された。しかし1970年代までにそのもともとの役割はほとんど終了していた。しかし、1970年代後半に重油など燃料油の先物市場を開設し、さらに1983年に原油 (WTI) の先物市

場を開設してからは大躍進を遂げた。原油の先物は世界の石油価格のベンチマークとなった。

　石油の世界は、1972年のオイルショックの以前は、メジャー石油による垂直統合が高度に発達し、原油を含め石油製品の流動性はほとんどなかった。オイルショックを契機に原油の市場化が始まった。これにより、産油国の原油支配力が削がれていった。

　メジャー側も垂直統合が崩れ、石油製品の市場化が始まった。市場化が始まると売買のリスクをヘッジするための仕組み、すなわち先物市場の創設が求められていた。NYMEXの発展はこのような背景に支えられていた。ガスの先物についても、スポット売買の割合が75％を超え、そのリスクヘッジのための仕組みが求められていた。NYMEXにとっては、WTIをベンチマークとした原油先物市場設立と同様にガスについてもヘンリーハブでの価格をベンチマークとした先物市場設立は容易なことだった。

　先物市場の利点は、売るガスを保有していなくても売買でき、あるいは買う必要がなくても売買が可能であることである。先物市場には多くのSpeculator、あるいはFinancial Traderと呼ばれる金融機関や個人など、価格の上下で利益を得ようとする人々が参加し、これが価格形成を支えるものとなっている。

3・1 ── アメリカのガス事業の自由化

73

3.2 巨大パイプライン事業者エンロンの登場

1 エンロンの設立

　ガスの売買の広域化に伴い、パイプライン事業者は州の壁を越えてガスを輸送する必要に迫られ、パイプライン事業者間の吸収合併の時代が始まった。また、株式市場にもこれを促す仕掛け人が活躍した。

　エンロンは1985年7月に、InterNorthとHNG (Houston Natural Gas) の合併によって設立された。InterNorthはネブラスカ州オクラホマを根拠地とし、カナダ西部やアメリカ南西部のパイプラインを保有する主要なパイプライン会社だった。一方のHNGは、もともとテキサス州内のローカルなパイプライン事業者だったが、Trans-Western PipelineとFlorida Gas Transmissionを吸収合併し、アメリカ有数のパイプライン会社となっていった。両社はInterNorthが、HNGを買収する形で統合された。その結果エンロンは、Houston Gas Pipeline、Northern Natural Gas Pipeline、Trans-Western Pipeline、Florida Gas Transmission、Northern Border Pipelineなどを傘下に持ち、Tennecoに次ぐアメリカで第2位のパイプライン事業者となった。

　なお、Tennecoは現在キンダー・モルガン社の傘下にあり、アメリカ最大のTSOである。キンダー・モルガン社の創業者の一人リチャード・キンダーはエンロンの躍進を支えた一人であるが、1997年にエンロンの役員を退任するにあたり、エンロンよりLPGパイプライン事業を譲り受けている。これを皮切りに同社をアメリカ有数のエネルギー会社に仕立て上げた。

　吸収合併の結果エンロンは多額の借金を背負うことになったが、この借金がエンロンを魅力的なものに見せなかったこともエンロンが生き延びた理由でもあった。また、この借金をエンロンは逆手にとって活用し、成長につなげて行った。1987年のエンロンの借入・株主資本比率は75.6%で、Moody'sの格付け[1]はBaだった。

1　Moody'sの格付け　「Ba」「Baa」はMoody'sの信用格付の格付記号で、信用力が高い順にAaa、Aa、A、Baa、Ba、B、Caa、Ca、Cとなっている。

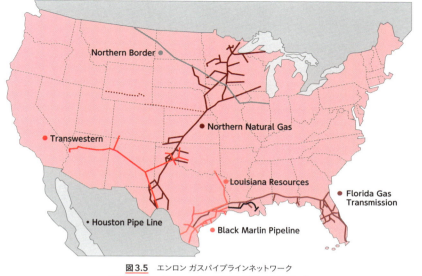

図3.5　エンロン ガスパイプラインネットワーク
出典：Enron Corporation 資料 (1999) をもとに作成

　これは、「投機的な要素を含むと判断される債権で、将来の安全性に不確実性がある」というものだったが、借入金利は比較的低いままの限界点だった。他方においては、株主配当が低く抑えられるため経営的には必ずしも悪いものではなかった。その後もエンロンの格付けはBaaレベルを維持していった。

2　エンロンのビジネス

　1980年代後半には、アメリカのガスの売買契約の75％がスポットでの売買となっていた。しかし、日々値段が変化するスポット市場での売買は、ビジネス的にとても不都合なものだった。ガスの生産者にとって変動するするスポットマーケットに売るリスクがあり、ガスの需要者にとっては変動するスポットマーケットから買うリスクがあった。

このような状況を顧み、1989年にエンロンは、より長期の2年から10年の長期のガス供給を定額で供給するサービスを開始した。こういった長期契約サービスにはプレミアム価格で供給することができ、エンロンの利益幅は増加することになる。しかし、長期のガス供給にはリスクも伴う。ガスパイプラインの発達によりガスの流動性も高まっていった中で、エンロンは、パイプラインネットワークと市場の状況に関する情報を的確にとらえ顧客の要望に応えていった。

ガス需要家には次のような要望があった。

❶ 長期契約に縛られたくないけれど長期安定供給がほしい
❷ 不要なガスは買いたくない
❸ 価格の高いガスは買いたくない
❹ 前もってガスを買うよりも後で特定の価格で買うことのできるオプションが欲しい

一方、ガスの生産者の要望は次のようなものだった。

❶ 高く買ってくれる相手に売りたい
❷ 適切な値段で売るオプションがほしい

1970年代には、経済学の分野でも大きな進展があり、Black-Scholes式で知られるオプション価格の算定理論が発表された。これにより金融工学という分野が確立され、多くのデリバティブ製品が生まれていった。エンロンもガスの供給に関連してオプションを含む派生商品 (Derivative) の開発を行い、ビジネスに積極的に応用していった。これによりガス供給により一層の柔軟性がもたらされた。1990年以降エンロンは会社の軸足を現物取引 (Physical Trading) からファイナンシャル取引 (Financial Trading) に移していった。

エンロンは1992年より時価 / 値洗い方式 (Mark to Market) を採用したが、これは資産評価の方法の一つで、将来の取引に適用し、長期契約での2年、5年、20年先の利益を契約時に確定していった。しかし、これは会計上の利益で、信用度 (Credit Rating) の向上には寄与したが、実際のキャッシュフローとは乖離していくことになった。

3 エンロンのマーケット

ところで、NYMEXの先物は最長18カ月であるのに対してMark to Marketでは、なぜ5年以上の契約が可能になるのか疑問が残る。当時の相対の店頭取引 (OTC：Over the Counter) ではトレーダーの判断に依るところとなり、このようないわば恣意的な操作は必ずしも違法ではなかった。また当時の規制機関CFTC (Commodity Futures Trading Commission) では、OTCを取り締まることも検討されたが、結局規制緩和の考え方から規制されることはなかった。これにはエンロンがCFTCの委員長を退職後に、役員として迎え入れたことが効を奏したものと言われている。

さらに、比較となるマーケットが存在しない評価の難しい売買契約に対しては、Mark to Modelという、独自に作り出したマーケットモデルを適用していった。

1994年にエンロンは電力市場にも進出していった。ガス・電力での卸売りマーケットでの成功によりエンロンは急速に商社化していった。パイプラインによるアセット・ビジネス (Asset Business) からノン・アセット・ビジネス (Non-Asset Business) への大きな転換を行い、電力やガス以外のコモディティマーケット設立への投資を開始した。1999年11月にはインターネットを通じて商品や金融サービスの取引を行うシステムであるエンロンオンライン (EnronOnline) を開始した。取引相手の信用調査を瞬時に行う仕組みを組み込み、買い手あるいは売り手が直接マーケットに対峙しているようなイメージを創設したが、実際にはエンロンが中心だった。

図3.6　エンロンのビジネス
出典：Enron Corporation 資料をもとに加筆・作成

エンロンが手を染めたビジネスを上げると次のようになる。

表3.1 エンロンオンラインの取扱品

❶	ガスおよび電力取引	❿	木材取引
❷	ガスおよび電力の小売	⓫	鉄鋼取引
❸	石炭の取引	⓬	プラスチック取引
❹	原油取引	⓭	排出権取引
❺	貨物輸送取引	⓮	天候デリバティブ
❻	外国為替取引	⓯	インターネット回線取引
❼	農産物商品取引	⓰	半導体取引
❽	化学肥料取引	⓱	音声データ取引
❾	紙パルプ取引	⓲	デジタルコンテンツサービス

出典：Enron Corporation資料をもとに加筆・作成

マーケットメーカーとしてのエンロンにとって、信用格付け (Credit Rating) の維持が大変重要だった。エンロンオンラインを支えるために、巨額の運転資金 (キャッシュリザーブ) が必要となったが、借入金を増やすことは信用格付けに影響を与えるために避けなければならなかった。また、株式発行は株価下落の懸念があった。この巨額資金をひねり出したのが、資産の証券化や借金を少なく見せるための特別目的事業会社SPC (Special Purpose Company) の設立と、その利用だった。エンロンは結局3800社余りのSPCを設立した。

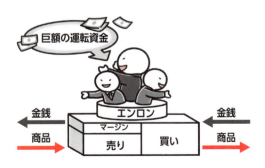

図3.7 エンロンのビジネスモデル
出典：Enron Corporation資料をもとに加筆・作成

4 エンロン資産の証券化

　資産の証券化は、1970年にアメリカ政府系金融機関(米国政府抵当金庫・GNMA：Government National Mortgage Association)が住宅ローン債権を証券化し、貸出資金の調達を行ったことが最初の例となったと言われている。1980年代には住宅ローン以外の債権の証券化が行われた。

　1990年代前半の不動産バブル崩壊後の後始末には、商業不動産担保ローンを基に Commercial Mortgage Backed Securities を開始し、不良債権問題の処理に活用した。1990年代後半にはリスク(気候変動、電力価格)の証券化やこれに関連するより複雑なデリバティブも生まれた。

　ここでは、わかりやすい例として個人住宅ローンの証券化の例を示す。証券化には3つの段階を踏む。第一段は、資産あるいはキャッシュフローの特定である。第二段は、倒産隔離、第3段は、ストラクチャーリングと証券発行である。

　個人住宅ローンの場合、金融機関(債権者)は個人(債務者)にローンを貸し付け、債務者はローンを返済する。しかし、債権者の金融機関にとって個人住宅ローンは、債務者の破産や繰り上げ返済リスクにさらされることになる。

　そこで、金融機関はSPCを設立し、そこに債権の譲渡を行う。これにより倒産隔離が行われる。SPCは、投資家に証券を発行し、投資家は代金をSPCに支払う。金融機関は債権の譲渡代金を回収し、次の新たな個人にローンを貸し付けることができるようになる。

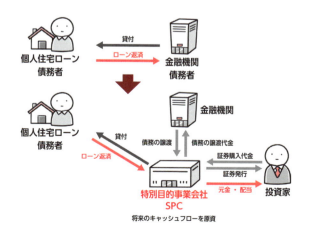

図3.8　証券化の仕組み
出典：Enron Corporation 資料をもとに加筆・作成

証券化には、次のようなメリットがある。

❶ 資金調達・手元資金取得 (Asset Finance) の手段として資産売却と同等の
　効果があり、新規投資を容易にすること
❷ 将来の不確実な利益変動のリスクを投資家に転化でき、リスク軽減がで
　きる
❸ 資産のオフバランス化により、財務指標のコントロール、企業価値向上、
　そのための自己資本比率コントロールができる
❹ 投資家にとっては新しい分野に投資ができ、投資家と事業者双方にとっ
　て新たな資本市場の創設が生まれることになる

　以上のように証券化は多くのメリットがあるが、一方で損失隠し、あるいは、
不良債権処理にも有効に使うことができる。

3.3 ガス供給を最適化する Hub Pricing Program

1 市場情報収集のためのプラットフォームを構築

1990年に、NYMEXがヘンリーハブでのガス価格の先物を上場したが、実際にはガス価格は全米で大きく異なっており、そのためにガスのトレーダーが活躍した。トレーダーはガスを安く買い、ガス価格が高い場所でガスを売ることにより、マージンを得ていた。また、ガスのスワップを通じて同じキャッシュフローのガスを他の業者から調達して販売する方式や、先渡しによる売買（将来の決まった時期に決まった金額でガスを売る契約）も行われた。

エンロンは各地の市場価格の情報を集め、全体の最適化を行うことで、市場の信頼を得ると同時に大きな利益を得ることになった。たとえば、エンロン保有のガスの供給元があり、ガスの需要者にガスを売る場合、各地のガスマーケットの状況とパイプラインの使用料（タリフ）を計算し、あるいは他のガス供給者とのスワップを通じての供給オプションを検討してマージンの多いオプションを選択した。

2 ガス市場創設と価格の最適化

このような方式で、アメリカのガス供給全体の最適化が行われることになった。これがエンロンのHub Pricing Programである。実際の契約はより複雑なものだったが、エンロンは契約のスタンダード化を行い、ガスのブローカーからマーケットメーカーとしての立場を固めていった。

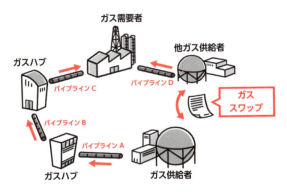

図3.9 ガスのスワップと流通の最適化
出典：Enron Corporation資料をもとに加筆・作成

3.4 ガス銀行の創設とSPC

1 ガス銀行の創設

　1980年代後半は、ガス価格が安定せず中小のガス生産者や開発会社は将来の生産計画で資金不足に苦慮し、そのために開発が滞っていた。エンロンにとってもガスの供給源の確保は、マーケットメーカーとして緊急の課題でもあった。

　そこで、エンロンは、1989年ガス開発事業者に資金を前金で提供し（ローン）、資金回収をガスで受け取るという方式を導入した。これは銀行が資産を担保に資金を貸し、利子と元金を回収する銀行業務に似ているので、ガス銀行(Gas Bank)と呼ばれた。また、ガスを担保にした融資で、ガスで資金を回収するため、Volumetric Production Payment (VPP) 契約とも呼ばれた。

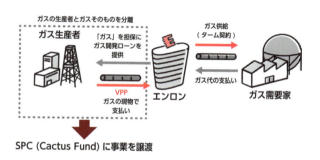

図3.10　エンロンのガス銀行(VPP契約)
出典：Enron Corporation資料をもとに加筆・作成

2 金融リスク回避とSPCの活用

　エンロンのガス銀行には問題もあった。資金供与を行ってからガスで回収するまでには相当の時間がかかり、また、その間のマーケットのリスクをエンロン本体が被ることになる。それを回避するために、特別目的事業会社(SPC)を設立し、そこにローンとVPP契約を譲渡した。VPP契約によりガスは、資産として生産者から切り離されることになった。このSPCはCactus Fundと命名され、投資事業有限責任組合(LPS：Limited Partnership)の形式をとった。

LPSとは、無限責任組合員 (GP：General Partner) 有限責任組合員 (LP：Limited Partner) によって構成され、株式保有の割合と配当が事業提携 (Partnership) を組成する際のパートナーシップ契約 (Partnership Agreement) によって決められ、GPは会社の運営と無限の債務上の責任を負うが、LPは会社の運営と債務上の責任は負わないというものである。利点は、簡単な手続きで組成され、税制上の納税義務はパートナーシップにはない点だった。しかし、のちにこの無限の債務上の責任が、エンロンを消し去るものとなった。

　Cactus Fundはさらに証券化されて投資家に売られ、あるいは債券を発行して銀行が購入することなった。エンロンはローンの譲渡資金を早期に回収するとともに、生産されるガスの購入を行った。エンロンのバランスシート上はCactus Fund売却代金と、ガスの購入金額が記載されるのみとなった。さらに、エンロンからのガス購入代金のキャッシュフローにより、Cactus Fundは自律的に新たなガス生産者に資金を提供し、将来のガスの確保ができるようになった。

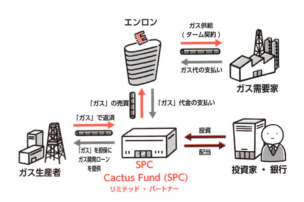

図3.11　エンロンのガス銀行
出典：Enron Corporation 資料をもとに加筆・作成

3.5 ビジネスを拡大するファイナンシャル取引

1 ファイナンシャル取引とは

　エンロンは、現物取引に加えて、ファイナンシャル取引によりさらにビジネスを拡大していった。ニューヨーク・マーカンタイル取引所 (NYMEX：New York Mercantile Exchange) によるガス先物上場を見越し、1989年ニューヨークのバンカース・トラスト (Bankers Trust) 銀行とJV[2]を設立し、ファイナンシャル取引を開始した。これは、市場から変動価格でガスを購入し、長期定額でガスを売るというサービスである。基本的には銀行間の金利スワップと同じ仕組みで、金利や為替、相場商品の現在価値が同じキャッシュフローを相手と交換するものである。

　たとえばA銀行がLIBOR (London Inter-Bank Offered Rate) をベースに変動金利 (LIBO+) で資金を調達して長期固定金利で運用する場合、変動金利と固定金利の間で損失を被るリスクがある。他方、B銀行が、長期固定金利で資金を調達し、変動金利 (LIBO +) で運了する場合にも同様のリスクを抱えることになるが、抱える問題は逆であるため、A銀行の変動金利とB銀行の固定金利との間でキャッシュフローが同じものを交換することができれば損失は相殺されることになる。

図3.12　銀行間の長期・短期金利スワップ

　ガスパイプライン会社 (またはガストレーダー) は、スポットの変動価格でガスを購入し、電力や都市ガス会社に変動価格でガスを売ってきたが、電力や都市ガス会社は、消費者から固定価格で資金回収が行われるため、これが経営上のリスクとなっていた。

2　JV　Joint Venture (ジョイントベンチャー) の略称で、複数の企業が新しい会社を立ち上げ、互いに出資して事業を行うこと。

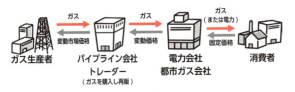

図3.13　1990年のガス売買方式

2　変動価格と固定価格のスワップ

　1990年にニューヨーク商品取引所（NYMEX）ガス先物の上場を行ったことを機に、1991年エンロンとバンカース・トラストのJVは、電力や都市ガス会社が、ガスを購入する際、彼らが、固定価格でガスを買い固定価格でガスを売ることができるサービスを開始した。

　バンカース・トラストにとっては、銀行間の金利のスワップはごく普通に行われていることだったが、ガス業界にとってはまったく新たなサービスだった。このようなサービスによりエンロンはガスをプレミアム価格で売ることができるようになり、ビジネスも拡大して収益は大幅に増加した。

　NYMEXにとってもガスの先物市場が大きな役割を果たし、市場に価格変動リスクを取らせることが可能となったことを示した。その結果取引高が格段に上がった。

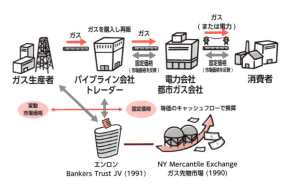

図3.14　1991年のエンロン-Bankers Trust JVのサービス
出典：Enron Corporation資料をもとに加筆・作成

　先物市場により、将来の価格を現在価値変換することが可能となった。今日の100円と明日の100円は価値が違う。その間には、金利とその他リスクファクター

が存在するからである。将来価値を現在価値に変換するには、割引率を使い次のような式で表される。

$$V_0 = \frac{V_t}{(1+r)^t}$$

V_0：現在の経済価値
V_t：t年後の経済価値
r ：割引率（金利、リスクファクター、など）

　将来にわたるガスの固定価格は、将来の各時点の価格を現在価値（理論価値）に引き直した価格を基本に、金融工学的に計算されたプレミアムを付加した金額で提供された。

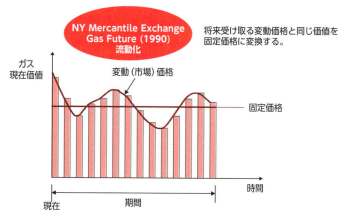

図3.15　先物市場を利用した変動価格から長期固定価格への変換
出典：各種資料をもとに作成

3.6 〉 デリバティブ商品の開発

エンロンは現物の売買とオプションを組み合わせ、多くの金融派生商品 (デリバティブ) を生み出していった。

1 買う権利と売る権利

オプションの例として必ずと言っていいほど登場するのは、古代ギリシャの哲学者の話である。それは、

> 紀元前600年ごろターレスという貧乏哲学者が、天文統計を利用して次の年のオリーブが豊作になることを予想し、あらかじめオリーブ搾油機を多くの所有者からそれらが必要になる時期に合意された値段で借りる権利を買っておきました。
>
> そして、予想通りオリーブが豊作になるとオリーブ搾油機の需要が拡大し、貸出賃も高騰しました。ターレスは事前に合意された値段で借りることができ、それを借り入れた金額よりも高い金額で貸し出すことで莫大な利益をあげました。

という話である。しかし予想に反し、不作であった場合はどうだったろうか。その場合は権利を放棄すればいい話で、権利確保のために支払った金額の損失を被るだけである。このようにオプションは資産を保有しなくても権利の売買により利益が得られるもので、欧米ではオプションの売買のための市場が整備され、物の価格や資産価値のリスクヘッジの手段として活用されている。

オプションには、買う権利 (コール・オプション) と売る権利 (プット・オプション) がある。

コール・オプションとは、ある商品を将来のある期日までに、その時の市場価格に関係なくあらかじめ決められた特定の価格 (＝権利行使価格) で買う権利のことである。コール・オプションの取引は、買い方 (買うことができる権利を買う：ロング・コール) と売り方 (買うことができる権利を売る：ショート・コール) が同時に存在する。

また、プット・オプションとは、ある商品を将来のある一定期日(期間中)に、その時の市場価格に関係なく、あらかじめ決められた特定価格(権利行使価格)で売却する権利のことである。プット・オプションの取引は、買い方(売ることができる権利を買う：ロング・プット)と売り方(売ることができる権利を売る：ショート・プット)が同時に存在する。

　いずれの場合も、買い手は売り手にオプション料を支払うことになる。

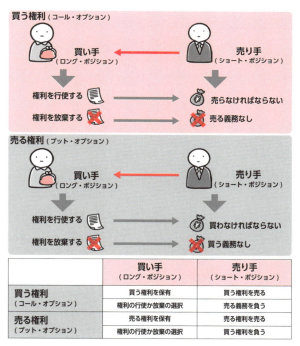

図3.16　オプションに関する4つのポジション
出典：各種資料をもとに作成

2　オプションの事例

❶オプション料

　オプションの買い手はオプションの対価であるオプション料を売り手に支払うことになる。しかしオプションの買い手は証券や商品を買い取る義務はない。しかし売り手は、買い手がオプション(権利)を行使した場合売る義務がある。

　コール・オプションを買った場合、物の価値が権利行使価格よりも上がった場

合には権利を行使し利益を上げることができる。しかし下がった場合には権利を行使しないまま、期限切れとなり、オプション料が損失となる。

この時のオプション価格は1970年代に「Black and Scholes」として知られる2人の経済学者によって理論が確立された。1997年にScholes氏にノーベル経済学賞が贈られた。残念なことにBlack氏は1995年になくなっていたのでノーベル賞の栄誉に与ることはできなかった。

❷コール・オプションとプット・オプション

コール・オプションを売った場合、売り手はオプション料を手にすることができる。しかし物の価格が上がりコール・オプションの買い手が権利を行使した場合には、安値で売らなければならなくなりオプション料を差し引いた分の損失となる。

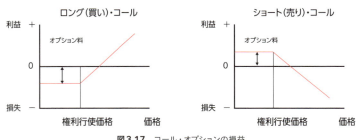

図3.17 コール・オプションの損益
出典：各種資料をもとに作成

プット・オプションを買う場合、物の値段が権利の行使価格よりも上がった場合には権利を行使せず期限切れとなり、オプション料の損失となるが、物の値段が下がった時には権利を行使し、売り主に対して市場価格よりも高値で買ってもらうことができるので、利益を手にすることができる。

プット・オプションを売る場合、逆に物の値段が下がった場合、オプションの買い手が権利を行使するために市場価格より高値で買い取ることになり、損失となるが、物の値段が権利行使価格より上がった場合には、オプション料の利益を得る。

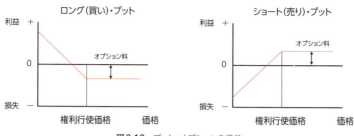

図3.18 プット・オプションの損益
出典：各種資料をもとに作成

　行使期日については、ヨーロッパ型とアメリカ型があり、ヨーロッパ型は、指定された証券や商品に対して決められた期日に実行するものであり、アメリカ型は期間内にあらかじめ決められた価格で権利を行使する違いがある。

3　オプションの組み合わせ例

　オプションを組み合わせた場合の例として、ある工場にガスを販売する際の売買契約の中で、ある供給契約量に対して、ガスの値段がある値段から下がり、安くなった場合、ある価格で買うプット・オプションと同時にある値段より上がり高くなった場合に、ある値段で売るコール・オプションを組み入れた契約にするとより、暖冬厳冬など季節変動に関わらずリスクを緩和できることになる。

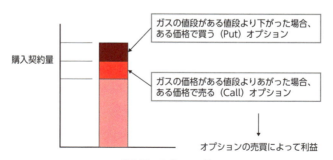

図3.19 オプションの例
出典：各種資料をもとに作成

　このオプションの場合、「Long Strangle」と呼ばれ、次のような損益構造となる。

図3.20 Long Strangle 損益図
出典：各種資料をもとに作成

　オプション同士の組み合わせや、現物や先物の組み合わせで多様なポジションの創設が可能となる。たとえばコールの買いとプットの売りを組み合わせると原資産の先渡し買いとなる。逆にコールの売りとプットの買いを組み合わせると原資産の先渡し売りとなる。

4　天候デリバティブの発明

　石油会社にとって暖冬は暖房用燃料油の需要が落ち、また、値段も下がり減収となる。ビール製造会社にとって冷夏はビールの需要が減少し、減収となる。燃料油の価格のリスクに関しては、先物を買うことによってリスクヘッジを行うことができるが、需要の減少など数量のリスクに関してのヘッジはできない。また、天候そのものは自然現象であり売買できない。

　このように天候に関するデリバティブについては、妙案がなく課題だったが、エンロンの従業員だったLinda Clemmons（当時27歳）が天候デリバティブの指標を考案し、1997年に提供が開始された。理論的には、決められた期間（冬期間あるいは夏期間）にどれだけ暖かい日か、寒い日が続いたかを計測し、その計測合計に合わせて収益を得て、損失補填に充てるという仕組みである。

　天候デリバティブの指標には、Cooling Degree Day（CDD）と Heating Degree Day（HDD）という概念が考案された。それは、次の2つで表現される。

CDD=Max〔0，1日の平均気温 − 基準気温〕
HDD=Max〔0，基準気温 − 1日の平均気温〕

アメリカの場合、冷房あるいは暖房に切り替わる標準気温として65度Fが使われた。

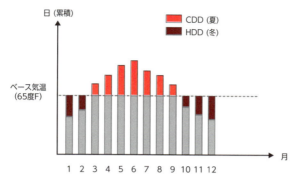

図3.21 Cooling Degree Day (CDD) と Heating Degree Day (HDD)
出典：Enron Corporation 資料をもとに加筆・作成

これを用いると、北半球の冬季の天候リスクは、冬季間のHDDの合計値で指標化できる。また、夏季の天候リスクは夏季間のCDDの合計値で指標化できることになる。

天候デリバティブのオプションとしてCDDプット、CDDコール、HDDプット、HDDコールの4つのタイプがあるが、CDDプットは冷夏に適用され、CDDコールは熱い夏に適用される。またHDDプットは暖冬に適用されHDDコールは厳冬に適用されることになる。

ビール会社の例を取ると、冷夏には需要が落ちる。こういったリスクを緩和するためにCDDプットのオプションを購入することになる。冷夏の場合、CDDの累積は積みあがらず、したがってオプション購入による収入を得ることになり、これにより需要減少による収入減を補うことになる。

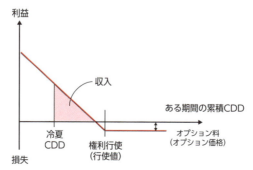

図3.22 CDDプットの損益
出典：各種資料をもとに作成

天候デリバティブは、1997年に導入されて以来大きな市場に育った。とりわけ店頭 (OTC：Over the Counter) マーケットの相対取引での主要商品に発展した。それは販売者と購入者の信用度 (Credit Rating) の査定が行われる必要があるという理由だった。しかし、OTCでは限られた者同士の売買で広がりがない。さらなる市場拡大には、参加者の信用度リスクを売買契約から除く必要があった。

　現在、天候デリバティブは電子取引化されたプラットフォーム上で信用度リスクと売買契約が分離され、多様な分野で利用されている。これも、エンロンのエネルギービジネスへの貢献のひとつである。

3.7 〉エンロンのマーケットと終焉

1 エンロンの限界

エンロンの創設したいわゆるマーケットは、結局、売り手にとっても買い手にとってもエンロンが相手で、エンロンは、ブローカーの役目とマーケターの役目を両方こなす必要があった。また、デリバティブのディーラーとしての信用力も必要で信用格付け (Credit Rating) の維持が最重要課題だった。

しかし、売買の相手としてのエンロンは、マーケット運営のために膨大キャッシュリザーブを必要としたが、資金調達のための借入金の増大や株式発行は財務評価を落とし、信用格付けを下げることになる。

キャッシュフローに関しても Mark to Market の採用のために実際の資金の流れと、会計上の資金との間に乖離が起こっていた。このような状況で資金を得るには、アセットの証券化と特別目的事業会社 (SPC：Special Purpose Company) の活用だった。

エンロンは3800余りのSPCを設立したが、そのうちのいくつかのSPC (Raptor、Raptor I Raptor II、Raptor IV) 間でエンロンの株式を使ったクロス担保がおこなわれていた点と、エンロンの役員がSPCの株主となっていたことによる利益相反が行われていた点が会計ルールに違反していた。

そしてエンロンの株価の下落とともに、SPCの債務が無限にエンロンに降りかかることになった。2000年には、海外投資でも大きな損失を出していたことが明らかになってきた。

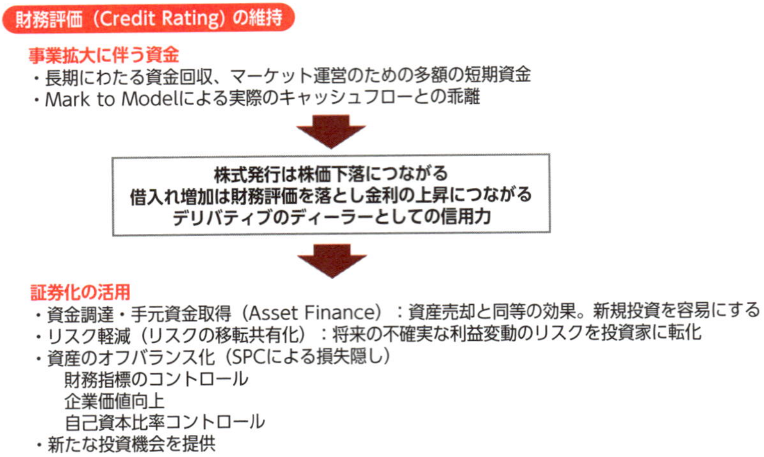

財務評価（Credit Rating）の維持

事業拡大に伴う資金
・長期にわたる資金回収、マーケット運営のための多額の短期資金
・Mark to Modelによる実際のキャッシュフローとの乖離

株式発行は株価下落につながる
借入れ増加は財務評価を落とし金利の上昇につながる
デリバティブのディーラーとしての信用力

証券化の活用
・資金調達・手元資金取得（Asset Finance）：資産売却と同等の効果。新規投資を容易にする
・リスク軽減（リスクの移転共有化）：将来の不確実な利益変動のリスクを投資家に転化
・資産のオフバランス化（SPCによる損失隠し）
　　　財務指標のコントロール
　　　企業価値向上
　　　自己資本比率コントロール
・新たな投資機会を提供

図3.23　エンロンのジレンマ
出典：各種資料をもとに作成

2　エンロンの隠れ負債

　1999年にブエノスアイレス水道を買収したが、買収金額が資産価値に比して高すぎた。2000年には利益の出ないまま、エンロン本体に吸収された。

　インドのDabhol LNG火力発電所Phase 1は、LNGターミナル建設の遅れにより、LNGの代わりにナフサを燃料として稼働を開始した。計画ではDabholにLNGターミナルを建設し火力発電所を建設するとともにDabholからHaziraまで30インチ500kmのパイプラインを敷設し、GAILのHVJ (Hazira – Vijaipur – Jagdishpur) パイプライン (1,750Km) に接続し、LNG気化ガスをデリーまで送る計画だった。HVJパイプラインは、Bombay High油田からの天然ガスを首都圏に送るために建設され、1991年に運転が開始されていた。1990年後半には天然ガス生産量が減少し始めたため、代替のガスソースとしてLNGの導入が要望されていた。

　2000年に入ると原油価格が急上昇し、それに伴い、ナフサの価格も上昇した。このため、電気取引料金も上昇し、その年の12月マハラシュトラ州の財政が破綻し、支払停止の事態となった。2001年5月にマハラシュトラ州は電気料金見直しをエンロンに要望したが、エンロンは拒否し、発電は停止された。同年6月には90％完成のPhase 2 (1,400MW発電所) の建設が中止され、不良債権となった。

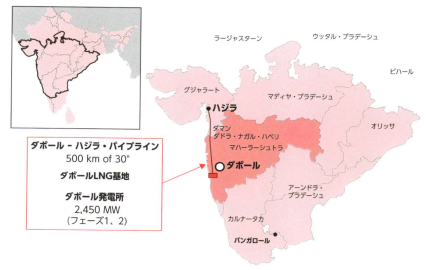

図3.24　エンロンのインドLNG発電プロジェクト
出典：Enron Corporation 資料をもとに加筆・作成

アメリカでも Broad Band ビジネス創設のための光ファイバー網建設に多額の資金を投入したが、成果がなく多額の損失を計上していた。

3 エンロンの終焉

エンロンはガスのマーケットメーカーだった。取引は、エンロンにガス（物）を売り、売れたあとに売掛金が回収されることになり、その期間は1カ月ほどかかる。そのためには信用が必要だが、エンロンの負債問題が明るみに出て以来、取引に現金での決済を要求されることになった。そのため、より多くの資金が必要となった。また、一度信用を失うと、取引量は急激に落ち込んでいった。

他方、エンロンオンラインそのものでは取引高が急速に拡大し、拡大に対してシステムの増強やソフトの改良によって対応できたが、拡大した取引を維持するためには莫大な運転資金が必要となっていた。しかし、それに応じる金融機関はなくなった。

2001年10月にSEC (Securities and Exchange Commission) による Formal Investigation が開始された。同時に信用格付けが急速に下がり、株価も下がっていった。これによって問題のSPC (Raptor、Raptor I Raptor II、Raptor IV) のみ

ならず他のSPC (Osprey TrustやMarlin Water Trust) への補償金の支払いが生じ、巨額の損失を出すことになった。

このように負のスパイラルが始まったが、ある時点ではそれを止めることはできたかもしれない。しかし、訴訟を避けるために事実を隠し続けたことにより、疑惑が疑惑を呼んで株価が下がり続け、自力での立ち直りは不能となった。

2001年11月9日にダイナジー (Dynegy) が、エンロン救済を発表したが、11月28日にエンロン救済を撤回した。ダイナジーのCEOのChuck Watsonと、エンロンのCEOのKen Layは旧知の中だった。ダイナジーはCeveonTexacoの子会社で、CheveonTexacoも買収に同意したが、際限のない隠れ借金が明るみに出るに及んで買収を断念した。2001年12月2日にエンロンは倒産した。

4 エンロンの倒産とそのインパクト

エンロンが倒産した際のインパクトは、予想よりは小さかった。イメージ的にはゴム風船が破裂したようなものだった。

エンロンの倒産により、大きく躍進を遂げた会社があった。それは後述するICE (Intercontinental Exchange) である。ICEは、EnronOnlineの成功を目の当たりにしたBP、シェル、Totalの石油会社と、ゴールドマンサックス、モルガンスタンレー、ドイツ銀行、ソシエテ・ジェネラルなどの投資銀行が後ろ盾となり、J.C.Sprecherにより設立されたマーケット運営会社である。行き場を失ったEnronOnlineの利用者の受け皿となり、一躍世界に躍り出ることになった。

5 エンロンの功罪

エンロンが残したものは、マーケット創設にあたっての多くの功績とともに、会計操作にも無限の可能性があることを示した。資産 (Asset) は証券化により切り離され流動化していった。資本 (Equity) は証券市場から調達により顔の見えないものになっていった。

より安価に借入金を調達するために、債務の証券化も行われた。資本か負債かの区別が曖昧な社債なども開発され、販売された。ある意味でエネルギービジネスでの壮大な実験だったが、会社のモラルが問われるものとなった。

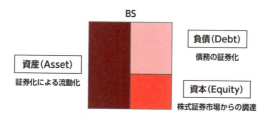

図3.25 会計ルールの曖昧さ
出典：Enron Corporation 資料をもとに加筆・作成

6 リーマンブラザーズの野望

エンロンが2001年にあえなく倒産したあと、投資銀行がエンロン後のエネルギービジネスに参入を始めた。それをリードした1人がChuck Watsonである。

1984年にエンロン (当時のHouston Natural Gas)、Transcoなどパイプライン会社4社に加えモルガンスタンレーの共同出資により、スポットマーケット運営会社Natural Gas Clearing Houseが設立されたが、彼はこのスポットマーケット運営会社の社長に就任した。

1989年にモルガンスタンレーが抜け、代わりにBritish Gas、NovaおよびChevronが参入した。1995年にChevronの北米の天然ガスの販売権を獲得した。1998年にChevronの天然ガスとGas Liquid部門を併合し、ダイナジー(Dynegy)と改称した。エンロンの会計上の不備が指摘された際の2001年11月9日に、ダイナジーがエンロン救済を発表。11月28日にエンロン救済を撤回。12月2日にエンロンは倒産した。

2002年にダイナジーにエンロンと同様の会計上の不正が発覚し、ダイナジー社長を辞任することになった。2003年にイーグル・エナジー・パートナーズ(Eagle Energy Partners) LLPを設立し、エンロンのビジネスの一部を継承した。

2007年5月、リーマンブラザーズが、イーグル・エナジー・パートナーズLLPを買収し、その副社長に就任した。2007年9月リーマンブラザーズは、ルイジアナ北部に天然ガスのトレーディングハブ (Eagle Hub) の建設計画を発表した。40Kmのパイプラインの建設と、これを起点に近隣の12の主要パイプラインを統合しハブを創設する計画だった。

リーマンブラザーズのこういった動きは、実質的にエンロンを継承し、電力とガスの現物とファイナンシャル取引を行うとともに、ガスの流れの最適化や需給変動対応に関与し、パイプライン使用料 (Wheeling)、需給バランス (Balancing)、

ガスの一時貯蔵や貸し出し (Park and Loan) などのサービスを提供することになっていた。

2008年9月15日、リーマンブラザーズはサブプライムローンの焦げ付きのために経営破たんしたが、救済の動きはなかったとされている。

7 エンロンが残したもの

エンロンのガス市場形成での貢献は大きい。とりわけ物理的な売買市場に加えて、ファイナンシャル取引により金融市場を活発化させ、ガスのビジネスを流動性のあるビジネスに変えたことにある。

エンロンの一人芝居のマーケット創設は失敗に終わったが、結果的にFERCの権限が強まり、市場に透明性が確保され、パイプライン事業者は独立したTSO (Transmission System Operator) としての役割を得た。NYMEXとそれを傘下に収めたCME (Chicago Mercantile Exchange) により、不特定多数が利用でき、現物や先物とデリバティブを含む売買を行う市場が整備され、トレーダーによりガスの流動性が支えられるという現在の仕組みが機能し始めることになった。

第4章

イギリスとヨーロッパの
ガス市場改革

第4章　概要

　イギリスでは1986年にサッチャー政権の下でガス事業法が施行され、ガス市場をつくることとガスインフラの維持管理運営を行うことを骨子としたエネルギー政策を策定し、国営ガス会社の民営化を断行した。1996年にさらなる改革が行われ、ガスパイプラインのNetwork Codeが策定された。
　この中で、ガス幹線パイプラインの圧力バランスを一定に保つためのオークションが示され、その売買価格はNBP (National Balancing Point) スポット価格と呼ばれた。さらに、大陸側とのパイプラインの接続により、ロシアガス、北海ガス、そしてLNGが同じ土俵で取引をするための仕組みが作られた。
　市場の運営はAPX社に移管され、電子プラットフォーム上で先物トレーディングが行われるようになった。そしてヨーロッパのガス自由化に大きく貢献した。
　4章では、イギリスをはじめとするヨーロッパのガス市場形成について解説する。

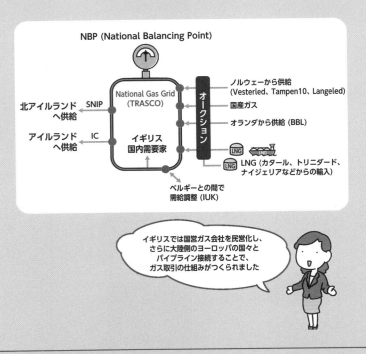

4.1 〉イギリスのガス事業改革と市場化

1 ガス事業改革

　1980年代前半までは、ガス事業は、生産あるいは調達から輸送、配給まで国営ガス会社のブリティッシュ・ガス (British Gas) により独占的に行われてきた。1979年に政権についたサッチャー政権の下で1986年にガス事業法が施行され、British Gasの民営化が断行された。同時に消費者を守るためのガスの監督機関として、Office of Gas Supply (Ofgas) が設立された。のちにOfgasは、電力の監督機関と統合され、Office of Gas and Electricity Market (Ofgem) となった。

　サッチャー政権の下で真っ先に行われたのが、改革の大枠を決めるエネルギー政策 (Energy Policy) の設定である。その中で2つの目標が示された。

　1つは、ガス市場をつくることと、もう1つはパイプライン・インフラを維持管理運営することだった。この2つの目的を達成するために、まずは、ガスの売買とガスの運送の分離が行われた。1996年にブリティッシュ・ガスは、内部的に次のように3つの分野に分離集約されることになった。

UK Gas Business	国内のガス事業
Global Gas	海外のガス事業
Exploration and Production	石油・ガスの開発と生産

　1997年にブリティッシュ・ガスはBGグループ (BG GROUP PLC) とセントリカ (Centrica plc) に分割され、BGグループは石油・ガスの開発/生産部門と国内ガスの幹線パイプライン網 (Transmission と Distribution) を担う Transco の両方を引き継ぎ、Centrica は国内の小売りを主業務とするようになった。

　この1996年の改革により大口の消費者に関しては第三者アクセスが認められるようになり、直接生産者からガスを購入できるようになった。そして国内のパイプラインネットワークは National Transmission System (NTS) と呼ばれ、Transco によって運営されるようになった。

　国営ガス公社の民営化によりガス公社がなくなったのではない。当初、イギリス国内でガスの小売りを行っていたセントリカはガス、LNG、電力と再生可能

エネルギーの世界的なエネルギーのトレーダーに成長した。「ブリティッシュ・ガス (British Gas)」の商号はセントリカに引き継がれた。

TranscoはTSOとなり、NBPスポット市場の運営はTranscoから分離され、APX (現在のICE Endex) に移管された。現在、世界のガス先物市場の重要な指標となっている。

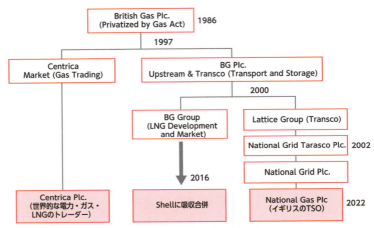

図4.1 イギリスのガス公社と市場改革
出典：British Gas Plc資料をもとに作成

2 NBPと市場の設立

❶ガスハブの設立

ヨーロッパ大陸からのパイプラインガスの導入などにより、次第にNational Balancing Point (NBP) と呼ばれるハブ機能が姿を見せ始めた。1998年にベルギーのゼブルガー (Zeebrugge) とイギリスのバクトン (Bacton) をつなぐパイプラインInterconnector (40inch、235km) の運転が開始された。これによりイギリスと大陸の双方向のガスの移動が可能となった。このパイプラインのコンソーシアムには、ロシアのガスプロムも参加した。

❷ガス価格の市場化のインパクト

実際の運営にあたっては、大陸側とイギリス側でのパイプラインコード (ガスの性状や最低と最高運転圧力や温度) の違いがあり、限定的な運用しかできなかった。ガスの品質上イギリスから大陸への輸送は問題がないが、大陸からイギ

リスへのガス輸送にはガスの品質上の課題があった。それは、大陸側には品質調製施設がなかったからである。

しかし、イギリスの市場が大陸側、とりわけドイツのガス契約に与えた影響は大変大きい。これにより、ロシアとのガス売買契約は長期の石油製品(軽油と重油)のバスケット価格から市場価格リンク価格体系に変更せざるを得なくなった。

❸ヨーロッパのガス市場

2006年にはオランダのバルグザンド(Balgzand)とイギリスのバクトン(Bacton)を結ぶBBL (Balgzand-Bacton Line) の (36inch、235km) が運転を開始した。

これにより、ヨーロッパ側の主要ハブであるオランダTTF (Title Transfer Facility) とイギリスのハブであるNBPが直接つながることになり、両国のガス市場が統合される形となった。

なお、TTFとは所有権移転を行う施設と言う意味である。そしてイギリス・オランダではロシアガスが市場価格で取引されることになった。

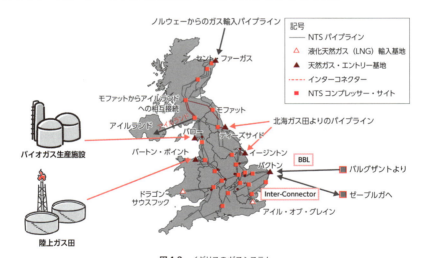

図4.2 イギリスのガスシステム
出典：英国ガス・電力市場局(Ofgem)資料をもとに作成

❹ガスプロムのビジネス

本来ロシアのガス輸出に関する政策は、二国間協定が基本だった。ロシアは市場化の急速な拡大に大きな衝撃を受け、EUでは、価格交渉を諦め、市場価格でのガス供給量の拡大に主眼を置くようになった。ガスプロムは、ヨーロッパ全域のパイプライン網建設に深く関与し、InterconnectorとBBLにも出資し、イギリ

スの市場を言わばガスのアウトレットとして活用するようになった。また、ドイツ国内にガス貯蔵施設を建設し、ガスの需給に合わせてガスを放出するいわゆるガスパーキングビジネスで収益を上げた。

ガスプロムはガスプロム・エクスポート社を設立し、ロンドンに本社を置いた。イギリスでのガス貯蔵ビジネスやロシアのパイプラインガスとカタールのLNGとのスワップなどを行い、LNG事業へも進出し、2020年には世界有数のLNG事業者に成長した。

❺ LNGの再評価

2000年に入り、イギリスを含めEUでは、増加し続けるガス需要とEU域内のガス生産の減少、そしてロシアガスへの依存度の高まりを警戒する声や、ロシアの既存ガス田の老朽化などが話題となり、ガス供給の多様化のためにLNGの導入の検討が開始された。

❻ LNGの再導入と市場化

イギリスのLNG使用の歴史は古く、最初の導入の試みは1959年だった。当時は、都市ガスには石炭乾留により製造される合成ガス（水素と一酸化炭素の混合気体）が用いられていた。これに代わり1964年からはアルジェリアのアルズーLNGプラントからテムズ川河口のCanbay Islandに建設されたLNGターミナルへの輸入が開始された。その後、北海ガス田で生産されたガスが利用できるようになり1979年に閉鎖解体された。そして北海ガス田からのガス供給の減退やロシアガス依存への高まりに伴い、再びLNGの導入が始まった。

2005年に、ケント州のGrain IslandにLNGターミナルが建設され運転が開始された。2009年には南ウエールズのMilford HavenにDragon LNG TerminalとSouth Hook LNG Terminalの2つのLNGターミナルが建設され運営を開始した。Dragon LNGは、BG Group（現在Shell）とAncala LNGのJVによって建設・運営され、South Hook LNG TerminalはQatar Petroleum、ExxonMobil、TotalのJVによって建設運営されている。

これらのターミナル建設運営により、LNGとパイプラインガスの競合が生まれ、LNG価格の市場化が始まった。このことは、パイプラインガスとLNGのスワップが可能となることを意味したが、これは画期的なことだった。

ガスプロムはLNGとパイプラインガスのスワップにより、LNGを手に入れ世界有数のトレーダーに成長した。

4.2 〉NBPの仕組み

1 NBPとNetwork Code

NBP (National Balancing Point) の基本的な仕組みは、1996年3月に施行された Network Code に示されている。この Network Code には、以下2点の基本的な規則が盛り込まれた。

❶ ガスパイプライン網への第三者のアクセス
❷ ガスの圧力バランスを維持するために、ガスの売買を行うための短期マーケットの運営規約※

※これはのちに、On the day Commodity Market (OCM) に発展した

パイプライン運営会社のTranscoは、国内幹線パイプライン (NTS) のガス圧力バランスを維持するための入札制度 (Flexibility Mechanism) を導入し、不足分 (圧力低下分) を入札によって購入して補充した。このように圧力をバランスさせるための施設という意味で、National Balancing Point (NBP) と呼ばれた。

Network Code は2005年に改定され、Uniform Network Code と呼ばれるものになった。OCMのトレーディングを通して、System Average Price (SAP：平均価格) と System Marginal Price (売買での最高額を SMP Selling Price、最低額を SMP Buying Price) が設定され、ガス量の出入の不均衡に対する罰則的価格は、System Marginal Price によって精算されるようになった。

NBPでの売買のための標準化された様式は、NBP' 97に示され、これがイギリスでの店頭 (OTC：Over the Counter) 取引や先物市場の現物受け渡しのための契約書の基本となった。

OCM運営部門は、APXに委託され、APXにより市場運営が行われたてきたが、現在はICE Endexにより運営されている。

2　ガス物流の担い手

　1999年にTranscoは、パイプライン運営部門とOCM運営部門に分離された。OCM運営部門については、すでに述べたとおりである。パイプライン運営部門はNational Grid Gas (NGG) と改称され、送電管理・系統運用者 (TSO) としての役割を果たしている。TSOは独立の非営利事業者で、独立系システム運用事業者 (ISO) ともよばれている。

　ガス事業は、幹線パイプラインを担うNGGに加え、地域配給ガスパイプライン会社 (DSO：Distribution System Operator)、ガスを保有する販売者、Shipperと呼ばれるガスの運送業者で構成され、それぞれOfgemにより事業に関するライセンスを受けている。

　ガスを購入する場合、ガスの購入者 (Buyer) はガスの販売者 (Supplier) と売買契約を締結する。ガス販売者はガス運送事業者 (Shipper) と運送に関する約款を締結する。ガス運送事業者はTSOとDSOのパイプラインを使い、ガスを運送して購入者に届ける。この際にガス運送事業者はTSOとDSOに使用料を支払うが、支払は注入料金 (Entry Charge) と抽出料金 (Exit Charge) に分けて行われる。

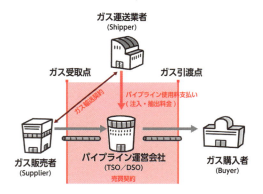

図4.3　ガス物流を担うプレイヤーたち
出典：英国ガス・電力市場局 (ofgem) 資料をもとに作成

　イギリスの場合、ガス運送業者 (Shipper) として約300社が登録されている。その役割は大きく、ガスをスポットマーケットから調達し、あるいは長期でガス保有者からガスを調達して自身がガスの販売者となることもできる。NBPのスポット市場を支える重要なプレイヤーとなっている。

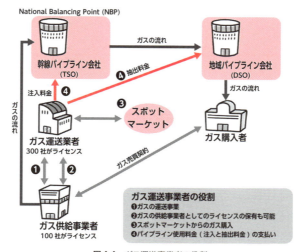

図4.4 ガス運送事業者の役割
出典：英国ガス・電力市場局（Ofgem）資料をもとに作成

　ここで特記するべきは、各家庭や事業所にスマートメータの設置が義務化され、エネルギーの販売者と消費者が双方向で通信することができるようになったことである。消費者は室内モニターにより、エネルギー消費状況を視覚的に知ることができる。

　そのデータ通信のライセンスは、スマートデータ・コミュニケーション会社（Smart Data Communication Company）に与えられ、電力とガスのデータ管理が一元化されている。これにより、需給調整が容易になることに加え、再生可能エネルギーの導入量の最適化が可能となり、エネルギーのDXを支える重要なインフラとなっている。

図4.5 室内用電力・ガス共用モニター
出典：Connectivity Standards Alliance（csa）「アイビーパッド-0015」[1]

4.3 > オランダ天然ガスの仮想取引所の仕組み

1 オランダ TTF の台頭

　Title Transfer Facility (TTF) は、オランダの天然ガスの仮想取引所で、オランダの多くのトレーダーが現物取引を行っている。

　TTF は 2003 年に ガスネットワーク運営会社 Gasunie によって設立された。イギリスの National Balancing Point (NBP) とほぼ同じ機能を持ち、オランダのパイプライン TSO で Gasunie Transport Services B.V によって運営されているガスネットワーク内でのガスの取引を対象としている。

　ガスの販売者はネットワークの使用料金 (タリフ) を支払い、ガスネットワーク内にガスを注入し、購入者が抽出料金を払いガスを抽出する仕組みである。こういった取引は、相対取引を基本としている。売買はいわゆる電子的に申告制 (Nomination) によって行われ、ガスの量、期間、売り手と買い手の情報が登録される。このような Nomination を通じて、システム内のガスの所有者が常に把握される。

　市場参加者は、TTF でガス取引所を介して 匿名でガスを売買できる。オランダ経済気候政策省は、ICE ENDEX と REGAS/ECC B.V. をオランダのガス市場のガス取引所運営事業者に指定している。2003 年の設立以来 今日までの 20 年間で、TTF での取引は飛躍的に増加し、イギリスの NBP を追い越し、ヨーロッパ最大のガス取引所となった。

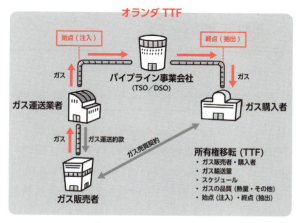

図4.6 オランダTTFの仕組み
出典：欧州エネルギー取引所 (EEX) 資料をもとに作成

4.4 イギリスの市場運営とAPX Gas UK

1 イギリスガススポットマーケットの運営者

　イギリスでは1997年にInternational Petroleum Exchange（のちにICEが買収）により、ガスの先物が上場され、先物市場（NBP）を受け渡しポイントとしたため、NBPがアメリカのヘンリーハブに並ぶ取引の中心となった。

　先に述べたように、1999年にイギリスのガスと電力の監督機関であるOfgemによりTranscoの役割は大きく変えられ、OCM (On the day Commodity Market) の運営は、APX (Amsterdam Power Exchange) Gas UKに移管された。なおAPX Gas UKは、APX Commodities Ltdの100%子会社である。

　APX Commodities Ltdは、オランダで電力のスポットマーケットを運営する100% APX BVの子会社で、APX BVはオランダの送電線網のTSOであるTenneTやパイプラインのTSOであるNederlandes Gasuniによって1999年に設立された。

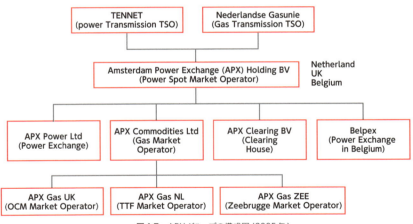

図4.7 APXグループの構成図（2005年）
出典：APX Commodities Ltd資料をもとに作成

2 マーケット運営のためのソフト

APX Gas UKは、不特定多数の市場利用者に対して売買のためのプラットフォームを提供し、スポットマーケットであるOCMの運営や、中立な第三者 (Central Counterpart) として清算所としての役割 (Clearing Service) を行うようになった。OCMによる売買はGemini呼ばれる需給マッチングのプラットフォームで行なわれた。電力とガス取引プラットフォームにはEuroLightと呼ばれるソフトが使用された。2008年にAPXはENDEXを傘下に入れAPX-ENDEXと社名を変更し電力とガスの両方のマーケットの運営を行うようになったが、2013年に電力のスポット市場の運営を行うAPXとガスのスポットや電力ガスのデリバティブの売買を行うENDEXに分かれた。ENDEXは2014年にICE (Intercontinental Exchange) の傘下に入りICE Endexとなった。

APXは2015年4月、EPEX SPOT (Europe Power Exchange Spot) と統合し、EPEX SPOTの名前に統一されることになった。その結、果電力市場は中央ヨーロッパとイギリスが統合されたシステムで管理運営されることになった。

イギリスのガス政策で重要な点は、北海ガス田の減退により早晩国産ガスはなくなるが、NBPを形成することにより市場の力によってガスをイギリスに集めたことだった。

4.5 › ドイツのガス市場と日本

1 ドイツ生まれの市場運営会社 EEX

　ドイツでは、ロシアとのしがらみや石炭ガスによる低カロリーパイプラインインフラの存在のために、市場の統合が進まなかったが、2021年既存の2つの市場、Gaspool (GPL) と NetConnect Germany (NCG) が統合され、全ドイツのガスマーケットハブとして Trading Hub Europe (THE) が設立された。それまで行われてきたスポットと先物の取引が引き継がれた。

　この新たなハブは、40,000Kmの幹線パイプラインと、700の地域ガスネットワークをカバーしている。このエリアはヨーロッパで最大のガス消費者でガスの輸入者でもある。このマーケットハブは、EEXグループによりオランダのTTFと同じようにシステムへの入りと出をバランスさせることによって運営されている。

　EEXグループは、もともとドイツのライプツィヒ電力取引所とフランクフルトの電力取引所にルーツを持ち、フランスのガススポット市場運営会社を傘下にヨーロッパ最大のエネルギーの取引所に成長した。

2 EEXの国際戦略

　LNGの市場化に関し、EEXは Platts（市場調査会社）の指標をベースに、JKM (Japan Korea Marker) に連動した現金決済型のLNG先物の上場を開始した。

　JKMには、日本や韓国に加えて中国や台湾も含まれている。また電力においても日本の電力市場 (JEPX) の清算所業務を開始している。

　EEXグループについては5章で解説する。

第 5 章

ガスエネルギー
取引市場の発展

第 5 章　概要

　かつてセブンシスターズのような恐竜が石油利権を独占していたが市場の発展により時代に見合わないものとなり、独占の象徴であった垂直統合が崩れ去った。パイプラインガスやLNGも同様にガスを保有する供給者と購入者の2者の相対契約から市場を介した売買に代わっていった。エネルギーの開かれた市場でもっとも上流にあるものは消費者であり、ガス権利の保有者は選択肢の一つでしかない。

　5章では、ガスエネルギー市場の役割と発展、それを支えるＤＸについて解説する。

5.1 〉ガス取引市場の設立

1 ガス取引市場の設立

❶ガスエネルギー市場の要件

ガスエネルギーの公正な取引市場運営には、次の要件が必要となる。

❶	インフラ運営とビジネスの分離
❷	インフラ使用への第3者アクセス
❸	運営の透明性
❹	高度で頑丈な電子取引プラットフォーム

これらは一日にして成り立ったものではなく、歴史的な積み重ねや工夫の産物である。ガスエネルギーのDX化とは、エネルギー取引市場のDXに他ならない。その達成には法整備や制度設計、TSOパイプラインなど、物理的な投資が重要となる。

しかしもっとも重要なのは、市場運営を支えるプラットフォームの構築である。現在、プラットフォームの構築と覇権をめぐり、熾烈な戦いが行われている。

市場とは人、物、金を飲み込むブラックホールのような存在である。それを統合するのはDX、すなわち情報のプラットフォームである。

❷市場の役割

市場は複数の供給者、あるいは販売者と複数の需要家、または購入者の間での利害の調整機関として作用するものである。ガスの需要家は、次のことを考えている。

❶	長期契約に縛られたくないけれど長期安定供給がほしい
❷	不要なガスは買いたくない
❸	価格の高いガスは買いたくない
❹	前もってガスを買うよりも後で特定の価格で買うことのできるオプションがほしい

一方、ガスの供給者は、次のように考えている。

❶	高く買ってくれる相手に売りたい
❷	適切な値段で売るオプションがほしい

2　市場の形態

　市場の仕組みは時代とともに進化していく。ガス事業は、当初はパイプライン事業者と需要家の私的な相対取引だった。ガス事業にとって収益上のリスクは将来のガスの供給量と値段だった。このため、リスクヘッジのために、先渡し(Forward)契約が行われるようになる。これは私的に相対で行われ、規制機関による規制にとらわれない取引である。

　しかし、取引相手の信用リスクは、自己責任で精査する必要があった。先渡しの数が大きくなると、相場が形成される。先物取引市場は、より大規模な不特定多数を対象とした市場である。法規制の中で、電子的なプラットフォームの上で運営され、契約の主体は最終的に清算所(Clearing House)となる。ここで売買の清算業務が行われる。

現物の相対での取引

先渡し市場（OTC Forward）

相対での先渡し取引
規制にとらわれない取引
相手の信用リスクの精査が課題

先物市場を介した取引

現物納入またはFinancialに売買（空売買）
規制された取引
スタンダード化
相手を特定せずに取引
Clearing Houseが相手の信用リスクを引き受ける

図5.1　市場の発展
出典：各種資料をもとに作成

5.2 › ガス先物の上場

1 先物市場と先渡し市場の役割

Brent 原油と WTI 原油市場価格が世界の原油市場のベンチマークとなりえたのは、先物市場での紙上契約を現物取引市場価格が裏打ちしているからである。

原油のスポット市場での売買は即時納入が可能で、購入から数週間でタンカーへの積み込みが始まる。市場 (交換所) の先物取引価格は、スポット市場価格や長年にわたる取引価格を反映されたものにリンクされている。一方、店頭 (OTC: Over the Counter) での先渡し契約は、数カ月先の原油の引き渡しに先立ち行われる。これは相対契約となり、法規制はない。当事者が引渡しに至るまでの時間を使い予想される値動きに合わせてポジションを取り、個別条件に合わせたスワップやオプションを組み入れることにより、リスク管理することができる。

店頭 (OTC) 契約には規制がなく、透明性もなないため、時間の経過とともにその規模が縮小しつつあるとされているが、DX の発達により、多様で複雑な金融派生商品 (デリバティブ) も現れ、これらは OTC で取り扱われている。

また、オランダの TTF での市場形成には、数多くの OTC 契約に支えられている。さらに、環境クレジットに関連し、バイオガスや水素の売買ではエネルギー価値と環境価値に分離され、別々に売買されるようになると考えられる。環境価値には、Product of Origin の証書が求められ、OTC 契約が主流になる。

2 ガス先物市場の誕生

原油のスポット市場と先物市場形成に対して、天然ガスの場合には原油と比べて流動性が限定的だったため、パイプライン網の発達を待たなければならなかった。しかし時間とともにこういったインフラも整備され、スポット市場形成の条件が整っていった。

WTI (West Texas Intermediate) 原油先物上場は、ニューヨーク・マーカンタイル取引所 (NYMEX) により 1983 年に開始されたが、天然ガスの先物上場は 1990 年に同じ NYMEX により開始された。上場にあたってはヘンリーハブが選定された。

ヘンリーハブはルイジアナにあり、11本のパイプラインの結節点にあたって
いた。また近隣にはガス精製プラントやガス貯蔵施設もあり、品質の調整や供給
量の調整ができた。現在はサビーンパスLNG輸出ターミナルとも接続され、名
実ともに世界のガス価格のベンチマークとなった。

　ガスも原油の場合と同様に、価格変動リスクを最小に抑える必要から、先渡し
市場 (Forward Market) と先物市場 (Futures Market) が整備されたが、こういった
市場の形成は、金融機関を含め、大きなビジネスの機会を提供するものとなった。

5.3 ガス取引市場の契約システム

1 ガスの売買契約

ガスの売買契約は大きく分けて、次の2種類に分かれる。

❶Take or Payを含む相対取引	LNGの売買契約にみられるような、相対で売主と買主が直接交渉し契約する形式である。法規制がなく、また、決まった定型もない、すべて交渉を基本として契約書は作成される。歴史的には売主と買主の協力のもとにプロジェクト開発が行われてきた。
❷市場を介した売買	市場には、店頭（OTC：Over the Counter）と交換所を通して行われる取引の2通りがある。

❶OTCでの契約

店頭（OTC）とは文字通り、カウンターテーブルを挟んでの相対の契約となり、第3者が売主と買主の間に介在することになる。法規制はないが、契約は定型化されている。この契約には、紙上の契約と現物購入に至る契約がある。

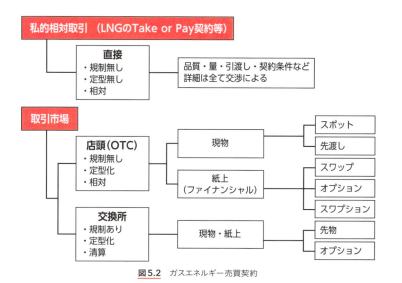

図5.2　ガスエネルギー売買契約

紙上の契約にはスワップやオプション、その両方を組み合わせたスワップショ
ンなど、デリバティブに関連する契約である。現物購入をする場合にはスポット
価格での購入や先物契約、または先渡し契約、あるいはデリバティブを組み入れ
た契約がある。

❷市場取引の種別

先渡し市場は非公開の相対取引で、店頭 (OTC) で行われる。契約書はそれぞ
れ個別にカスタマイズされ、将来のある時点での物理的な引き渡しと支払いを明
記したものとなる。相手の支払い、あるいは供給リスクを個々が取るということ
になる。

一方、先物取引は取引所で行われ、差金決済によるもので、法規制の対象とな
る。決済は実行日までの間で日々行うことができる。売買はスタンダード化され、
相手の信用リスクを考慮することなく、契約の実行日にいたるまで日々売買 (空
売りや空買いなど) を行うことができる。これを支えるのは、主に Speculator と
呼ばれる事業者で、価格の増減に対して価格リスクを取ろうというものである。

アメリカでは、Commodity Futures Trading Commission (CFTC) の下に設立さ
れた National Futures Association (NFA) が監督機関となり、先物の電子取引プラッ
トフォームのスタンダードを設定している。

2 エンロンの市場

エンロンのマーケットビジネスは、基本的には市場とは対極にある相対取引
だった。エンロンは売りと買いの両方の当事者だったが、売買の相手側に対して
はきるだけ透明になるように見せかけていた。

相対事業だったため、FERC (Federal Energy Regulatory Commission) の許認可
に含まれない事業として、自由にビジネスを展開することができた。

5.4 先物市場の清算機構

1 清算所の役割

　先物市場の運営に欠かせないものが清算所 (Clearing House) で、売買の相手となる存在 (CCP：Central Counter Party) である。先物売買の交換所 (Future Exchange) での清算は、清算所で行われる。

　清算所の要件としては、第三者機関として独立性を持ち、不特定多数との売買ができるが、その参加者の不履行あるいはデフォルトに関しては透明性のある清算の仕組みを持っていることが必要である。

図5.3　清算機構 (Clearing House) の役割

　イギリスの先物取引所では、契約不履行に対応するための保証機構は、三段階のRisk Capitalによって構成されている。第一層として、参加者が差し出す担保あるいは補償金 (Collateral) である。これにより、統計上は97%の契約不履行による損失を解消できるとされている。残りの3%に関しては、債務相互互助基金 (Mutualization Fund) により対応することになるが、絶対に市場が均衡を失うことはないとは言い切れない。

　最終的には市場運営を維持するために、不履行を起こした会員の支払い分 (Initial Margin) の内、ある割合をEquityとして資金注入することになる。

2 信用リスクのスワップ

　アメリカICEの場合、2008年のアメリカ金融危機 (リーマンショック) に際して清算所が整備された。現在、ICE Clear Credit LLC と呼ばれる ICE US トラストである。このトラストは、目的を限定した銀行、つまりクレジット・デフォルト・スワップ (CDS) の清算機関としての役割を果たした。

　クレジット・デフォルト・スワップとは、発行体の信用リスクを 対象とするデリバティブの一種で、債権を移転することなく、信用リスクのみを移転させることに特徴があり、発行体のデフォルト (債務不履行) に対する「保険」の一つである。

　CDS の買い手 (銀行) は、「支払不履行」が発生した際、スワップの想定価値と等価の債券を額面で売却できるという権利と引き換えに、利益をシェアするというものである。一見オプションと似ているが、CDS は実際にはスワップと定義されている。

　デフォルトが発生した際、スワップ契約は終了し、あらかじめ契約で決められた方法で、現物決済もしくは現金決済が行われることになる。

5.5 〉ガス市場の運営会社

　ヨーロッパで最初の天然ガス先物市場は、1997年にイギリスのロンドン国際石油取引所 (IPE：London International Petroleum Exchange) により、上場された。その時に使用されたのがNBPのスポット価格で、ここがガスの引渡し場所となった。

　IPEは、2001年にICE (Intercontinental Exchange) に買収され、その傘下に入った。アメリカでは1990年にNYMEX (ニューヨーク・マーカンタイル取引) がヘンリーハブでのガスの先物を上場した。2008年にNYMEXは、CME (Chicago Mercantile Exchange) の傘下に入った。

　ヨーロッパではEUの拡大とともにガス市場の統合が行われ、2011年よりEEXグループによりオランダTTFのガス市場の運営が始まった。現在、これら3つの先物市場価格が、世界の標準ガス価格となっている。

1 　総合デリバティブ市場を運営するCMEグループ

　1898年にシカゴ・バター・卵取引所として創設された。1919年にCME (Chicago Mercantile Exchange) に改組され、今日では商品先物、金融先物、株式指数先物、債券先物とそれらのデリバティブが上場されている。1972年に、世界で初めて金融先物取引を開設した取引所としても知られている。2007年にシカゴ商品取引所 (CBOT)、2008年にNYMEXを買収した。

　現在、CME (Chicago Mercantile Exchange) グループは、世界最先端かつ最大級の総合デリバティブ市場を運営しているが、その中興の祖となったのがレイ・メラメド氏である。メラメド氏は、幼少期、当時のリトアニアの日本国領事館に赴任していた杉原千畝が日本の国策に反して発給した通過査証 (命のビザ) によりホロコーストから生き延びることができた生存者の一人である。

　アメリカに渡ったメラメド氏はCMEグループの理事として金融先物市場を創設し、通貨 (FX)・金利・株価指数先物を上場するCME国際金融市場 (IMM) 部門の開設、同社電子取引システムの創設に尽力した。1969年から1977年までCMEグループの会長、1997年以降は名誉会長となっている。

　2017年11月に金融先物市場を開始し、世界中に広めた功績と日米関係の強化への寄与により、日本政府から旭日重光章を送られている。

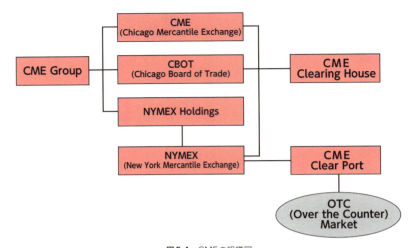

図 5.4 CME の組織図
出典：CME グループ資料をもとに作成

2　世界最大の温暖化ガス排出権取引所 ICE

　ICE (Intercontinental Exchange) は、2000年5月にジェフリー・クレイグ・シュプレッチャー (Jeffrey Craig Sprecher) により、アメリカのアトランタで設立された。これには、BP、シェル、Total の石油会社とゴールドマンサックス、モルガンスタンレー、ドイツ銀行、ソシエテ・ジェネラルなどの投資銀行が後ろ盾となった。背景にはエンロンのトレーディングのためのプラットフォーム EnronOnline の成功があり、エネルギー企業に与えた衝撃の大きさの表れでもあった。

　ICE の設立は、エネルギー関連商品の電子取引プラットフォームの提供と原油や石油製品、天然ガスに関連するデリバティブ（派生商品）や先物商品市場の提供を主眼としたものである。エンロンの倒産後、買収に次ぐ買収により急速に成長していった。

　ICE は、2001年にロンドン国際石油取引所 (IPE) を買収し、傘下に入れた。2005年にニューヨーク商品取引所 (NYBOT)、2007年にウィニペグ商品取引所 (WCE)、2010年にシカゴ気候取引所 (CCX) とヨーロッパ気候取引所 (ECX) を相次いで傘下に入れ世界最大の温暖化ガス排出権取引所となった。2008年には精算所を設立し、誰でも参加できる電子取引所となった。2013年に取引所運営会社の NYSE ユーロネクストを買収し、世界最大の株式市場であるニューヨーク証券取引所 (NYSE) を傘下に収めた。2014年にはシンガポールに Singapore

Exchangeを開設しアジアにも進出を果たした。さらに2017年にはカナダのエネルギー交換所 (Canadian Energy Exchange) を買収した。以下にICEの組織図を示す。

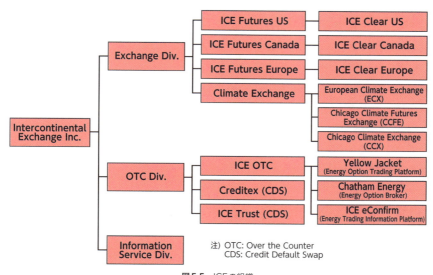

図5.5 ICEの組織
出典：ICE資料をもとに作成

3 世界に展開するエネルギー取引所EEXグループ

EEX (Europe Energy Exchange) グループは、2002年にドイツの2つの電力取引所LPX (Leipzig Power Exchange) とEEXの合併により誕生し、電力OTC取引の清算業務を開始した。2007年よりドイツの2つのガス市場、GPL (Gaspool) とNGC (NetConnect Germany) でガス取引を開始した。2011年よりオランダTTFでEEXによるガス市場の運営が開始され、先物市場が整備された。

一方Powernext SAは2001年にフランスに設立され、フランスAMF (金融商投資監機関) の監督の下で運営されている市場運営会社であった。2008年にフランスでPowernextによりガスのスポットが上場され、ガス先物が開始された。

2013年にはEEXとPowernextは、PEGASのブランド名でガス取引のためのプラットフォームの運営を開始し、EEXで行ってきた取引をPEGASに移管した。そののち、ベルギーのZTPハブでスポット市場や先物市場の運営を開始し、

2015年にはベルギーのZEE市場、イタリアのPSV市場、イギリスのNBPでのスポットや先物の市場の運営を開設した。さらにオーストリアのCEGH、チェコのCZVIP、イタリアのPSV、スペインのPVB、デンマークのGaspoint Nordicなどで市場運営を行うなど、ヨーロッパ全土をカバーするようになった。

EEXは原産地証明のプラットフォーム運営ソフトのGrexel Systems社、清算所などのソフト開発のKB Tech社、またビジネス管理ソフトに関しLacima社を傘下入れ急速にシステム全体の高度化を図っている。

EEX/PEGASは、Platts（市場調査会社）の指標をベースにJKM（Japan Korea Marker）に連動した現金決済型のLNG先物の上場を開始した。JKMには日本や韓国に加えて中国や台湾も含まれている。

EEX/Powernextは、フランスの電力原産地保証の国家登録簿（Registry）を運営しているが、この原産地証明システムが、電力に限らずガスと排出権の取引においてもそのトラッキングを可能にしている。

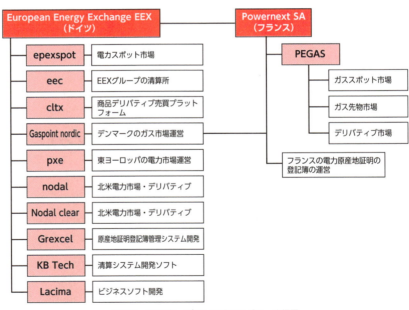

図5.6 EEXグループ（ドイツ Börse Group）概要
出典：各種資料をもとに作成

5.6 > エネルギー取引市場のDX：電子プラットフォーム

　取引市場の電子化は1971年に全米証券業協会がNASDAQを開設し、取引を電子プラットフォーム上で行ったのが最初であると言われている。

　エネルギー市場の電子化については1999年のエンロンオンラインまで待たなければならなかった。エンロン倒産、エネルギーの電子取引はICEをはじめとした市場運営会社に引き継がれていった。

　ガス取引の電子化に至るまでにはインフラの整備による流動性の確保が必要で、これに時間が必要であった。需給の調整を市場に任せるまでには時間を要した。

1 ICEの取引プラットフォーム

　ICEはブラウザベースのプラットフォームであるWebICEを開発運営し、50カ国以上の参加者に市場へのアクセスを提供している。

2 CMEの取引プラットフォーム

　CME (Chicago Mercantile Exchange) は、金融商品の先物やオプションの取引について1992年に電子取引システムであるGlobex (Global Electronic Trading System) の運用を開始した。

　2008年にニューヨーク・マーカンタイル引所 (NYMEX) を買収し、原油とガスの先物・オプション取引に参入した。現在、全世界に提供する電子取引プラットフォームで、数多くの銘柄やオプションとの組合せが取引されている。

3 EEXの取引プラットフォーム

　EEXグループは、オランダTTFでの市場運営の成功により、一躍ヨーロッパ全域の電力・ガス・排出権市場運営の覇者となった。そこには高度なプラットフォームの構築と運営技術がある。

　EEXはソフト会社を買収子会社化し、自社のシステム開発に投入した。LNGの市場化に関し、EEXはPlatts (市場調査会社) の指標をベースにJKM (Japan

Korea Marker) に連動した現金決済型の LNG 先物の上場を開始した。JKM には日本や韓国に加えて中国や台湾も含まれている。また、電力においても、日本の電力市場 (JEPX) の清算所業務を開始している。

　今後もエネルギー・環境市場を運営するプラットフォームの進化は続いていく。近い将来、日本の市場の運営を EEX グループに託することもひとつの選択かもしれない。

第6章

産業を支えるLNG

第6章　概要

　LNGには産業の低炭素化を支える重要な役割がある。日本はLNG開発での生産施設や輸送船、貯蔵施設建設に関わる技術的な側面を含め、プロジェクト開発に大きな役割を果たした。電力とガス会社は、地域独占企業として、企業会計の総括原価方式とコストの消費者転嫁により、膨大な資金を長期にわたり安定的に投入することができた。

　日本は世界のLNG開発を主導したが、市場設立により、LNGの流通の主導権を握るという発想はなかった。市場とは情報のプラットフォームの運営を通じ人、物、金、情報を呼び込む存在であり、重要な経済インフラである。日本へのLNG持ち込みは利権であり、市場とは相容れないものとされてきたが、実際にはエネルギーの安全保障の観点からも重要な存在だった。

6.1 日本のLNG導入の背景

1 日本のLNG導入の歴史

❶ LNGの輸入・消費量

　1969年に東京電力と東京ガスが、アラスカKenai LNGプロジェクトで生産されたLNG（液化天然ガス）の輸入を開始した。この時の輸入量は、年間96万tだった。現在は日本全体で、8000万tを消費するに至っている。そのうち57％が電力、36％が都市ガス、残りが産業用である。

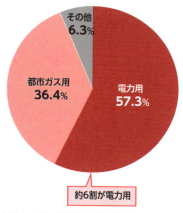

図6.1　日本の天然ガス用途別割合(2021年度)
出典：独立行政法人 エネルギー・金属鉱物資源機構(JOGMEC)
「天然ガスが暮らしを灯すまで(使う)」[1]をもとに作成

❷ 低硫黄原油と同等の価値を獲得したLNG

　イギリスでは、ガス需要のほとんどが都市ガス用だったが、日本の場合、主要な需要者は電力会社だった。1960年後半には公害問題が深刻化し、低硫黄燃料の導入が求められていた。深刻化する公害問題に対して、電力会社は硫黄分の濃縮された重油に代わり、低硫黄の原油の生焚を行った。これにはインドネシア産の低硫黄原油（硫黄含有率0.1wt％以下）であるスマトラ・ライト原油やデュリ(Duri)原油、あるいは中国の大慶原油が選択的に用いられた。

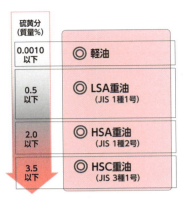

図6.2 低硫黄燃料
出典：国土交通省「2020年SOx規制適合舶用燃料油使用手引書」(2019) [2] をもとに作成

　当時、スマトラ・ライト原油はワックス分が多く、ガソリン成分は少なかったので市場評価は低かった。デュリ原油にはナフテン酸が含まれ原油トッピング装置の高温部に腐食を引き起こすために市場価値はさらに低かった。このような背景のもとに、LNGの価格はエネルギー換算でインドネシア原油と等価燃料として、価格が合意された。重要なことは、購入量を20年あるいは25年間の長期にわたり保証したことで、これにより、LNGプロジェクト開発が促進された。

　環境問題の深刻化とともにより石油製品でも低硫黄製品の使用が法制化され、脱硫装置への投資が少なくて済む低硫黄原油への需要が高まった。その結果スマトラ・ライト原油は、中東原油に対してプレミアム価格で取引されるようになり、プレミアムはバレル当たり2ドルを超えるようになった。

　一方、デュリ原油の方も低硫黄であり、ナフテン系の原油だったため、製造されるガソリン成分のオクタン価が高かった。このため改質装置が小さくて済んだ。また重油分は良質の電極の原料（石油コークス）としての価値が見いだされた。この原油を精製するためにトッピング装置の改造（350度Cの部分にステンレスのクラッド材を使用）が行われ問題なく精製することができるようになったことがその価値を大きく押し上げた。

　インドネシア原油価格のプレミアム化を受け、全日本の輸入原油の平均値を指標としたJCC価格（Japan Crude Cocktail Price）が導入されることになった。

2　LNG輸入の世界シェア

　LNG導入が開始された当時、天然ガスは、エネルギーとしての価値はなく、石油開発においてもガスは「はずれ」原油は「あたり」だった。しかし日本が長期にわたる大口購入者となりLNGの価値を設定し、LNGプロジェクト開発に大きな役割を果たした。80年代には日本が世界のLNG生産量の8割を輸入していた。2022年現在は18％程度のシェアとなっている。

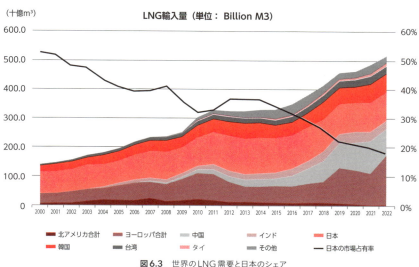

図6.3　世界のLNG需要と日本のシェア
出典：BP Statistics（2024）資料をもとに作成

6.2 LNG開発の仕組み

　一般的にLNGの開発には多額の投資と計画時から運転に至るまで約7年以上の期間が必要となる。その間の経済環境の変化は大きなリスクとなる。こういったリスクを開発者側と利用者側で分担し合う仕組みとして、Take or Payが導入された。ガス開発者側(メジャー石油)は、価格を保証し、買主側(日本の電力・ガス会社)は、購入量を保証するもので、互いにリスクを分担し、支えあうというものである。そして価格の流動化を防ぐために、仕向け地規定が盛り込まれた。

1　開発リスクの分担

　ガスの開発者側にはもう一つのリスクがあった。それは、開発コストの回収だった。開発が行われる国との間で生産物分与契約 (PSA：Product Sharing Agreement) が締結され、コスト回収が優先されるものとなった。

　以下にリスクマネージメントの仕組みを示す。

図6.4　LNG開発におけるリスクマネージメント

2　生産物分与契約

　生産物分与契約 (PSA) はインドネシアでの契約がひな型になったと言われている。インドネシア政府 (BP Migas) とメジャーオイル (Contractor) の生産物分与契約の基本は、**図6.5**のようになる。

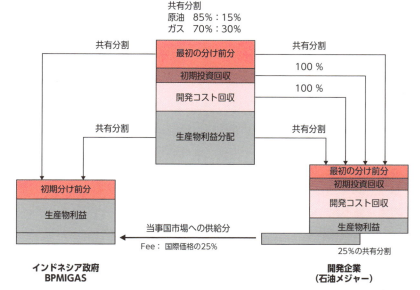

図6.5　生産物分与契約 (BP Migas 2005)

　政府とContractorの分与の割合は石油の場合は85％：15％の割合で、ガスの場合は70％：30％の割合である。生産量のうち20％分をFirst Tranche Petroleumとして生産分与の割合で分け合うものとしている。

　Investment Creditは、毎年CAPEXの17％を優先的に回収することができる。生産に必要なコストはCAPEXを含め100％回収でき、本格生産に移ったのちは70％：30％あるいは85％：15％の割合で生産物を分け合うことになる。

　インドネシアの場合、インドネシア国内への供給量を確保するためにContractor側の生産物の25％を国内マーケットに供給することが義務付けられている。これをDomestic Market Contributionと呼んでいる。

6.3 > LNG価格の決定プロセス

1 LNG価格の多様化

現在ガス市場の拡大やLNGの供給国の増加とともに、契約も多様化しつつある。LNGの流動化とともにファイナンシャル取引も発達し、売買契約にも選択が可能になってきた。

これまでの伝統的な「Take or Pay」で知られる原油リンクの長期契約に加え、スポットあるいは短期契約で用いられる「MSA (Master LNG Sales Purchase Agreement)」が登場した。この契約では、受け入れターミナルの仕向け地条項がない「Destination Free」契約となっていて、EU域内や域外であっても荷揚げすることができる。

近年、LNG売買契約では、WTIやBrentの先物市場にリンクさせたデリバティブを組み入れた中期契約、そしてアメリカではガスのスポット価格 (ヘンリーハブ価格) に直接リンクしたLNGも売買されるようになった。アメリカコープポイント、キャメロン、フリーポートの各プロジェクトでは、ヘンリーハブでのガススポット価格に輸送・液化コストを別々に足し合わせた価格 (tolling) で提供している。

シェニエール社 (サビーンパスとコーパスクリスティ) では、ガス・輸送・液化コストを含む包括価格を設定している。

2 売買契約 Take or Pay

Take or Payで知られる長期売買契約 (SPA：Sales Purchase Agreement) は、原則的に15年から25年間の長期にわたる売買契約で、LNG受け入れターミナルが指定されたものとなっている。

出荷に際しては、DES/DAPやFOBが用いられる。DES／DAPでは、売主側が輸送に責任を持ち、FOBでは買主側が輸送に責任を持つ。SPAには数量、品質、価格に加え、買主側の都合 (需要変動など) や売主側の都合 (定期補修など) を考慮した年間運搬スケジュールあるいは不測自体への対応などが含まれる。

伝統的な価格フォーミュラは、原油価格リンクである。ガス価格は契約時ある

いは数年ごとに更新され、更新時の原油価格に連動したフォーミュラが用いられる。一般的には次のように表現されている。

LNG FOB 価格 (Y) ＝係数 (a)× JCC (X) ＋一定額 (b)	
Y	LNG 価格 (単位：$／MMBtu)
a	直線の傾き (原油等価を基本に設定される)
JCC (X)	全日本の原油平均価格 (単位：$／MMBtu)
b	一定値 (単位：$／MMBtu)

注) JCC は、Japan Crude Oil Cocktail の略

　原油価格は、LNG 価格に大きな影響を与える。そのため、その直接的影響を緩和するために、原油との連動率が導入された。これは、係数 a に示す傾きで表現されている。

　1990 年以降になるが、日本の場合、原油価格の変動に対する LNG への影響をさらに軽減するために、

原油価格が下落したときに、買主は売主にプレミアムを支払う

反対に、

原油価格が上昇したときに、売主は買主に割引いた価格で買主に売る

という条項を加えた。これにより LNG 価格は原油ほどには変動しないことになり、売主と買主の双方が意図する望ましいものとなった。このような価格メカニズムは、S 字に似ているので、S カーブとも呼ばれている。

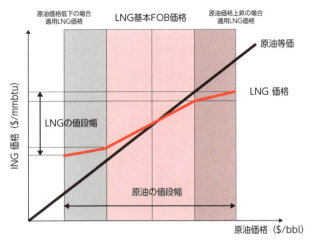

図6.6 LNG価格のSカーブ

3 LNGマスター売買契約 MSA

2010年6月EUの欧州エネルギートレーダー連盟 (EFET)[1] により、LNG DES マスター売買契約 (LNG DES[2] Master Sales and Purchase Agreement) のひな型が発表され、EU諸国とのLNG売買契約の基本文書となった。これは、EUでのLNG調達の基本はスポットあるいは短期契約であることを示すもので、契約書は「基本契約書」と将来のLNG売買に際しての詳細が記載された「確認覚書」の2つのフォーマットで構成されている。

「基本契約書」には、次のような内容などが規定されている。

❶	不可抗力	❺	計量・成分測定方法と確認
❷	双方の責任区分	❻	請求と支払い
❸	規格外の場合の処理	❼	準拠法
❹	税金	❽	紛争解決

---

[1] **欧州エネルギートレーダー連盟** EFET (The European Federation of Energy Traders) は、電力やガスの卸売市場の欧州でのエネルギートレーダーを行っている協会。EFETは、EU内の電力とガス市場の自由化に伴い設立された。

[2] **DES** Delivered Ex Shipの略で、売主が船舶を用意して貨物を輸送し、買主の受入基地まで届ける契約のこと。費用、海上運賃、保険料やリスクを売主が負担し、受入基地に着船した時点で所有権は買主に移転する。

「確認覚書」は、LNGの売買が行われるたびに作成・締結されることになる。「確認覚書」の具体的な条件には、次のような内容などがあり、これらの条件は「確認覚書」として毎回交渉により確認される。

❶	LNG価格	❺	積み込み・納入場所
❷	LNG量	❻	納入スケジュール
❸	LNG船	❼	LNG品質
❹	FOBまたはDES条件	❽	クレジットサポート

LNGマスター売買契約 (MSA：Master LNG Sales Purchase Agreement) の期間はオープンであり、いずれの当事者も、通常は 30 日または 60 日以内に通知して MSA を終了させることができる。

基本的には、確認覚書は交渉により1回限りの販売ごとに作成されるため、詳細なスケジュール規定はない。代わりに、特定の荷揚げ日が記載される。

MSAにより、想定外の過剰あるいは不足時に、またはLNGの価格が下がったときに迅速に輸入するなど、柔軟に対応することができるようになる。価格はNBPやTTF、あるいはヘンリーハブでのスポット価格が基準となる。

6.4 　日本のLNGインフラの課題

1　日本のLNGターミナルとガスインフラ

　日本には数多くのLNGターミナルが建設されているが、連結するパイプライン（またはTSO）が未発達であるため、すべてが有効に活用されているわけではない。契約上の仕向地規定条項により、LNGの荷揚げターミナルが限定されていることもエネルギーへのアクセスへの公平性の観点からは課題であった。

　この仕向地規定条項により、当然ながら転売はできないものとなっていた。しかし、2017年に公正取引委員会が「液化天然ガスの取引実態に関する調査報告書」を公表し、仕向地規定は独禁法違反に当たる可能性があるとの見解を示唆した。

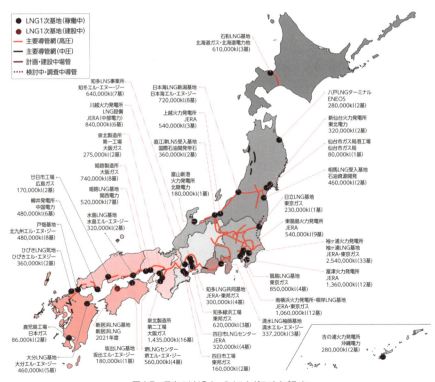

図6.7　日本のLNGターミナルとガスパイプライン
出典：一般社団法人 日本ガス協会「都市ガスが届くまで ― 日本のLNG基地と主要導管網」[3]をもとに作成

このため新規の契約に関し、仕向地規定はなくなっていると言われているが、遅すぎた感がある。

LNGによるガス供給の利点は、小規船舶やトラック、鉄道などによりパイプラインの未発達な地域にもガス供給を行うことを可能にするもので、多くのビジネスを提供する機会でもある。

ガス供給インフラは、水素社会を迎えるにあたっても重要な役割があると考えられ、未来の水素社会に向けたグランドデザインを考えなければならない時期に来ている。

2 日本の規制緩和

日本でも規制緩和の一環として、2020年に送配電分離、2022年にガス導管分離が行われた。結果的には、会社を分割しただけで終わった。これまで日本の商社・ユーティリティ企業は、相対契約を基本とするLNG開発プロジェクトに深く関与してきたこともあり、現在でも垂直統合のビジネス形態が続いている。当然のことながら日本ではガス市場整備がなされてこなかった。規制緩和の名のもとにガスと携帯電話の抱き合わせ価格や電力との抱き合わせ価格がビジネスの主流となり価格の透明さとは程遠いものとなった。

欧米ではNBP／TTFやヘンリーハブでのスポット市場が整備され、LNG価格もそれにリンクする形で設定することができる。さらにBrentやWTIの先物にもリンクする形での契約が可能となっている。先に述べたようにヨーロッパのEEX社は日本に進出しJKM価格リンクでの先物市場を開設した。

日本でのガス市場創設には、エネルギーのDXを議論する以前の課題として、TSOの設立とLNGターミナルへの第3者アクセス権を含むインフラ整備に関する法整備が必要である。そして、それを支える市場運営のための電子取引プラットフォームも重要なインフラの一つである。

一方、アジアでは日本の電力・ガス事業者に代わって韓国ガス公社が世界最大の購入者となり、その存在が大きくなっている。現在、韓国ガス公社（KOGAS）は、ガスのトレーディングのためのLNGターミナルを建設中である。

6.5 韓国のガス事業とLNGターミナル

1 韓国のLNGインフラ

　韓国も日本と同様に、ガスは輸入に頼らなければならなかった。韓国では1983年に韓国ガス公社 (KOGAS) が設立され、1986年よりLNGの輸入が開始された。ソウル近郊の平沢 (ピョンテク：Pyeongtaek) に最初のターミナルが建設され、その後、韓国を取り巻くように仁川 (インチョン：Incheon)、統営 (トンヨン：Tongyeoing)、三陟 (サムチョク：Samcheok) に大型のLNGターミナルが建設された。

　現在のLNG貯蔵能力は1216万M3で、年間3450万トンのガスを国内消費者に供給している。すべてのLNGターミナルで世界最大級のLNG船 (Q-Max) の入港が可能となっており、安価なLNG調達に貢献している。仕向け地規定の制約はほとんど受けない。

図6.8　韓国のLNGガスインフラ
出典：韓国ガス公社 (KOGAS) [4][5] ／国際エネルギー機関 (IEA) の資料をもとにをもとに作成

2　国営ガス会社 KOGAS

　すべてのLNGターミナルは、高圧幹線パイプライン網により連結され、地域ガス会社やガス火力発電所にガスを供給している。現在、高圧幹線パイプラインの総延長は5140kmにおよぶ。減圧・計量または緊急遮断ステーションの数は430カ所に設置され、国全体にガスが供給されている。

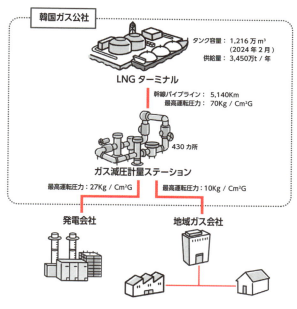

図6.9　韓国のガス供給システム

　今後のさらなる国内ガス需要の増加やアジアでのハブ機能としてのサービス提供のために、ソウル近郊の唐津(タンジン：Danjin)に新規大型LNGターミナルを建設中である。
　韓国では韓国ガス公社のLNGターミナルに加えて、南岸の光陽(クァンヤン：Gwangyang)に国営鉄鋼会社のPOSCOが独自のLNGターミナルを保有し、さらに西岸の保寧(ポリョン：Boryeing)にも民間のLNGターミナルが建設され、独立系発電事業者(IPP)へのガス供給が行われている。

Column 2

アンモニアの次世代発電燃料の可能性

アンモニアは、窒素と水素の化合物で、その用途は広く、産業を支える重要な基礎化学物質で、窒素肥料をはじめ、火薬など爆発物製造のための重要な原料となっている。

アンモニアが工業的に安価で大量に製造されてるようになったのは、1910年ごろにハーバーとボッシュと言う二人のドイツ人化学者により化学合成の道が開かれたことによる。これが、世界を食料不足による飢餓から救ったと言われると同時に第一次及び第二次世界大戦などにみられるように大量殺戮を可能にし、戦争をさらに血なまぐさいものにした。

さて、最新のハーバー・ボッシュ法によるアンモニア合成ではアンモニア1 tを製造するのに7.29 Gcalの天然ガスが必要である。一方アンモニアの熱量は4.44 Gcalであるので40%が排熱としてCO_2が排出されることになる。

アンモニアの燃焼の結果、大量の窒素酸化物（NOx）が排出されるが、アンモニア水の注入により化学的に窒素と水に変換され無害化される。しかしこのために注入するアンモニア量は処理されるNOxと当量であるとするとその量は推して知るべしということになる。アンモニアは果たしてネットゼロ社会をけん引する燃料となりうるのであろうか。

第 7 章

アメリカのパイプライン
事業者

第7章　概要

　自由な市場を支えるうえで、営利を求めない公正なガスパイプラインの運営者の存在は欠かせない。パイプライン事業者 (TSO) はその重要な担い手である。アメリカの規制緩和は、自由で公正な市場設立と TSO の設立が表裏一体で行われ、米国連邦エネルギー規制委員会 (FERC) のもとで促されてきた。

　また、TSO には Net Zero の担い手としての期待も大きく、脱炭素と水素社会に向けた取り組みが進められ、その動向は注目に値する。

7.1 アメリカのパイプライン事業

1 パイプライン事業者TSOの役割

　欧米のパイプライン事業者TSO（Transmission System Operator／EUではITO）は、パイプラインによるガス輸送に特化した組織である。

　TSOは、パイプラインを保有し、ガス生産者あるいは供給者とガスの需要者の2つのビジネスをつなぐインフラ事業者で、多数の生産者と需要者の間で需給のマッチングを取るために、互いに交信しながら運営されている。ガスの売買には関与せず、事業形態としては非政府機関、あるいは中立なる第三者機関である。なお、EUでは、パイプライン資産を保有しないパイプラインの運営者を独立系システム運用事業者（ISO：Independent System Operator）として区別している。

　パイプラインのネットワークは、パイプ導管本体に、コンプレッサー、計量施設、ガス減圧施設、SCADA[1]とデータ監視施設、通信施設、LNG製造と貯蔵施設、ガス貯蔵施設、腐臭施設（人口密集地近傍の幹線パイプラインにも使用）、ガスの検針と料金徴収システムで成り立っている。これらは、SCADAの下で統合的に運用される。このようにTSOは、自由で開かれたガス市場を支える重要なインフラとなっている。

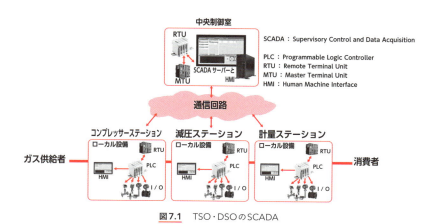

図7.1　TSO・DSOのSCADA

---

[1] **SCADA**　Supervisory Control and Data Acquisitionの略で、「スキャダ」と呼ばれる。インフラや製造、生産、発電、組み立て、精錬などを含む一連の製造工程のデータを集約し、コンピュータによる監視と制御を行うシステム。

2　ガス事業規制機関の変遷

❶1800年代

アメリカでは1800年代中盤まで、都市ガスは石炭の乾留により、製造されていた。また、都市ガス供給会社は地方都市政府の監督下にあり、独占企業として運営されていた。

❷1900年〜1930年代

1900年初頭に石油の時代が始まり、油田開発と共にガス田も開発され、天然ガスが供給されるようになった。そして生産されたガスは都市間のパイプラインを通じて広域に供給されるようになった。

1911〜1921年代に、ガスは州境を越えて供給が行われるようになり、1938年には、天然ガス法NGA (Natural Gas Act) が制定され、監督機関としてFPC (Federal Power Commission) に州境を超えるパイプライン (Inter State Pipeline) についての監督義務が与えられた。これによりFPCが州をまたぐパイプラインの建設やタリフ (導管使用料) について規制を行った。

❸1940年〜1970年代

1940年代〜50年代には、最高裁の判決によりガスの井戸元価格は国の規制に置かれることになった。1960年代〜70年代には、井戸元価格の規制により天然ガス開発が滞り結果として生産も滞ることになった。このような状況で1977年FPCの後続機関として、米国連邦エネルギー規制委員会 (FERC：Federal Energy Regulatory Commission) が設立された。FERCの役割はこれまでとは違い、規制から自由化を促す役割があった。1978年には議会により天然ガス政策法NGPA (Natural Gas Policy Act) が制定され、その中で、ガスの井戸元価格の上限が撤廃されることが示された。パイプライン事業者はガス購入にあたってガス生産者と長期のTake or Payを締結し安定供給がはかられるようになった。

❹1980年代

1980年以降はガスの自由化の時代である。1985年にFERCにより、FERC Order 436 が発令され、パイプライン事業者のガス輸送事業とトレーディング事業への分離 (Unbundling) が盛り込まれた。1989年にはNatural Gas Wellhead Price Actが制定され、井戸元価格の規制が完全に撤廃された。

❺ 1990年代

1992年FERC Order 636により、パイプライン事業のビジネスと輸送の Unbundling（分離）が完了した。

3 ガス事業監督機関FERCと関連官庁の役割

FERCは前節で述べたように1977年にFPCを引き継ぎ、電力・ガスを含むエネルギーの規制機関として米国エネルギー省 (DOE : Department of Energy) の傘下に設立された。

FERCの監督対象範囲は、州境をまたぐ (Interstate) 電力とガスインフラやビジネスが対象で、州内で完結するパイプラインや電力インフラは監督対象外である。

❶ 米国連邦エネルギー規制委員会FERCの役割

FERCは自由な市場を維持拡大するために、パイプライン事業者とガス貯蔵施設運営事業者に対して、パイプライン使用料 (タリフ)、第三者アクセス権、ガスパイプライン施設建設に関する許認可、環境規制などに関し、規制監督を行っている。

LNGの輸出入施設の建設許認可については、他の関連省庁や州政府、地方政府の各機関からの情報を参考に、環境、安全、国のエネルギーの安全保障の観点から評価を行っている。なおFERCは、LNGの売買あるいは売買契約事項や施設の廃棄については関与しない。

❷ 米国環境保護庁EPAの役割

環境影響評価は、環境保全法 (NEPA : National Environmental Policy Act) に基づき米国環境保護庁 (EPA : Environmental Protection Agency) により行われるが、この評価期間に、提案されたLNGプロジェクトの検証と評価が行われる。

❸ 米連邦パイプライン・危険物安全管理局PHMSAの役割

パイプラインの保全・安全管理と関連法整備は、米連邦パイプライン・危険物安全管理局 (PHMSA : Pipeline and Hazardous Materials Safety Administration) が主幹部署となる。PHMSAはアメリカ合衆国運輸省 (DOT : Department of Transportation) の下に組織された機関で、となる。パイプラインの安全管理は、その中の一部門でOffice of Pipeline Safetyが監督業務を行っている。PHMSAが

7
・
1
── アメリカのパイプライン事業

151

管轄するガスと石油の幹線パイプライン合計長は520万Kmにおよび、アメリカのエネルギー物流全体の64%を占める。

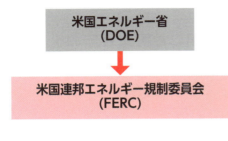

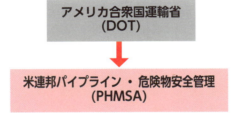

図7.2　FERCと関連官庁の役割

7.2 > 第三者によるガスインフラ施設へのアクセス

1 第三者によるパイプラインへのアクセス

第三者アクセス (TPA：Third Party Access) とは、エネルギー市場で特定の状況下で営利活動を行う経済的に独立したユーザーが、他社が所有するエネルギーネットワークにアクセスして使用する法的強制力のある権利のことである。市場の自由化を実現するための重要な法的な枠組みである。

❶ ビジネスとガスインフラの分離

1970年代にアメリカのガスパイプライン会社は、生産者からガスを購入してパイプラインで輸送し、その天然ガスを地方ガス配給会社 (LDC：Local Distribution Company) や発電事業者に対して販売するという、「完全にバンドル化されたサービス」を提供してきた。

1980年代、アメリカ政府は厳しい規制から競争のあるオープンな市場化に向けた政策転換を行った。そしてパイプライン事業を単純な輸送プロバイダーとビジネスに変えていった。これは、市場の構築に欠かせないビジネスとガスインフラ運営の分離 (Unbundling：アンバンドリング) と呼ばれるものである。エンロンのビジネスはこの機会をとらえたものだった。パイプライン事業者はTSOとして、サービス契約を締結するすべての使用者に対し、輸送サービス (オープンな輸送容量能力が利用可能な場合) を提供することになった。

❷ 第三者アクセスの基本概念

第三者によるアクセスの基本概念は、TSOが競争市場で適用されるものと同等の条件下で、すべてのガス輸送事業者 (Shipper) に、ガスインフラ施設へのアクセスを許可する。また、すべてのShipperが平等な権利をもって同じサービスにアクセスするための権利を有し、「公平な競争の場」で競争を行うことである。他の競合者に対して、不公平な取り扱いをすることは許されない。

❸ ガス輸送事業者 Shipper の役割

ガスパイプライン事業でのオープンアクセスでは、そのガスインフラの所有

権とビジネスが分離されている必要がある。パイプライン事業者 (TSO) は、輸送販売する天然ガスを保有していない。一般に、ガス販売者より委託を受けたShipper (シッパー：ガス輸送事業者) と呼ばれるガス輸送事業者がガス輸送の手続きを行い、TSO に対して規制により決められたパイプライン使用料を支払い、ガス輸送業務を代行することになる。

❹オープンアクセス

オープンアクセスにより、ガス生産者は需要家に直接販売することができ、購入者は、オープンアクセスに支えられた売買市場で、直接天然ガスを購入し、購入場所を自由に選択できるようになる。

このオープンアクセスの基本概念は、パイプライン容量、ガス貯蔵サービス、LNG 輸入ターミナルへのアクセス、および当局によって規制されている公正な料金での需給バランシングサービスに適用される。

新規に建設されたパイプラインの容量またはShipperによって解放された容量は、「オープンシーズン」と呼ばれる公開プロセスにより、使用権取得希望者に提供される。通常、そのサービスの最高価格、信用度、およびコミットメント期間などの条件に基づいて落札者が決定され、使用権が授与される。

州と連邦政府は、顧客の安全、信頼性、料金などサービスを向上させることを目的に規制や運用のガイドラインを作成してきた。これは、過去数十年にわる実際の運用を通じ、苦い経験から学び、進化させてきたものである。

2　LNG ターミナルの第三者アクセス

アメリカや EU では、LNG ターミナルは条件付きながらオープンアクセスであり、オープンな入札プロセスを通じて使用希望者に使用権が与えられる。

EU 委員会は、加盟国に対し、公正、透明、かつ差別のない条件で LNG ターミナルを含むガスインフラへのオープンアクセスを提供することを基本とする措置を導入した。規制対象の LNG ターミナルへの第三者アクセスの条件と料金は、ターミナルオペレーターによって公開され、国内規制当局によって承認される必要がある。

LNG ターミナルの輸出入に関わるサービスの料金は規制されてはいない。当事者による交渉によって決定されるが、差別的な料金とならないよう規制当局による監視対象となっている。

規制当局は、使用希望者が短期間利用できる利用可能な容量についても、透明性をもってアクセスできるよう検討を行っている。

　スウェーデンのヨーテボリLNGターミナルは、世界ではじめてオープンアクセスの原則に従って建設され、中立なオペレーターによって運営される予定である。スウェーデンのガス市場（バンカーリング）への液化ガス供給に関心のある企業であれば、ターミナルの容量を確保でき、消費者はLNGのサプライヤーを選択できるようになる。

　なお、Phase 1は、2018年に完成してバンカリングを開始したが、Phase 2での貯蔵施設の建設は環境団体の反対により、中断された。

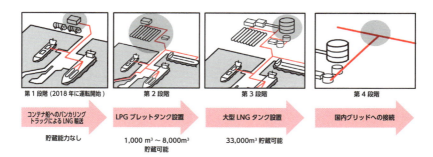

図7.3　ヨーデボリLNGバンカリングターミナル計画 (Swedegas AB)
出典：Michael Juliano／TradeWinds「Landside LNG bunkering coming to Gothenburg : Skangas has delivered LNG ship-to-ship in the port for the past two years」(2018)[1]をもとに作成

7.3 パイプライン使用料金の設定とサービス

1 パイプライン使用料金と運用ルールブック

各TSOは、運用のためのルールブックを作成し、パイプラインの使用料金とサービス内容を明示しなければならない。

パイプライン使用に関するルールブックには、次のような内容が示されている。

❶	タリフ(パイプライン使用料金)の設定
❷	さまざまなサービスに関する料金
❸	パイプライン容量を割り当てる方法
❹	パイプライン容量を管理する方法
❺	新規パイプラインや関連ガス施設を追加する方法
❻	新しいガス運送業者(Shipper)あるいはユーザーを受け入れる方法

すべてのサービス料金は、公正かつ合理的 (Just and Reasonable) に設定される。タリフの料金表は、規制当局によって承認され、すべての関係者が天然ガスやLNGを公正で透明性を持つ輸送規約となる。タリフ表には、運用ガイドラインに従わなかった場合の罰則も定義されている。

ガスの安全に関する事項とガス品質についても、ルールブックに明確に記載されている。パイプラインの保安と安全はアメリカ運輸省 (DOT) によって規制されている。

❶パイプラインの容量割り当て

第三者によるアクセスを可能とするいわゆる「オープンアクセス」の天然ガスパイプラインは、承認された料金表に従って差別なく輸送サービスを提供するものである。ただし、オープンアクセスシステムは、利用可能なパイプライン容量を「先着順」で割り当て、輸送容量を埋め、完全な割り当てを可能にするように設計されている。

これは、優先権のあるガス運送業者 (Shipper) がすべての容量を使い切っている場合、新しいShipperのための容量がなくアクセスができない可能性があることを意味する。しかし、すべてのShipperは平等な立場にあり、新しいShipperのための容量がない場合は、場合によって既存のShipperの容量を削減して (比例配分を適用)、新しいShipperの容量の要望に応えるようにすることができる。

❷パイプラインの使用料金の運用ルール

ガス幹線パイプライン (Transmission) と地域配給配管網 (Distribution) のパイプラインの使用料金 (タリフ) は、規制機関によって承認・監視される対象となる。

規制機関は、一連の運用ルールがすべてのユーザーに対して公正で透明であり、すべての法律や規制に従い、可能な限り安全なシステム運営が実現されていることを確認する役割がある。

一部のサービスは、パイプライン事業者が顧客と個別に交渉し、「市場ベースの料金」で合意される場合があるが、それでも規制当局による承認事項となる。

2 パイプライン使用料金 (タリフ) とサービスクラス

ガス運送事業者 (Shipper) がパイプライン運営事業者と締結する輸送契約には、次の2種類ある。

❶	**Firm Transportation (FT) 契約**	優先した運送契約
❷	**Interruptible Transportation (IT) 契約**	中断可能な運送契約

Firm Transportation (FT) 契約では、決められた量のガスを、指定されたガス受取点から指定されたパイプラインのルート (パス) を経由し、ガス配達ポイントにガスを輸送する権利が与えられる。供給ルートには、LNGターミナルを含めることができる。

ＦＴ契約のタリフには次のコストが含まれ、Cost of Service呼ばれる。

❶	資産 (Asset) に対する株主配当や借入金金利 (Return)
❷	運転・メインテナンスのコスト

❸	事務所費・社員人件費
❹	償却費
❺	税金の支払い分

　Cost of Serviceは固定費と変動費に区分される。変動費にはO＆Mの一部があてられる。固定費はCapacity Charge（またはReservation Charge）と呼ばれ、変動費はCommodity Chargeと呼ばれている。この場合のCommodity Chargeは、ガスそのものの価格ではなくCost of Serviceのうちの変動費である。

　IT契約では、Shipperが空き容量があるかどうかを尋ね、パイプラインの容量が利用可能になったときにそれを使用するためにパイプライン事業者と契約するものである。ただし、FT契約で優先権を持つShipperが必要となった場合、容量を返還する必要がある。そのためにIT契約のShipperの容量は削減されたり遮断されたりするリスクを甘受する必要がある。

　IT契約の料金は優先権を持つShipperのFT契約料金よりもはるかに安く、Capacity Charge（またはReservation Charge）なしで、単純にMMBtuの輸送量に基づく単純なCommodity Charge料金となる。

3　タリフ設定の手法

　規制されたタリフの設定は、パイプライン事業者（TSO）による申請、タリフ設定の証拠、顧客の意見、規制によるコントロールを含む、面倒で困難なプロセスである。アメリカでの一般的なタリフ設定のケースでは、8～15カ月かかる場合がある。

　適正なタリフ体系には、利益を含み、顧客にサービスを提供するためのコストを回収することができるように設定されなければならない。タリフ設定ではコストが重要であるが、実際にはコスト以外の多くの要素が含まれ、その要素の重要性が変わることもある。

　タリフは、パイプライン事業者の顧客にとって、Just and Reasonable（合理的かつ公正）でなければならない。パイプライン事業者は、安全、環境と、その他の法的、規制上の義務を果たすのに十分な収入を必要としている。タリフ設定では、ピーク時の価格を上げることにより、負荷をオフピーク時にシフトするなど、望ましい公共の利益にかなうよう調整することもできる。

タリフ設定では、まず、Cost-of-Serviceの調査から始まる。これは、パイプライン事業者の顧客へのサービスコストを決定するための詳細な分析調査である。

次にタリフ設定の「需要率」の検討が行われる。指定された期間内に登録されたShipperの最大容量 (Demand Rate) を基本にパイプライン使用料金 (タリフ) が決定される。

タリフの決定には次の3つの要素が考慮される。

資産に対する適正リターン	安全で信頼性の高いサービスを確保するためにパイプライン施設からの適正リターン。時間の経過とともに減価償却累計額が減少する。
合理的な加重平均資本コスト	規制当局によって承認される必要。
コスト回収	税金、減価償却費、Ｏ＆Ｍなどの運用と保守費用が含まれる。

アメリカでは、通常5年ごとに、またはTSOから要求されたときに見直される。一般的なタリフの設定には次のような書類を準備し審議を受けることになる。

- システムマップ
- LNG資産の運用とレート
- ガス品質、圧力要件、および測定機器
- 供給量と請求書、超過分、毎月の不均衡の解決、不正なガスの引出しや不均衡に対する罰則料金
- オープンアクセスの利用者との間で、ガスの供給中断が可能な輸送料金
- ガス貯蔵施設の利用と運用規則および管理
- システムバランシング、フロー削減のルール（運用フロー指令）
- ピーク時の対処（指名、割り当て、削減）および確認
- パイプライン容量の解放手順（短期または永続的）
- リアルタイムで利用可能な運用データ
- 請求と支払い
- ガスの所有権と所有権の保証
- 不可抗力の事象
- 契約書のひな型の提供および契約の形式
- 相互接続施設の建設に関する方針
- 信用および金融セキュリティ要件の形式
- 苦情および紛争手続き

図7.4　タリフ設定の申請書類 (内訳)
出典：米国連邦エネルギー規制委員会 (FERC) のタリフ設定申請書類[2]をもとに作成

4 TSOの役割

　パイプライン事業者 (TSO) によるガス輸送に関するビジネスの流れは、Shipper
とTSOは、タリフの基本レート、輸送容量 (capacity)、輸送ルートと始点と終点、
スケジュール等に関してガス輸送契約を締結する。ShipperはNomination (事前
申告システム) により、日々の需要の調整を行う義務がある。

　Nominationとは、TSOとの輸送契約に基づいて決められた量のガスをある場
所から別の場所に輸送することをリクエスト (事前申告) することである。これ
は、ガスを輸送する前日、またはガスを輸送する特定の時間に行うことができる。
リクエストの情報には、ガスの受取りと配達先のポイント、TSOとの契約番号、
上流 および下流での契約番号、ガスの流量が含まれる。

　アメリカではNominationで使用されるソフトウエアは、NASEB (North
America Energy Standard Board) により標準化され、認証されることになっている。

　TSOのスケジューリング グループは、リクエストを受け取ると、上流の供給
源と下流の受け取り者を確認し、そのリクエストが輸送元と受領先のガスと一致
することを確認する。

　スケジューリング グループは、すべてのリクエストが確実に処理できるよう
に、パイプの空き状況を検証し、需要が空き容量を超える場合、優先度ルールを
適用し、優先度の高いリクエストから順番にスケジュールされる。場合によって
は優先度の低いリクエストは容量が削減されたり、拒否されたりする。 すべて
の顧客のガス輸送スケジュールが完了すると、スケジュール レポートを通じて
顧客がリクエストを確認できることになる。

7.4 需給のマッチング

1 Nominationとは?

　需給のマッチングはNomination（事前申告）により行われる。Nominationとはガス供給量のリクエストのことである。ガス供給の時間単位はGas Dayと呼ばれ、午前9時から翌日午前9時（アメリカ中部標準時）までの24時間で、いくつかのサイクルで構成される。このサイクルの中で需給が調整される。需給調整は、ガスの供給者、ガス購入者、ガスの運搬事業者間の確認作業である。

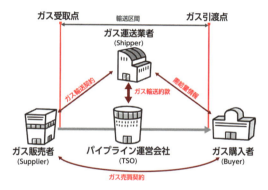

図7.5　パイプラインのガス供給の仕組み

2 ガスビジネスの流れ

　基本的にはガス販売者（Supplier）がガス購入者（Buyer）にガスを売り、ガスの運送に必要な手続きをガス運送業者（Shipper）が行うということになる。その際、パイプライン運営会社（TSO）は、ガスの供給者からガスを受け取り、購入者に届ける役割である。Shipperは市場からガスを調達しガス販売者としてガス購入者にガスを売ることもでき、ガス市場を支える重要なプレイヤーでもある。

　標準的な需給調整サイクルは図7.6に示すように、Shipperによるガス供給リクエストに始まる。

まず、TSOは月毎のガス運送計画を作成するが、ガス供給が始まる3日前にShipperにより向こう1カ月間の利用区間と輸送量（日量）のリクエストを受け、これに基づいて輸送計画を作成する。

図7.6　月間利用計画のNomination（事前申告）

ガス輸送前日に微調整のサイクルが始まる。前日の午後13時にShipperからの供給量の確認が行われる。16時にはガスを送る側と受取る側の量の確認を行う。18時までに最後の微調整が行われ、翌日の午前9時のGas Day開始の準備が完了する。ガス供給中に午前10時と14時30分、19時に微調整の機会が設けられている。

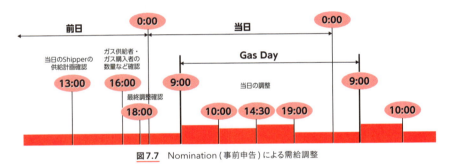

図7.7　Nomination（事前申告）による需給調整

TSOはNominationにより調整を行い確認された量の供給を行う。最終的な基本契約からの増減分（Imbalance）分を含めて最終清算となる。

需給のマッチングのためのソフトウェアは、各TSOにより多少の違いがあるが、NAESB（North American Energy Standards Board）により標準化され、その認証が必要になる。

7.5 〉 パイプライン輸送容量の解放

　パイプライン事業者 (TSO) は、契約ごとにガスを売り手 (ガス生産者あるいはマーケッター) から買い手へパイプライン輸送するだけの単純な輸送事業として、公正で競争力のある市場を支えている。その中で輸送タリフは明瞭に定義され、オープンアクセスを経済的に支えるものとなっている。

1　容量の解放

　FT契約により優先権を持つShipperが使用していないときになど、利用可能な容量がある場合に、利用希望者がホームページの電子掲示板を通してアクセスでき、時間単位または日単位で契約できるようになっている。

　FT契約のShipperは、保有する輸送あるいは容量の権利を長期的にまたは短期的に解放することができる。このような容量の解放は、ウエブ上の電子掲示板に希望パイプラインの利用料金をポスティングし、入札を通して行われる。容量の解放には、その容量を、FT契約を持つShipperに戻す権利など、特定の条件が付けられるのが通常である。

2　優先権を持つShipperのメリット

　容量の解放により優先権を持つShipperは、その容量の固定費の一部を回収する機会が得られる。その際、最大料金は通常、規制当局によって承認されるが、多くの場合、当事者間またはパイプライン間で交渉されるか、オークションによって決定される。小規模なShipperでもIT契約によりガス供給にアクセスできるようになる。

　短期 (31日以下) の容量解放を除いて、容量の解放は一般的に競争入札される。これらの容量解放の取り決めは、当事者が他の参加者に対して不当な優位性を与えることを回避し、レートを可能な限り低く保つために、規制当局によって綿密に監視される必要がある。

Column 3

アメリカのシェールガスの発見を支えた鉱業権賃貸制度

筒井 潔

　2023年にアメリカはシェール水圧破砕技術によって世界最大の天然ガス産出国であるだけでなく、世界最大の産油国でもある。イノベーションは社会変革の源泉である。シェール水圧破砕革命と呼ぶことにしよう。

　シェール水圧破砕革命は、なぜアメリカで起こったのだろうか？　当時のアメリカのテキサス州バーミヤン盆地の姿は、探査し尽くされ、枯渇していた古いガス田、油田地帯であった。答えは以下のようなものだ。アメリカでは、鉱業権が地元の地主に属し、「試掘井産業」業者は、地主から鉱業権貸借によって、小さな会社が黒字化する前に多額の借入金を試掘につぎ込んだ。掘削と仕上げの技術は、このような小さな業者によって、いくつもの盆地で実践され、ソフィスティケートされていった。地震学の専門家であったクリス・ライトが、スリックウォーターによる粉砕が大きな網状にいくつもの割れ目をつくることを発見し、複数の割れ目が同時に増えていくモデルを開発した。このモデルは、その当時の科学の常識であった「複数の割れ目は急速に合体し、単一の割れ目になる」という主張とは異なっていた。科学より先にテクノロジーが開発されたのである。

　結局、シェール水圧破砕革命の発生の要因は、試掘井業者が地主から鉱業権貸借によって鉱業権を得られる「財産権」制度と、そのようなガス産業の業者との契約の上で「試行錯誤」を行った起業家の存在である。

　シェール水圧破砕革命から見えてくる「イノベーション」とは次のような姿である。ほとんどのイノベーションは緩やかなものである。クレイトン・クリステンセンが主張する「破壊的イノベーション」という言葉は、誤解を招きやすい。多くのイノベーションは、最初は期待外れの期間がある。イノベーションは自由から生まれることも忘れてはならない。

第 8 章

電力のDX：
なぜエネルギー分野で
DX は進んだのか

第8章　概要

　8章では、エネルギー分野でDXが必要とされ、なぜ導入されるにいたったかの背景を解説する。また、コージェネレーションレーション(熱電併給)や再生可能エネルギーでのエネルギー供給も加速する中、それを制御するためにもDXの果たす役割について解説する。

カーボンニュートラルの実現には、再生可能エネルギーの導入は欠かせない。そこでもDXの果たす役割は大きいね

8.1 〉 DX前のエネルギーは中央集権型

　アメリカでのエネルギー改革は、まず、ガスの世界で実施され、ガスの世界で創出された「オープンアクセス」の概念に基づくエネルギー改革の手法が電力の世界に持ち込まれた。アメリカには多数のガス田があり、需要側の都市も全国に散らばっている。このような分散的システムを導管でつなぎ、かつ、公平性を担保して健全・経済合理的な市場を形成するには改革が必要であったわけである。

　電力の世界は当初は地方で分立した世界であったが、全米が送電線で接続され、また、コージェネレーションレーション（熱電併給）の地域エネルギーセンターや独立系の発電所（IPP）、再生可能エネルギーによる多数の発電所が設置されるようになると、送電線利用の公平性を担保するために、ガスの世界で作られた制度が電力の世界に持ち込まれる。しかし、瞬時にエネルギーが伝達される電力の世界でガスで確立された公平なシステムを動かすには、この頃同時に成長してきたIT技術をフルに用いる必要があった。電力では、より明確にDXを基盤としたエネルギーシステムが構築されることになる。

1 変電所を経由する電力供給

　2000年頃までのエネルギー供給は、どこの国でも少数の大規模エネルギー供給源から、膨大な数の需要家に、順次、電圧やガス圧などを下げながらエネルギーを届ける形で行われていた。たとえば、電力であれば、遠隔地の大規模発電所から、

大規模変電所 ➡ 中規模変電所 ➡ 小規模変電所

と順次電圧を下げながら、下流に行くほど多数の電線に電力を分流させてユーザーに送り届けていくことになる。大工場や大規模ビルなどのエネルギーを大量に必要とする大口需要家には、供給力の大きい途中段階の高い電圧の電線から電力を供給することもある。

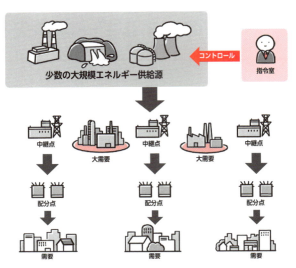

図8.1　エネルギー供給の多段階構造

これは、ガスや石油でも基本的な構造は同じである。

2　電力調整される日本の送電システム

　電力の場合、日本の典型的な送配電体系は、**図8.2**の模式図に示すように、発電所間を結ぶ27.5万V、50万Vの超高圧送電線網から超高圧変電所により15.4万Vの送電系統に落とし、さらに、一次変電所により6.6万Vの送電系統に降圧する。

　一部の大工場などには、この段階で電力供給される。次に、6.6万Vから配電用変電所で6600Vに降圧され、柱上トランスで最終的に100／200Vとして家庭などの小規模需要者に供給される。いずれにしても3～4段の変電所を介して最後は柱上トランスで低圧配電線に接続している。

　つまり、王様から末端の家来に段階的に命令が下るように、電力も大元の大規模発電所から段階を経て次第に細かく分流しながら、一方通行で多数のエンドユーザーまで流れ下るという中央集権的な構造になっている。そのため、需要の変化に対しても、大元の発電所の蛇口を中央の指令者が調整すればよいわけである。

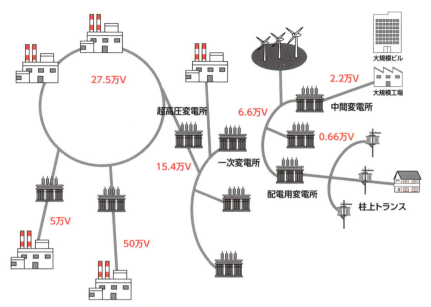

図 8.2 日本の送配電システムの模式図
出典：内藤克彦／一般社団法人 日本風力エネルギー学会
風力エネルギー学会誌「ドイツと日本のグリッド運用の相違」[1] をもとに作成

8.2 変動する需要に合わせた中央集権的な出力調整

1 瞬時に消費されるエネルギー

　エネルギーの需要は時間とともに変化する。電力は目に見えない速さ（原理的には光速）で一瞬で発電所からユーザーに届き、瞬間的に消費されるので、瞬間瞬間で需要が変わる。

　ガスでは、消費も流れも目に見える速さで変化する。石油はタンクに貯めて使用するので、需要の変化はタンクへの補充の頻度のレベルとなる。

年間で一瞬だけ送電キャパシティに達することがある。
→「最悪ケース一点評価」では空キャパシティはゼロという扱いになる
→実潮流のダイナミックな評価では年間ほぼキャパシティは空いているという評価

図8.3　東京電力の千葉方面基幹送電線を流れる2018年度の実潮流
出典：東京電力ホールディングス株式会社　公表データをもとに作成

図8.3は東京電力の千葉と都心を結ぶ送電線により千葉の発電所から都心の需要に送られる電力の時間変化であるが、このように電力の需要は毎時大きく変化している。エネルギーを供給する側は、この需要の変化に応じて、供給量を調整することになる。

昔ながらの電力供給の世界では、電力会社の持つ少数の大規模な発電所から供給すればよいので、図8.4に示すように、電力会社は合計するとピーク需要に対応できるだけの発電所を複数用意しておき、起動の順番を決めておいて、需要の大きさに対応して中央から発電所に対して指令を出して順次起動していくという方式を取っていた。

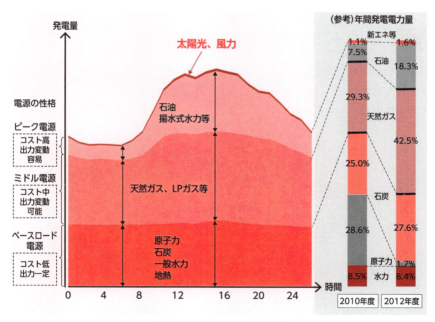

図8.4　昔ながらの発電所の動かし方
出典：経済産業省・資源エネルギー庁「エネルギー基本計画(案)」(2014)[2]をもとに作成

2　ベースロード運転用の原子力発電と石炭火力発電

一般に建設コストが高く、固定費の割合の大きい燃料費の安いタイプの発電施設である原子力発電や石炭火力発電を発電ベースロード運転用として最優先で起動する。燃料費が高いタイプは起動の優先順位が低くなり、もっとも燃料費の高い石油火力発電で細かい需要の時間変動に対応するようなことが行われていた。

原子力や石炭火力は、運転コストが安いということがよく言われるが、発電単価は、(費用) / (発電電力量) で計算されるので、ベースロード運転として、常に動いている方が当然、発電単価の計算では有利となる。年間70％は動いている石炭火力発電をLNG火力発電のように40％程度の利用にしてしまえば、石炭とLNGで発電単価は逆転してしまう可能性があるので、世の中に出ている発電単価表というものを鵜呑みにすることはできない。

　いずれにしても、少数の発電施設の出力の指令を中央から出せばよいので、半ば人力でも十分に対応できるわけである。昔ながらの電力会社のこの司令塔たる「中央給電指令所」は、多数の職員が詰めていて熱気にあふれていた。

3　私的手段で流通するエネルギー

　昔ながらの電力会社は、発電所をつくり電力という製品を製造し、顧客の元まで電線を敷設して、この製品を配達するということを行っていたので、送電線は、電力会社のつくった私的な商品配送ルートということになる。

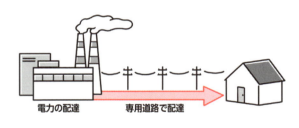

図8.5　電力の流通

電力供給という事業が世の中に出現した時代には、今の携帯電話のように複数の事業者が競合することもあったわけである。しかし、電線は各地点に1本引けば物理的には間に合うので、各事業者がそれぞれに電線を引くことは無駄になる。そこで、電線の平衡敷設で二重に電線を引くことを避けるようになった。この結果、電線を引いたところは、その電力会社の縄張り地域となるような、電線を通じた地域独占が発生することになる。アメリカでは、これを送電線の「自然地域独占」と称している。

　普通の商品の流通であれば、各商品の販売店が、バラバラに顧客にいろいろな流通手段を使って届けても問題が起こらないが、電力は電線という専用通路で固定的に紐づけされてしまうところが異なる。他の商品の流通では、宅急便の配送会社のような、販売店が共通で使えるような流通専門業者があり、流通が効率化されているが、電力の世界ではこのような流通業者は発生しなかったのである。

8.3 分散エネルギー源の出現

1　技術の発達による分散電源の出現

　1990年代になると技術の発達の結果として、火力発電ではコージェネレーションや独立型のガスタービン発電のようなものが出現し、再生可能エネルギーの分野では、バイオ燃料発電、小規模水力や太陽光発電、風力発電のようなものが出現する。

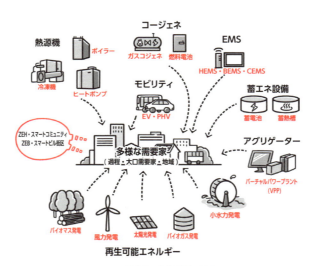

図8.6　分散電源の出現

2　熱をエネルギーとして利用するコージェネレーション

　コージェネレーションは、今まで電力は電力会社から購入し、給湯・暖房などの熱利用にガスや石油を燃焼させていたものを、小型で高効率・安価なガスタービンやエンジン駆動の発電機が開発されるとこれらの発電機で発電し、電力を得るとともに排ガスの熱を給湯・暖房に用いるという一石二鳥のシステムに置き換えるものである。

　発電専用機では、電力をつくったあとの排熱は環境に捨てられていたが、コー

ジェネレーションでは、オンサイトで発電するので送電ロスもなく、排熱を利用するので、総合的なエネルギー利用効率が高くなる。ということで急速に普及し始める。しかし熱需要と電力需要は、パターンが異なるので、電力の過不足の調整を電力系統とのやり取りで補う必要が生ずる。

アメリカではこの少し前に電力会社の発電独占体制を改善し、発電に競争原理を持ち込むために、独立系の発電会社 (IPP) の参入を認める制度改正が行われた。これはガスタービン発電技術の進歩などにより、誰でも高効率・安価で電力会社の大規模発電に対して価格競争力を持つ発電施設をつくれるようになったからである。

3 再生可能エネルギーの発達

同じ頃に、世界的に地球温暖化の議論が活発になるのに従って、再生可能エネルギーの実用化が本格化してくる。小規模な水力発電は、昔からある技術だが、この頃から各地で積極的に計画されるようになる。

バイオ燃料を用いた発電は、コージェネレーションの発達と同時に本格化してくる。技術開発により太陽光発電や風力発電のコストが下がり、普及し始めたのもこの頃である。

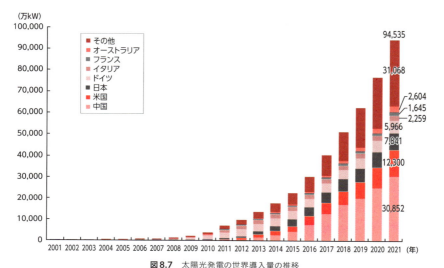

図8.7 太陽光発電の世界導入量の推移
出典：経済産業省・資源エネルギー庁「エネルギー白書2016」(2016) [3] をもとに作成

8.4 市場の変化と市場独占

1 大規模な発電施設の必要性

　分散電源の出現によって電力の供給構造は大きく変化する。たとえば、電源の数は飛躍的に大きくなる。今までは、基本的には数十万kW～数100万kWの大規模な発電所を何十カ所かコントロールしていればよかったが、コージェネレーションでは数100kW～数万kW、独立系発電所 (IPP) は数万kW～100万kW、再エネは数kW～数万kWの中規模・小規模・零細規模の発電施設を多数扱う必要が生じるようになった。このため電源の数は二桁以上大きくなるくらいの大きな変化となる。

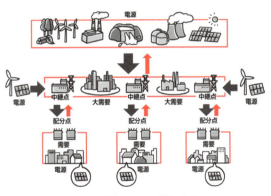

図 8.8　電力システムの構造の変化

　もう一つの変化は、大規模発電所は、今まで電力供給の最上流に控えていたのだが、中・小・零細規模の発電所は需要に近接した電力供給の下流に多数立地することになるので、電力の流れが今までの単純な上流から下流への一方通行ではなくなり、高圧の送電網に下流から上がる流れが各地で発生することになる。

2 電力会社の一社独占体制からの変化

　経済的にも、今までは、電力会社の運営する少数の発電施設で発電した電力を多数の需要に配ればよかった。しかし、発電側に多数の参加者が増えると、発電側の数が増えるとともに、事業主体としても多数の事業主体が参加するようになる。今まで、発電から販売まで一社独占体制で行われていたところに多様かつ多数の事業主体が参加するようになった。

　既存の電力会社は、今までの市場独占体制を維持しようとして、いろいろなことをするようになる。

8
・
4

市場の変化と市場独占

8.5 › 中央集権と地域分散の熾烈な争い

1 アメリカの分散電源に対する電力事業者の対応

　新規参入の分散電源に対して、電力事業者はどのように対応しただろうか。アメリカでの状況は、アメリカのエネルギー改革の法令の前文に詳しく記述されている。米国連邦エネルギー規制委員会 (FERC：Federal Energy Regulatory Commission) の解説によると、次のとおりである。

❶	改革スタート以前の発電事業者は、スケールメリットを争い、将来需要を高めに見込み、競って大規模なベースロード発電施設を建設した。しかし、需要の頭打ちなどにより、これらの発電施設は過剰発電能力となり、利用率が低下し、また、高い維持費を要するため、期待したスケールメリットが得難い状況となってきた。他方、技術の進歩に伴い、コンバインドサイクル発電などの小規模発電ユニットの経済性が向上し、大規模発電ユニットと経済的に競合できるようにもなった。
❷	一方、垂直統合の電力事業者が、新たな発電所投資に消極的になる中で、この隙間を埋めるように小規模発電、コージェネレーション、IPPなどが増加し、これに伴い、電力市場が形成された。

　ここで生じたFERCの主たる懸念は、垂直統合の電力事業者は送電施設を所有するため、送電施設へのアクセスの拒否や差別的な送電契約により、公正な競争を阻害し、電力価格を高く維持しようとしているのではないかということである。FERCの調査により、次のことが明らかになった。

❶	従来からの垂直統合型電気事業者が、依然として、第三者への公平なグリッドアクセスを許さず、垂直統合型電力事業者の自前の発電施設を優遇し、経済効率的な発電施設のグリッド接続に障害を設けているので市場が十分に機能していないこと。
❷	需要家が最新テクノロジーの進歩の成果を享受するためには、より多くの経済効率的な発電施設を送電グリッドに接続できるようにすることが必須なことが次第に明らかになる。
❸	第三者はグリッドの利用に際して、垂直統合型電気事業者が自らのニーズを満たす時に行うような送電線の柔軟な運用を享受することもできないこと。

　このようなことに対応し、料金、期間、条件などの種々の角度から電力グリッドの第三者利用の公平性を担保するために、Federal Power Actの改正などの努力

が継続的に行われてきた。

　しかしながら、1996年の段階でも、送電線システムは依然として自然独占状態のままで、送電グリッドへのアクセス拒否や将来のアクセス拒否の可能性があった。

2　FERCの送電システム制度改正

　FERCは、「公平な送電システムの構築こそが電力卸売市場の健全な競争環境の形成の鍵となる」と認識し、このような障害を除去するための送電システムの更なる制度改正に踏み切ることとなる。

　制度改正のメリットとしては、次のことこがあげられている (FERC「Order No.888」[4]前文)。

❶	公正な競争による電力供給の効率化

❶はもとより、これに加えて、

❷	グリッドを含む既存インフラ・組織のより効果的な活用
❸	新たな市場メカニズム
❹	技術のイノベーション
❺	歪んだ料金の是正

　FERCは、以上のような認識の下に1996年に公平な電力市場の形成のためにOrder No.888を制定した。これがアメリカの送電グリッド管理者ISO (Independent Transmission System Operator) の設置の根拠となっている。

　アメリカの改革前の電力会社は、新参の分散電源を電力供給の世界から締め出したかったが、FERCが電源の自由化の制度をつくったので、あからさまな買い取り拒否などはできない。

　そこで、送電線の地域自然独占状態を利用して、送電線契約の段階で、送電容量が足りないと称してアクセスをさせなかったり、不当な送電料金を課したりして、事実上の排除を行っていたわけである。このような話は、どこかの国でもよく聞く話である。

8
-
5

中央集権と地域分散の熾烈な争い

179

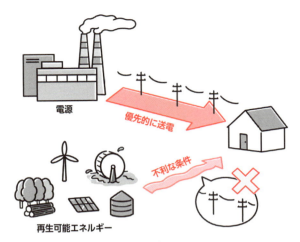

図8.9 改革前の電力の配達

8.6 〉 電力の民主的な流通とは

1 新規参入業者の参入の課題

電力会社は、独占状態を少しでも維持しようとするといろいろな手段がある。代表的なものを挙げると次のようになる。

❶	小売りを用いて種々の料金やサービスで新規参入者を区別をする
❷	送電線への接続で新規参入者を区別をする
❸	送電管理や料金で新規参入者を区別をする
❹	発電と小売りで協働して新規参入者を排除する

つまり発電と小売を自由化しただけでは、新規参入業者の発電した電力を売ることができない。

2 FERCが仕組みをつくった電力市場

FERCは、電力業界にも他の産業と同様にイノベーションを起こすために、多様な技術に基づく発電が参加できるようにし、小売りで締め出されないように小売りの自由化も行い、取引が成り立つように電力市場をつくった。しかし、送電管理という素人にはわかりにくい領域で、まだ、いろいろな「障壁」を設けることができるのである。

このような対応は、分散電源が入るときに世界中で発生しているようで、たとえば、ヨーロッパでも同じようなことが行われているようで、EUで加盟国の電力改革を支援するために作成されたマニュアルには次のように「障壁」の事例が掲載されている。

表8.1　RES Integration – Final Report（EU DG－Ｅｎｅｒｇｙ）

障害のタイプ	国名
Long lead times／delays （接続の遅延）	ブルガリア／キプロス／ドイツ／エストニア／スペイン／イギリス／ギリシャ／ハンガリー／アイルランド／イタリア／ラトビア／ポーランド／ポルトガル／ルーマニア／スウェーデン／スロベニア
Lack of grid capacity／different pace of grid and RES-E development （送電容量欠如）	ベルギー／ブルガリア／ドイツ／エストニア／スペイン／フィンランド／フランス／イギリス／ギリシャ／ハンガリー／アイルランド／イタリア／リトアニア／マルタ／オランダ／ポーランド／ルーマニア
Complex or inefficient procedures （複雑・不要な手続）	キプロス／スペイン／イギリス／ギリシャ／ハンガリー／イタリア／リトアニア／ラトビア／オランダ／ポルトガル
Weak position of plant operator to demand grid reinforcement （発電側の弱い立ち位置）	オーストリア／ベルギー／ブルガリア／チェコ／ドイツ／エストニア／ギリシャ／ハンガリー／ポーランド／ルーマニア
Virtual saturation （仮想の送電満杯）	ブルガリア／チェコ／エストニア／フィンランド／ハンガリー／イタリア／ラトビア／ルーマニア／スロバキア
Non-shallow costs （発電側費用負担）	オーストリア／エストニア／スペイン／フランス／イギリス／リトアニア／ルクセンブルク／ラトビア／スロベニア
Lack of communication／conflicts between stakeholders(紛争)	オーストリア／ドイツ／エストニア／スペイン／フィンランド／ハンガリー／ラトビア／ルーマニア
Speculation （投機）	ブルガリア／チェコ／エストニア／ハンガリー／イタリア／ラトビア／ルーマニア／スロバキア

　FERCの基本方針を一言でいうと、電力市場への次のようなことである。

❶	オープンアクセスを確保することと
❷	差別をなくすこと

　後者は、制度的に対応しやすく、前者のオープンアクセスというのは、さまざまな技術的理由を付して「障壁」をつくることができ、しかも専門家でないと本当のところがよくわからないような迷彩が施されることがある。

　たとえば、<u>表8.1</u>にも送電容量の欠如という項目があげられているが、日本でも送電線の「空き容量」がないということがよく言われる。<u>図8.10</u>のように空容量は、想定潮流と送電線の送電容量の隙間である。隙間がないので新たな発電所は門前払いされるという論理である。

　しかし、想定潮流というのは、需要を既存発電所に割振って求めた電力潮流なので、空き容量は、需要を先に既存発電に割振ったあとの送電線の隙間ということになる。

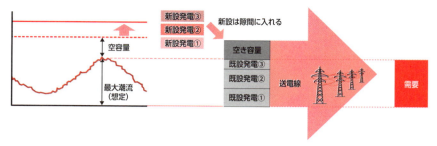

図8.10 空き容量の仕組み

　つまり、「空き容量」がないというのは、既存発電に先に「先着優先」で送電線を割り振る予定なので、新規の発電は入れませんと言っているのと同じなのである。これでは、発電所間の公平性は担保されない。

　送電管理というと一般の人は「送電線の管理」と思いがちであるが、電力の世界では、送電管理という言葉には、需給マッチングも含んでいる。送電管理を概略分解すると、次のようになる。

❶	発電所や需要の接続管理
❷	需要と送電制約に応じた発電の指示
❸	送電線による流通
❹	送電課金
❺	送電線の維持
❻	その他

　多数の発電事業者と多数の小売事業者・需要を結びつけるのは物理的には送電管理で経済的には市場ということになる。

　送電管理に❷の発電指令が含まれているのは、電力は発電した瞬間に需要点で消費されるので、瞬間瞬間、需要に相当する発電出力を出すように発電所を常にコントロールする必要があるからである。発電過剰になると電圧・周波数が上昇し、発電不足になると電圧・周波数が下がる。需要は絶えず変動しているので、これに対応して発電指令の調整をする必要があるわけである。市場は需給の大勢は決めるが、市場の結果が常に正確な需要となっているとは限らない。また、送

電制約により市場の結果の通りに送電できないこともある。この場合は、送電管理者が発電指令を出す発電所の振替を行い需要を満たす。

これらの一連の操作が公平に行われることで、初めて市場へのオープンアクセスが確保されることになる。そして、公平な操作を実現するためには、送電管理者を発電や小売と分離し、中立的な送電管理が行われるようにする必要がある。

3 私的流通手段からエネルギー高速送電網への転換

もともと電力会社の頭の中では、「送電線は自社の物でどのように使おうと勝手」という意識が強い。しかし、送電線は地域独占状態にあるので、電力会社だけが送電線を使っていた時代から多数の事業者が送電線を共用する時代に変わると、送電線の在り方も「公道」のようなものに変わらざるを得ない。

図8.11　送電管理の公平化は織田信長の関所廃止・楽市楽座

そうは言っても送電線は電力会社の所有物だろうという声も聞こえてきそうである。そこで、FERCが考えたことは、送電所有と送電管理を分離することである。アメリカでは、従来の電力会社が送電線は引き続き所有しているが、送電管理は中立機関であるISOに移管するということだった。アメリカでは、ISOの集めた送電料金の一部を送電所有者に渡して送電線の物理的な維持管理だけ行わせている。ヨーロッパでは、送電線の所有権を持つ送電会社を分離して送電管理者（TSO）として送電線の維持と管理の両方を中立的に行わせている。

ちなみに、欧米では電力の広域融通を担当する超高圧送電線の管理を行うのがISOやTSOで、需給調整や周波数管理といった基本的な送電管理を行っている。高圧送電線以下の電圧の低い電線は配電事業者（DSO）が管理し、需要への配電業務を行っている。もちろん配電事業者も公平な運用を行う必要がある。

言わば送電線は「高速道路・国道」で配電線は「都道府県市町村道」といった感じである。

4 需要と供給の接続は市場原理で公平に行う

　従来の方式では、需要が増加するにつれて、電力会社の所有する発電所の中から、設備費が高く燃料費の安い発電所から、立ち上げが早く燃料費のが高い発電所へと決められた順番で順次、発電出力を上げていくということが行われていたが、これであると第三者の発電所が割り込む余地がない。多数の発電所を公平に扱うためには、別の論理で発電所の優先順位付けをする必要がある。

　ここで、需要と供給のマッチングを公平に行うために考え出されたのが、電力市場を用いて発電コストの低い方から順に発電指令を出していくというメリットオーダー方式である。

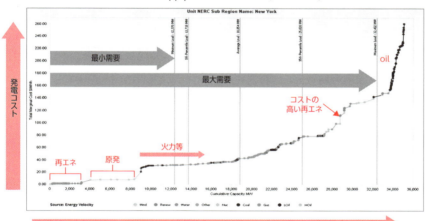

図8.12　ニューヨークISOのメリットオーダー曲線模式図
出典：米国連邦エネルギー規制委員会 (FERC)「Energy Primer - A Handbook for Energy Market Basics」(2024)[5]をもとに一部改変

ある時刻から次の時刻に電力需要が増加する場合に、出力増加コスト（限界コスト）のもっとも少ない発電所に出力増加指令を出すというものである。**図8.12**はコストの低い順に発電所をならべ、累積的な出力を縦軸に示したもので、需要が大きくなると右の方のコストの高い発電所まで発電指令がでることになる。電力市場価格は、需要とのメリットオーダー曲線の交点で決定され、発電指令の出ている交点より左側のすべての発電施設に適用される。右端の方に位置するタイプの発電方式の発電所は、発電指令が少なく次第に淘汰されていくことになり、その代わりに収益率の高い左端に近い方に位置するタイプの発電施設に新規投資がされていくことになる。発電施設は、時代とととともにコスト効率のよいものに次第に入れ替わっていくことになる。この図では、左端の方には太陽光・風力といった再エネや原子力が位置している。

電力需要は、時々刻々変化するので、欧米では1時間単位で、日本では30分ごとに、市場価格は変化する。発電施設は、1時間毎、30分毎に入札単価を市場に投入し、市場管理者は需要と照らして1時間毎、30分毎に、約定する発電施設を決めることになる。

日本やヨーロッパでは、ISOやTSOとは異なる市場管理者が、純粋に経済性の観点から発電指令対象の発電施設を選考し、TSOに伝達する。TSOは、発電指令対象発電所セットで送電制約に抵触するかどうか潮流計算により判断し、抵触する場合はTSOの判断で発電指令を修正する。アメリカではISOが市場を運営していて、経済原理で選ばれた発電指令候補のセットで先に潮流計算を行い、送電制約に抵触する場合には経済性を考慮しつつ発電指令の修正を行いその結果を約定結果として公表している。

日本の従来のやり方は、送電制約との照合の潮流計算は今までは30分毎には行っておらず、その分不確定要素が多くなるので、送電線に大きな余裕度を持たせるようなやり方を取っていたように思われる。

発電命令をメリットオーダーで時刻毎に指定するとどうなるかというと**図8.13**に示すように、その時々の天候条件などによってコストの安い発電所のポートフォリオが構成され、需要に対応していることがわかる。**図8.4**と比較すると、リアルタイムでより高度な管理が行われていることがわかる。

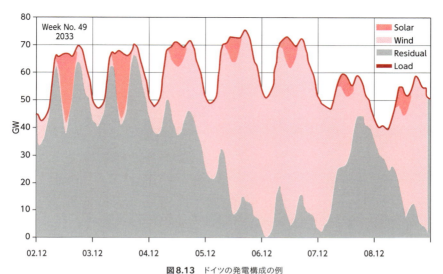

図8.13 ドイツの発電構成の例
出典：Felix Christian Matthes／Oko-Institute「The transition toward a sustainable energy system」(2015)[6]をもとに作成

5 公平・効率的に捌くにはDXが必要

　以上に見てきたように、分散電源の出現に伴い、多数の発電施設を公平に扱うために、多数の発電施設を対象として、市場運営を行いつつ時刻毎の潮流計算で送電制約との照合を確認するという手法が約30年前にアメリカで導入され、その後、ヨーロッパでも使われるようになっている。このようなことが可能なのは、30年前の段階で、このような計算を即時に行えるだけの計算能力を持ったコンピューターが利用可能となっていたことによる。

　つまり、人海戦術と設備余裕度で対応する時代からDXにより、コンピューターによる自動管理と正確な予測に基づく無駄のない管理に欧米は変わっていたわけである。

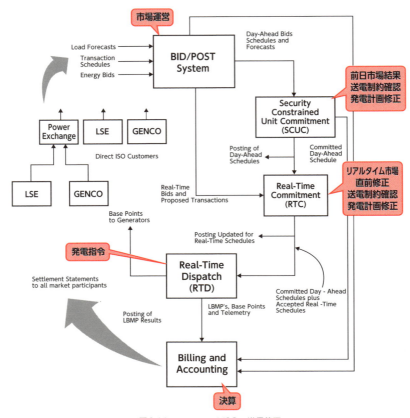

図8.14 ニューヨークISOの送電管理

　図8.14はニューヨークISOの送電管理の説明図であるが、まず前日に翌日24時間分の市場取引（前日市場）を行い、コンピューター上での市場取引の結果は、潮流計算のユニットに送られ、ここで前日市場での送電制約違反のチェックと必要な市場結果の修正が行われる。次に、実給電直前までにリアルタイム市場の結果を受けて同様に最後の微修正が行われ、発電指令が出され、その結果は決算システムに送られて会計処理がされるようになっている。これらの処理は、コンピューター上でリアルタイムに進行していく。欧米のISOやTSOの中央給電指令所に行っても、人は2人くらいしかおらず、日本の従来型の中央給電指令所とは様子がだいぶ違う。

第 9 章

電力のDX：
再生可能エネルギーの
出現とDX

第9章　概要

　9章では再生可能エネルギーのポテンシャルや今後の動向について解説した上で、送電管理上の特徴について 概説する。日本は長らくエネルギー輸入大国で、エネルギーのほとんどを海外に頼ってきた。第二次世界大戦直前まで、陸海軍の燃料のほとんどをアメリカからの輸入に頼っていたため、アメリカの石油禁輸政策が開戦の引き金になった。ところが日本の再生可能エネルギーのポテンシャルは、莫大で、再生可能エネルギーでエネルギー独立が実現可能である。

9.1 > 再生可能エネルギーは面的に分布する膨大な供給源

1 もとから存在する再生可能エネルギー

大規模な火力発電所や原子力発電所は、臨海部に燃料などが直接運び込めるように専用の港湾を整備してつくられるピンポイント型の立地である。これはエネルギー密度の高い燃料をさまざまな産地から持ち込んで、発電に使うためである。たとえば、100万kWのLNG（液化天然ガス）火力発電所であれば、年間100万tくらいの膨大なLNGを海外から買い付けて、発電所に持ち込むことになる。

一方で再生可能エネルギーは、農業と同じで太陽エネルギーや風力といった天然に広く分布するエネルギーを利用する。再生可能エネルギーは、基本的には地元に元々存在するエネルギーである。

2 太陽光発電のポテンシャル

太陽光のエネルギーは、1平米当たり約1kWで、地球に太陽から降り注ぐエネルギー1時間分で全世界の1年間のエネルギーが賄えるといわれているが、なんといってもエネルギー密度が薄い。このために十分なエネルギーを得ようとするとかなりの面積を必要とする。

表9.1 2050年の太陽光発電のポテンシャル

土地	区分内訳	設備容量 (GW)	年間発電量 (TWh/年)		設置面積 (km²)
農地	営農地	240	360		8,700
	荒廃農地	110	160		1,400
	小計	350	520	50%	10,000
住宅地	空き家整備地	80	110		1,000
	住宅屋根	180	270		9,900
	小計	260	380	37%	11,000
その他	宅地（住宅以外）	60	90		7,600
	低・未利用地	30	50		400
	小計	90	140	13%	8,000
	合計	700	1,040		29,000

出典：国立研究開発法人 科学技術振興機構低炭素社会戦略センター
「国土の有効利用を考慮した太陽光発電のポテンシャルと分布」(2022)[1]をもとに作成

2050年の土地区分ごとの太陽光発電の設備容量と年間発電量は、**表9.1**のようになると国立研究開発法人 科学技術振興機構低炭素社会戦略センターにより推計されている。設備容量は700GW、年間発電量は1,040TWh／年となっている。この発電量は、ここ数年の年間電力需要量に相当する。

❶農地の発電量

　農地の発電量が520TWh／年で太陽光発電量全体の50％を占める。内訳はソーラー・シェアリングを行う営農地で360TWh／年、荒廃農地では160TWh／年となっている。

　営農地のポテンシャルを荒廃農地より多く見積もっているのは、営農地の方が管理が確実となるからだろう。農産物には、強い日射を嫌う作物もあり、こうした作物では、従来から日射を軽減する覆いなどが用いられていた。この覆いの代わりに日射量が適量となるようにソーラー覆いを設置することで、農業と発電が両立することになる。

❷住宅地の発電量

　住宅地が380TWh／年で全体の37％を占める。内訳は空き家整備地110TWh／年、住宅屋根270TWh／年となる。

❸その他の発電量

　その他の土地区分では140TWh／年の発電量があり、年間発電量全体の13％だった。設備の総設置面積は29,000km^{2}で、これは、国土面積の8％に当たる。

　現在、国土面積の12％が農地、5％が宅地であり、農地と宅地の有効利用が重要であることを示している。太陽光発電施設の設置のために2010年代に森林が利用されたが、今後の必要性は低い。また、森林への設置は、森林管理や防災上、環境上の問題を引き起こしやすい。防災上の問題がなく、管理の行き届く農地での農業とのシェアリングを推奨していくことになる。

　太陽光発電については、土地の用途に応じてどこまで利用可能かという利用可能面積の考え方により数字が決まってくるので、報告によりさまざまな考え方が示されているが、700GW程度がポテンシャルの上限と考えてよさそうである。

3　風力発電のポテンシャル

❶陸上と洋上で発電を行う風力発電

　風力発電については、日本風力発電協会のWIND VISION 2023によると、陸上風力については、陸上に設置する風力発電は159GW、沿岸の浅い海に海底に基礎を据え付けて設置する着床型の洋上風力発電が128GW、沖合の深い海に浮体構造物に据え付けた風力発電をアンカーで固定する方式のものは424GWのポテンシャルが見込まれている。合計するとやはり700GW程度のポテンシャルが存在する。

　日本は海に囲まれているので、実は世界有数の量の風力発電の資源量が存在している。

表9.2　風力発電の導入ポテンシャル

エネルギー種類		既導入量 (2021年3月時点)	2030年導入目標 (第6次エネ基)	導入ポテンシャル
風力発電	陸上風力	4.5GW	17.9GW	159GW[※1] [2]
	洋上風力(着床式)		5.7GW	128GW[※2] [3]
	洋上風力(浮体式)			424GW[※2] [3]

※1　環境省調査[2]での6.5m/s以上のポテンシャルに限定。
※2　一般社団法人 日本風力発電協会(JWPA)調査[3]に基づくポテンシャル。

❷風力発電の大型化

　同じように海に囲まれているイギリスでは、排他的経済水域(EEZ)も含めて、積極的な洋上風力発電開発が行われ、2023年の発電事業者募集では、浮体式15GW、着床式10GW、合計25GWの風力発電事業が採択されている。25GWというのは2500万kWなので、原発25基分ということになる。

　風力発電も薄く広く分布する自然エネルギーを利用するという点では、太陽光発電と同じであるが、最近の風力発電は、1つの風車で15〜20MWの巨大な風車を建てるので、たとえば、1GW(100万kW)のウィンドファームは、15MWの風車を70本立てればつくれる。イギリスのスコットウィンドに応募したプロジェクトは、皆このような大規模なウィンドファームを沖合の洋上につくる計画となっている。

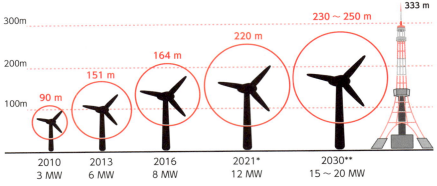

図9.1 風力発電風車の大型化
出典：国際エネルギー機関 (IEA)「World Energy Outlook 2019」(2019)[4] をもとに加筆

❸ヨーロッパの風力発電導入状況

　このような一箇所1GWクラスの大型のウィンドファームとなると、火力や原子力発電と規模感があまり変わらない。この辺が太陽光発電との違いだろう。風力発電が北欧やドイツで導入され始めた時には、1MW（千kW）程度の市民などがつくる風車が中心となっていたが、ヨーロッパの陸上風力発電では今でもこのような傾向がある。着床式の洋上風力となるとウィンドファーム規模は100MWクラスとなり、風車も数MWの風車が使われるようになった。

　この規模になると市民の投資ではもはやつくれず、電力会社が投資するようになる。イギリスのスコットウィンドの25GWの募集では、さらに大規模な1GW～3GWクラスのウィンドファームのプロジェクトが中心となっている。ここで登場するのは、ShellやBPといったエネルギーメジャーである。地球環境問題に対応するために化石燃料からの撤退を始めたイギリス・オランダ系エネルギーメジャーは、次のエネルギー資源として、洋上風力発電の権利獲得に動き始めたのである。

イギリスの25GWの募集の行われた海域は、図9.2の黒線で囲まれた海域である。地図で白く示されたスコットランドの外側の少し濃い色は領海で右の小さい地図に示すようにその外側の広い海域がスコットランドのEEZ（排他的経済水域）となっている。図9.2を見るとわかるように募集海域のほとんどは領海沖合のイギリスのEEZに位置している。したがって水深も深いところが多い。このため、採択された合計25GWのプロジェクトの内、60％の15GWのプロジェクトは浮体式の洋上ウィンドファームとなっている。

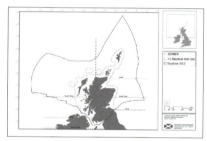

図9.2　第一回スコットウィンドリースラウンドで採択されたプロジェクト
出典：Crown Estate Scotland「ScotWind Awarded Sites」(2023) [5] ／ The Scottish Government「Planning Scotland's Seas : National Marine Plan Sustainability Appraisal Report」[6]

　日本では、浮体式風力発電というと長崎の戸田建設の例があるものの、まだ開発途上という印象がもたれている。実は、これは日本の技術と設計思想の遅れを端的に示しているだけなのである。

❹ 風力発電のコスト

　イギリスでは、30年以上前に北海油・ガス田のプラットフォームを着床式から浮体式に替えることで図9.3に示すように大幅なコストダウンを実現しているという実績がある。

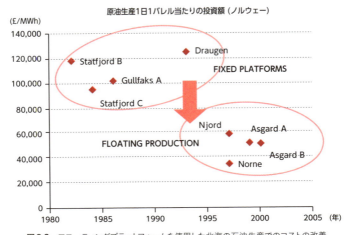

図9.3 フローティングプラットフォームを使用した北海の石油生産でのコストの改善
出典：Carbon Trust「Floating Offshore Wind：Market and Technology Review」(2015) [7] をもとに作成

　着床式は海底地形・地質・水深に応じた「注文生産」で、しかも洋上で特殊船を使って工事をしなければならない。一方、浮体式は規格品の浮体を量産して、工事も港湾内で行って現場にタグボートで曳航してアンカリング[1]するだけなので、大幅なコストダウンが可能となったわけである。
　つまりイギリスでは浮体式洋上風力発電の建設は、確立された既存技術の世界の話という認識なのである。
　海に囲まれた日本も浮体式洋上風力発電を前提とすればEEZには膨大な風力資源を持っており、これが日本風力発電協会の424GWという数字に表れている。

図9.4 イギリスの浮体式の風車と浮体式の石油プラットフォーム
出典：Flotation Energy

1　アンカリング　錨（アンカー）を海底に打ち込み、固定する手法。

なお、洋上風力発電は沖合に出るほど一般に風況がよくなる。イギリスのスコットランド沖に稼働している浮体式風力発電の例では、年間の利用率 (発電量／発電能力) は、60％近くの数字を記録している。陸上風力発電の利用率が一般に20〜25％程度と言われていることと比較すると格段に高い利用率が期待できる。ベースロード的な高稼働運転をしている日本の石炭火力発電でも、中には50％そこそこの利用率のところもあることを考えると、浮体式の洋上風力は十分に電力供給の主力となり得るものと言えよう。

　日本の自家発電も含めた2023年の発電設備容量の合計は260GW (2億6千万kW) 程度なので、再生可能エネルギーの利用率が一般的に低いことを考慮しても資源量は十分にあると言ってよいだろう。ただし、自然エネルギーなので国土、領海、EEZに広く面的に分布していることになる。

9.2 再生可能エネルギーには出力が自然変動するものが多い

　再生可能エネルギーの中で、太陽光発電や風力発電は、日照・気象条件に依存するので、出力は絶えず変動している。自然エネルギーを可能な限り有効利用するという観点から、このような変動を可能な限りそのまま電力システムに受け入れることが行われている。水力発電は希望の出力で運転することが可能であるが、水資源も季節的に変動するので、渇水期の出力の制約などはあり得る。バイオマス発電は、火力発電と同じで一定の出力で運転することが可能である。ただし、火力発電も定格運転の時にもっとも効率よく発電できるように設計されているので、部分負荷の運転になると発電効率は低下することになる。

1　太陽光発電の出力変動

　図9.5は、太陽光発電の変動の例で、太陽光発電の特徴は、昼に発電ピークとなり夕方から翌早朝までは発電しないという基本パターンに天候による日照条件の変動が加わる。日中の発電ピークというのは全国同時に発生するので、電力の広域融通で平準化することができないという特徴がある。

図9.5　太陽光発電の例(2018／4／1〜4／14)青森

2　風力発電の出力変動

　風力発電の方は、朝なぎ夕なぎというのは多少あるかもしれないが、基本的には気象条件のみによって出力変動するので各地の気象条件に従いランダムなピークが現れる。風況は地域性が大きく広域シミュレーションを行うと、風力発電の場合は、広域融通により平準化されることが確認されている。

図9.6　風力発電の例(2018／4／1〜4／14)青森

3　電力の発電量と需要量

　一方で需要の方は**図9.7**に示すように、夜間に小さくなり、日中はピークとなるのが一般的傾向にある。産業系の需要のように一日中需要があるところもあるので、夜間の需要もそこそこある。電力は、発電した瞬間に使うので発電量と需要量が瞬間、瞬間で一致している必要がある。このように時刻ごと、地域ごとに変化する需要と再エネ出力を需給マッチングさせるには、リアルタイムでの発電施設の調整が必要となる。このためには、電力管理にDXは不可欠である。

図9.7　需要の例 (2018／4／1〜4／14) 東北電力

9.3 > 地場資源の再生可能エネルギーを最大限利用

1 温暖化対策ではなかった再エネ導入の目的

　日本では、再生可能エネルギーというと温暖化対策ということがまず頭に浮かぶ人が多いと思うが、ドイツなどで再エネブームに火が付いたのは、温暖化対策というよりはむしろ、エネルギー資源を市民の手に取りもどすという側面があった。

　したがって、ドイツで再エネブームが起こった時には、市民の設置した再エネが大半を占めていた。このようなことが端的に示されているものとして、EU委員会が2011年に作成した2050年へのロードマップには、再エネを入れる理由として次のことがあげられている。

❶ EUの化石燃料輸入額の減少・EU内投資の増大	・風力などの再生可能エネルギーの多くは、設備型の発電で、燃料消費型の発電ではない。再生可能エネルギー中心のシステムにし、燃料費として域外に流出していたマネーフローをEU域内製造業への投資に変える。 ・EUの化石燃料輸入額は毎年1750億ユーロ〜3200億ユーロ。低炭素電源への転換により、これらの資金がEU域内で循環するようになる。
❷ エネルギー安全保障	・国際エネルギー機関 (IEA) によれば、長期的には化石燃料価格は高騰。 ・EU経済を将来の燃料費高騰から守る。 ・同時にエネルギーの域外依存率を大きく低下させる。
❸ 職の創造	・再生可能エネルギー関連産業や域内投資は、多くの新たな雇用を生み出す。
❹ イノベーション	・再生可能エネルギー導入などによる低炭素社会の構築のためには電力・ガスグリッドの改善、自動車のEV化などの多くの新たな投資が必要。

　「今日の投資が将来の経済競争力を決める」ということを考えると、成熟社会のヨーロッパに貴重な投資機会を創出。電力システムをはじめとした、新たな社会システムへの移行は、多くのイノベーションを生み出し、次世代のEU製造業の発展の基。

　つまり、EUは、中東やロシアから化石燃料を輸入し、EU圏から中東やロシアに資金が流出するよりも、EU圏内に資源のある再エネ発電に投資するほうが、EU圏内で資金が循環するので、EU経済の成長に寄与するということを再エネ

普及のメリットの第一番にあげている。これはそのままエネルギーのEU域内依存率を高め、化石燃料市場の影響も受けなくなるという点で、エネルギー安全保障にもつながるという論理である。温暖化対策にもなるということは、EUのレポートでは主目的にはなっていない。

日本の場合は、北海のオイル・ガスや石炭資源のあるEUよりも、もっと切実であるはずだが、このような国益を考える人は少なく、目先の化石燃料貿易の習慣から抜け出せないようである。

地方レベルでも同様である。先に挙げたようにドイツでは、大都市の電力会社に流出していた資金を再エネの導入により、地元に還元しようという機運がある。ドイツでは、配電会社 (DSO) が独立していて全国に800以上あり、都市単位での電力自立がしやすい環境にあり、電力需要の小さい市町村では、今まで市町村から都市部の大電力会社に流出していた電気代金が、再エネの導入により逆に自給だけではなく余剰分を都市部の大電力会社に売電し、資金が流入するようになったところもある。

2 地方が支払うエネルギー代金

日本の場合も**図9.8**に示すように、全国のほとんどの市町村でエネルギー代金収支が赤字になっている。黒字になっているのは大規模な発電所が立地している市町村や電力会社本社のあるごく一部の市区町村だろう。

地域から電気代が流出して大都市の電力会社を養っている状態である。この地域から流出するエネルギー代金は市町村の税収と比較して少なからざる額であり、戦後、地方が衰退する一因ともなっていると言える。ちなみに、戦前までは、ドイツのように地域電力会社が日本にも多数あったが、第二次世界大戦中の戦時統制令で今のような電力会社に一元化する体制となり、今日に至っている。

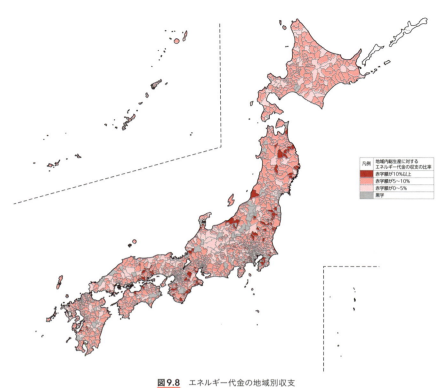

図9.8 エネルギー代金の地域別収支
出典：環境省「環境白書・循環型社会白書・生物多様性白書（平成30年版）」(2018)[8] をもとに作成

9.4 膨大な再生可能エネルギーと需要のマッチングにはDXが不可欠

1 再生可能エネルギーの電力システム管理

従来のピンポイント型の大規模発電所型立地から再エネ発電の面的な立地に電力供給の主力が変化すると、**図9.9**のデンマークの例に見られるように、電力システムの管理は、少数の大規模発電所の調整から、多数立地する再エネ発電所群の管理へと変化する。

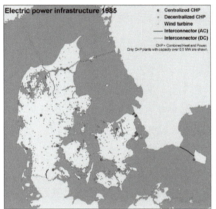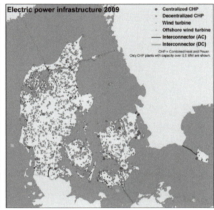

図9.9 デンマークの例
出典：田中いずみ（デンマーク王国大使館）「デンマークのエネルギー政策と第四世代熱供給」(2019) [9]

表9.3は2023年の日本の発電所数だが、デンマークのように電源の再エネ化が進んでいない日本でも、近年は、多数の再エネ立地に伴い発電所数は急増している。

1990年頃には**表9.3**の再エネを除く発電所で需給バランスを取っていたわけだが、これに加えて再エネが加わった。

表9.3 2023年4月の発電所数・最大出力

	水力	火力	原子力	小計	再エネ
発電所数	1,762	478	15	2,255	4,393
最大出力	49,613,458	159,588,399	33,083,000	242,579,857	21,923,775

出典：経済産業省・資源エネルギー庁「統計表一覧」(2024) [10] をもとに作成

電力需要自体は、東日本大震災のあと減少しているので、再エネを含めると需要を遥かに超える供給力があるということになる。そこで、どの発電所の電力を優先的に利用するかということが重要になる。さらに2050年が近づくと、再エネ発電所の数はさらに増えるので、管理対象の発電所の数は飛躍的に増加することになる。

2 再生可能エネルギー導入で必要不可欠になったDX化

比較的少数の火力発電所、原子力発電所で需給管理していた頃は、**図9.10**の左の図のように、

原子力 ➡ 石炭火力 ➡ LNG火力

と運転の順番を決めておいて、需要が増えるにつれて燃料価格が低くて出力の調整がしにくい電源から、燃料価格が高くて出力の調整がしやすい電源へと順にスイッチを入れていけばよかった。しかし、再エネが増えると、多数の電源が時々刻々と気象条件によってさまざまな出力で発電するものを発電計画に取り込んでいかなければならない。このため、時刻毎に再エネ出力の状況を把握して、かつ、発電コストの低い順に電源として組み込んでいくという作業が必用となる。

2000年頃には、このような複雑で機敏な操作を行えるだけのコンピューター能力が発達していたので、欧米では、需給調整管理のDX化が一気に進んだわけである。

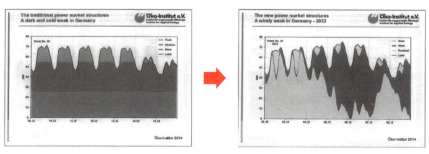

図9.10　ベースロード運転からメリットオーダーへ
出典：Felix Christian Mutthes (Öko-Institut：エコロジー研究所)「The transition toward a sustainable energy system」(2015) [11]

9.5 > 需要も再生可能エネルギーも天気予報と連携

1 気象予測からつくる再生可能エネルギー発電計画

図9.5と図9.6に示したように太陽光発電、風力発電ともに天候により大きく出力が変動する。需給を合わせるためには、このような再エネ出力の変動を前日の気象予測から推定して、あらかじめ翌日の発電計画をつくっておく必要がある。再エネ導入の先進地域のドイツの送電管理者は、このために気象予測の精度を向上させる努力をしている。ドイツの送電管理者 (TSO) である「50Hertz」で聞いた話によると、再エネ発電の予測会社5社から予測を取り寄せ、送電管理者の方で定めた5社のウェイト付けにより5社のデータから送電管理者としての発電予測をつくるとの話だった。5社の予測精度は常に評価されていて、予測精度が一定水準に達しないと別の予測会社に差し替えるという方法で、予測精度の向上を図っている。

この結果、誤差は3〜6%程度に収まっているとのことだった。予測会社は、気象データや再エネ発電所の立地データから、再エネ発電の予測を行うことになる。「50Hertz」の例では、再エネ発電値は、15分毎に1日144コマの値として予測され、4日前と前日に予測データを作成し、当日中に予測値は3回修正される。このような高精度の再エネ発電量予測に基づいて発電計画はつくられることになる。

2 需要予測計画の作成の必要性

予測は、発電だけではなく需要側の予測も重要となる。電力市場に需要側から前日に提出された需要BIDが必ずしも当日の正しい需要を反映しているとは限らない。

アメリカのISOでは、需要BIDで需給マッチングの評価をするとともに気象情報などから独自の需要予測を行う。需要BIDと需要予測の差がある場合には、差に相当する分を発電調整力としてあらかじめNYISO (ニューヨーク独立系統運用者：New York Independent System Operator) として発電約定の計画に追加しておくとことが行われている。

205

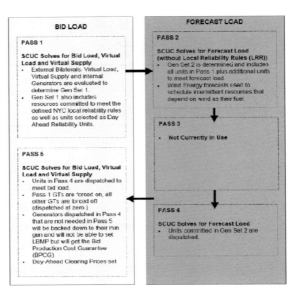

図9.11 NYISOの需給調整のプロセス
出典：Newyork ISO (NYISO)「Day-Ahead Scheduring Manual」(2024) [12]

第 10 章

電力のDX：
どのように
需給調整するか

第10章　概要

　10章では、具体的な送電管理のイメージを概説する。需給がリアルタイムで時々刻々と変化する中で、効率的に送電管理を行うには、電力潮流の予測計算をリアルタイムで行いながら、送電管理を行うことになる。このようにすることで、過剰な安全幅を取る必要もなくなる。このためには、コンピューターを駆使したDX管理に切り替える必要がある。

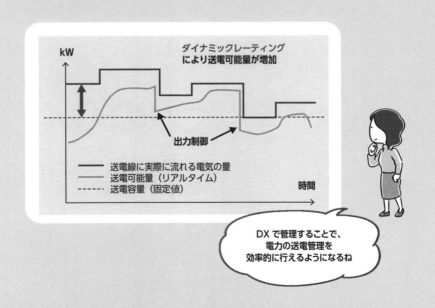

DXで管理することで、電力の送電管理を効率的に行えるようになるね

10.1 〉電力の公平性と効率性の原則

1 オープンアクセスとフローベース

多様な電源を使いこなすには「先着優先」の習慣を止めて、送電運用の公平化が必要なことはすでに述べてきたが、アメリカでは、これを送電グリッドへの「オープンアクセス」と称している。また、再エネ電力や需要は時々刻々と大きく変化している。

今まで発電所が送電線に接続しようとすると、送電線を割り振るときに最大の発電電力（定格値）に合わせて送電契約を結ぶようなことが行われていた。しかし、先に述べたように気象や需要が変化する中で、再エネも火力発電も必ずしも常に定格値で発電しているわけではない。定格値で送電線を占有するようなやり方をアメリカでは、「コントラクトパス」と称しているが、需要などが絶えず変化している状況下でこのように固定的、人為的に送電割り振りすること自体が、あまり効率的ではない。

そこで、時々刻々の需給バランスの変化に応じて物理法則にしたがい実際に送電線を流れる電力のままに送電線を使わせるのが、もっとも合理的であるとして「フローベース（実潮流ベース）」の送電利用が、アメリカのハーバード大学のホーガン教授から提案された。結局、FERC（アメリカ連邦エネルギー規制委員会）は、制度的には「オープンアクセス」を、技術的には「フローベース」を前提とした、改革を行った。

2 電力供給の効率的なルート

電力潮流は物理法則により、もっともエネルギーロスの少ないルートで発電から需要に供給される。ということは、たとえば、東北地方の発電所と東京の需要家が相対契約を結んでも、実際に東京の需要家に供給される電力のほとんどは、総体的に送電ロスの少ない東京近郊の発電所からの電力になることになる。

もちろん、相対契約した東北地方の発電所の電力も少しは実際に届くが、東北地方の発電所の電力のほとんどは、最寄りの東北地方の需要として吸収されることになる（**図10.1**）。

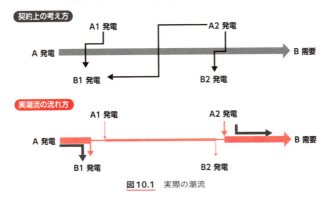

図10.1　実際の潮流

つまり、相対契約は形式上の話で、実際の電力は物理法則に従い自動的に振替送電されてしまう。ホーガン教授はこの点も指摘し、先のコントラクト・パスは無意味で、むしろ、すべての電力取引は、電力グリッドへのインプットとアウトプットに分解して、グリッド内の潮流は潮流計算（物理法則のまま）のとおりとするのがよいとしている。

「物理法則＝最小ロス」ということになるので、もっとも効率的な送電線利用ということになる。このインプットとアウトプットに分解するやり方は、インプット点における入力とアウトプット点の出力だけ考えて、この間は潮流計算に任せてしまうという意味で「POINT to POINT」の取引と称している。欧米の電力やガスグリッドの管理や料金体系はすべてこの「POINT to POINT」の考え方に基づいている。

これは、銀行を利用した送金の例と比べてみるとわかりやすい。たとえば100万円の送金の場合は東京から大阪まで送金するのに、東京の銀行で100万円振り込み、大阪の銀行から100万円引き出すという操作で行われるが、東名・名神高速道路を現金輸送車が100万円を積んで走っているわけではない。これらは、銀行内の帳簿上のやり取りで行われる。送電もこれに似ている。東京-大阪間の100万kWの相対契約の送電で、必ずしも間の送電線を一気通貫で100万kWの電力が流れるとは限らない。電力の場合は、送電システム全体を一つの大きなエネルギープールと考えて、そこへの出し入れを考えるという感じである。プール内のやり取りは、潮流計算に任せてしまうわけである。

10.2 〉 エネルギー源を経済的に選択

1 アメリカが導入したメリットオーダー方式

　すでに述べたようにオープンアクセスを実現するということは、一定の需要に対して、新旧の多数の発電施設をどのように公平に交通整理するかということであり、「先着優先」や「空き容量」による選別ではなく、別の考え方で需要に対応した発電施設を選択する必要がある。

　これを今までは「空き容量」という言葉を用いて、送電線問題のごとく扱ってきたわけである。需要が一定なのに、「空き容量」がないと称して新規発電に対して送電線増設すること自体が、基本的には無駄な投資の発想ということになる。

　アメリカでは、この新旧発電施設の優先順位を経済性により決定するのがもっとも公平で合理的であるとして、メリットオーダー方式を導入した。ある時刻から次の時刻に需要が増加する場合に、追加出力がもっとも安価得られる発電施設から順に発電指令を出すという方式である。

2 メリットオーダー方式の電力システム

　具体的には、アメリカの場合は1時間毎の市場管理なので、1時間毎に卸売電力市場への発電オファー[1]の中から限界コストの安い順に需要量に達するまで、発電指令候補の発電所・出力を選択していくことになる。こうすることで、経済効率の悪い発電施設から経済効率のよい発電施設に入れ替わり、電力システムが全体として新陳代謝していくことにもなる。

1　発電オファー　電力市場への発電事業者からの入札のこと。

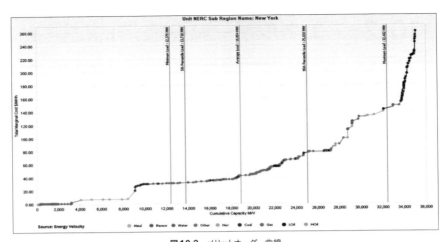

図10.2 メリットオーダー曲線
出典：米国連邦エネルギー規制委員会 (FERC)「Energy Primer」(2015)[1]

　図10.2は、NYISO (The New York Independent System Operator Inc) の発電所の市場供給曲線の例である。少し古い資料でシェールガス発電が本格化する前の資料と思われるが、ニューヨーク市場のすべての発電施設が、限界生産コストに従ってソートされている。

　たとえば、ニューヨークでの発電指令は、まず風力発電所、続いて水力、原子力、石炭、ガス、石油火力の発電所の順となる。このような順番に基本的には、発電施設は選択されていくことになる。ここで注意すべき点は、ここで言うコストは、限界コスト（追加的なコスト）ということで、主として燃料代などの増加分ということになる。

10.3 電力の送電制約

1 送電線には容量がある

　メリットオーダーというのは、結局、電力市場に応札した発電施設をコストの安い順に並べるということで、電力市場の中での操作となり、送電グリッドとは関係のないところで経済的要素のみで発電施設の優先順位が決められることになる。

　ところが、物理的な送電線には、送れる電力の量の限界がある。電力市場から見るとブラックボックスとなっている送電グリッドの能力との整合を取る必要がある。

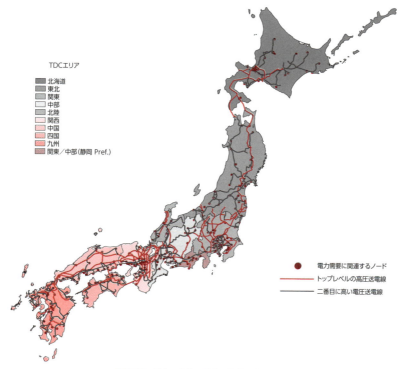

図10.3　日本の上位二系統の超高圧送電線網
出典：栗山 昭久・内藤 克彦 他「Importance of long-term flexibility in a 100% renewable energy scenario for Japan」(2023) [2] をもとに作成

213

2　送電容量を運用するためのDX

　物理的な送電線には、当然、送電できる最大の電力の限界がある。普通は、電力系統の安定性などを考慮して、通常の送電の場合の最大送電能力が送電線毎に運用容量として定められている。

　よく見かける高圧線の場合には、送電線の送電容量を超えた電力が流れると送電線が過熱し熱膨張により垂れ下がり危険な状態になる。送電線が、どれだけ垂れ下がるかは、加熱と放熱のバランスによるので、実は正確には、外気温や風速により送電容量は変化する。

　ヨーロッパなどでは、このように外気温や風速により送電容量を変化させて運用するダイナミックレーティングという手法が採用されている。これを実現するには、送電線の監視と潮流計算を連動させ得るだけのDX技術が必要となる。

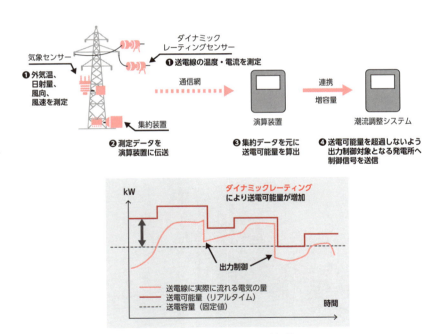

図10.4　ダイナミックレーティングの例

出典：北海道電力ネットワーク株式会社「再生可能エネルギーの導入拡大に向けたダイナミックレーティングシステム実証試験の開始について」(2022)[3] をもとに作成

10.4 経済的選択と送電制約の調整：計算機で潮流シミュレーション

1　計算機で行う潮流シミュレーション

　メリットオーダーで需要に見合うだけコストの安い順に発電施設が選択された場合に、送電線をどのように割り振るかということが問題になるが、アメリカでは、ホーガン教授の唱えたフローベースによる割り振りを行うことが行われている。つまり、メリットオーダーで選ばれた発電施設群からの電力をインプットとし、需要群をアウトプットとして、送電網にインプット、アウトプットをすべて配置し、送電線網全体で潮流計算を行い、潮流計算の結果が、即送電割り振りとなるという合理的なものである。

　相対契約の場合は、市場の外側で電力取引が成立してしまうが、電力を送電するためには、ISOと送電線使用契約が必要となる。相対取引の送電契約では、発電側のインプットの場所・電力と需要側のアウトプットの場所・電力が定められ、これが「POINT to POINT」の送電の要素となる。ISOは、卸売市場の発電オファー

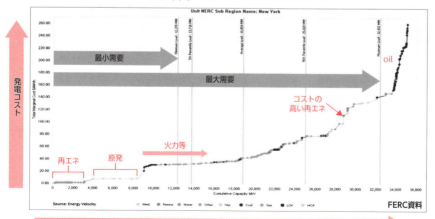

図10.5　メリットオーダーの選択
出典：米国連邦エネルギー規制委員会(FERC)「Energy Primer」(2015)[1]に加筆・作成

や需要BIDに、相対契約のインプット、アウトプットも加えて、グリッド全体の潮流計算を行い、その結果がうまくグリッドに収まれば、相対契約の送電も成立することとなる。この場合、相対契約のアウトプット側に出力される電力は、物理法則に従って自然体で割り振られた種々の電源の電力の合成により構成されることになる。

2　送電電力グリッドの例

送電電力グリッドを模式化すると、図10.6のように変電所などの送電線の結節点(Nord)とこれをつなぐ送電線(Branch)となり、各結節点には、そこに接続される発電施設や需要がある。各送電線には運用容量、インピーダンス(送電ロスのパラメーター)などの諸元が定められている。

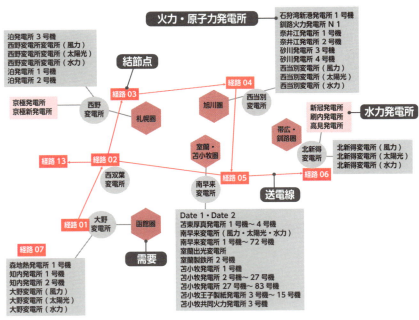

図10.6　北海道の電力グリッドの模式図

一方で、各結節点につながる需要は、図10.7に示すように時々刻々と絶えず変化している。しかも結節点毎に異なる変化をすることになる。

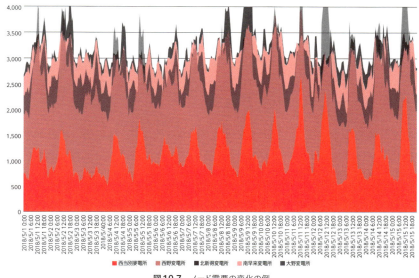

図10.7 ノード需要の変化の例

　これらの結節点毎の時々刻々の需要の変化に応じて、必要な電力が供給されるように発電施設に発電命令を出すことになる。メリットオーダーで経済的に選択された発電施設は、量的には需要と合っているわけであるが、各発電所から需要に送る各送電線の送電容量の範囲に収まっているかどうかは、コンピューターを駆使しして時刻毎に送電グリッド全体で潮流計算を行って確かめる必要がある。

10.5　経済的選択の結果を微調整するリ・ディスパッチ

1　リ・ディスパッチとは？

　潮流計算をしてみると、メリットオーダーの選択には、送電線の制約が考慮されていないので、メリットオーダーによる選択のままでは、送電制約違反で送電できない送電区間が生じることがある。

　このような場合には、送電制約違反を犯した送電線の前後の発電施設に対する発電指令を付け替えて調整（リ・ディスパッチ）することで、送電制約違反状態を解除する。この時に代替発電施設は、当初の市場発電オファーや同時に募集する調整力の中から、やはりコストがもっとも低くなるように選択される。

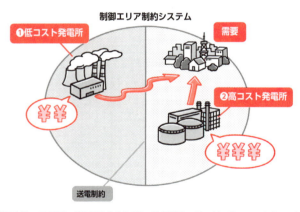

Re-dispatch：送電制約の発電側の①発電を出力抑制し、送電制約の需要側の②発電の出力を増加する⇒全体としては需要量は変わらないので同じ供給量を確保

図10.8　リ・ディスパッチの概念
出典：米国連邦エネルギー規制委員会（FERC）「Energy Primer」(2015)[4]をもとに作成

2 アメリカ型の管理システム

　日本やドイツの場合は、電力市場運営者と送電管理者が別になっているので、先に経済原理のみで市場により発電所の選択と設定が行われ、送電管理者はあとから送電グリッド制約との調整を送電管理者の負担で行わなければならない。ドイツでは設定結果の変更をTSOが行うときに経済的補償をTSOが行っている。

　アメリカの場合は、送電管理者が電力市場の運営を行っているので、市場選択による発電計画案を基に送電制約と照合してリ・ディスパッチなどの処理を先に行い、送電制約との調整を経た結果で発電施設の約定が行われている。

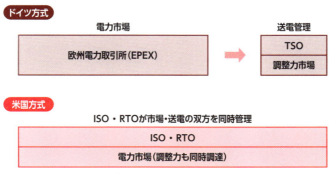

図10.9　アメリカとドイツの電力市場の相違

　さらに、アメリカ型のシステムでは、市場への発電入札を行う際に、ランプアップ(出力増加)、ランプダウン(出力減少)の速度などの発電諸元を同時に入力することとなっている。また、発電入札した出力値に対する上振上限、下振下限や上振・下振時のコストなども別途記入するようになっているため、アメリカのISOは、これらのデータも含めて潮流計算を行い、もっとも低コストとなるようにリ・ディスパッチを行った上で、前日市場の約定発電所を決定し、公表している。

　なお、アメリカ型の市場運営は、経済性を基本としつつも、ランプアップ、ランプダウンの速度などを考慮して、応答速度の遅い発電所は徐々に出力が増加し、その間は別の発電所がカバーするような技術的な対応も潮流計算の過程で織り込まれている。

3 再生可能エネルギーの場合

　再エネとの関係では、再エネの限界価格は安いために市場選択では選択されることになるが、一般に再エネは需要地から遠い遠隔地に立地しているので、間の送電線の送電ネックにより発電指令から外されることもあり得る。再エネから見れば、「出力抑制指令」ということになるが、再エネの代わりに送電ネックの需要地側のどこかの発電所に振替の発電指令が出ることになるので、両者合わせて考えるとリ・ディスパッチ（再給電指令）ということになる。

10.6 DXで管理する電力管理システム

1 WEB市場での前日の計画による発電準備

アメリカのISOでは、前日市場から当日の実送電までのプロセスは、次の図10.9のように行われている。

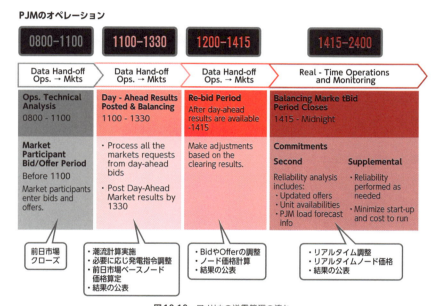

図10.10 アメリカの送電管理の流れ
出典：PJM Interconnection「Five Minute Dispatch and Pricing」(2020)[5] をもとに作成

❶前日市場の約定結果の公表

まず、前日に電力市場で翌日分の発電と需要を受つけ、前日市場をクローズしたあと、直ぐに電力グリッド全体の潮流計算を行い、リ・ディスパッチなどの所要の措置を講じたうえで、前日市場の約定結果を直ぐに公表する。この作業は、相対契約分も含めてグリッド全体ですべてのインプットとアウトプットを揃えた上で一斉に潮流計算を行い、全体の潮流に齟齬が無いようにする。

❷ 前日市場対応の発電スケジュールの公表

前日市場の約定結果が公表されると、発電事業者などは翌日のスケジュールの発電準備に取り掛かるわけである。ISO、RTO[2]の多くは、この前日市場対応の発電スケジュールの公表のあとに、リアルタイム市場の始まる75分前までは、前日市場への需要ビッド[3]、発電オファーの変更を許容している。

変更の内容は再度最終的なDay-Ahead Unit Commitment[4]の作業を経て、リアルタイム市場の開かれる直前に「確定した前日市場対応の発電スケジュール」として公表される。

❸ リアルタイム発電スケジュールへの対応引き継ぎ

前日市場の変更時間に変更の行われなかったスケジュールはそのままリアルタイム市場のスケジュールとして持ち越され、変更したものは変更した結果がスケジュールに組み込まれたかどうか最終確認できることになる。

一般に、前日市場で確定した発電スケジュールは、リアルタイム市場で変更を加えない限り、そのままリアルタイムの発電スケジュールとして引き継がれる。

❹ 需要と潮流の関係から行う送電管理

常にグリッド全体の時々刻々の需給と潮流の関係を計算・確認しながら送電管理をしていることになるので、グリッドの周波数などの変化のみを監視するよりも合理的といえよう。

これらの管理のほとんどの部分はコンピューターにより行われるが、これは、コンピューター技術の進化により可能となったもので、アメリカで約30年前に行われたDXの一つと考えることができよう。欧米の中央給電指令所を見ると監視員は2〜3人で、20〜30名の人間が詰めて熱気にあふれる日本の電力会社の中央給電指令所と好対照をなしている。

2　**RTO**　地域送電機関 (Regional Transmission Organization) のことで、ISOに電力市場への参加者からの独立性や、送電網の拡張計画の策定責任などの要件が付与されている。

3　**需要ビッド**　求められた電力量を入札すること。

4　**Day-Ahead Unit Commitment**　潮流計算による送電制約との調整をしつつ、翌日の発電指令計画を作成するプロセスのこと。

❺需要予測に基づくリアルタイム市場

　前日市場の段階では、ISO、RTOは、需要ビッドだけではなく、自らの需要予測にも基づき発電計画の作成を行う。需要ビッドが、翌日の需要を正確に反映しているとは限らないので、需要予測結果で補正した需要を前提に、前日市場対応の発電スケジュールを決定するという点に留意する必要がある。この需要予測と実際の需要の差を埋めるのがリアルタイム市場ということになる。また、再エネ発電の場合には、発電予測と現実の発電の差もリアルタイム市場で埋められることになる。FERCのレポートによると95%は、前日市場で決定され、5%程度がリアルタイム市場で調整されているとのことである。

　相対取引では、契約当事者どうしが、直接交渉を行い契約を交わすので、ISOやRTOの関知しないところで、契約が成立することになる。単なる金銭上の取引ならこのままでよいが、実際に電力の物理的な送電を伴う相対取引の場合には、取引当事者は送電キャパシテイを確保するために、RTO、ISOに別途、送電申し込みを行い、送電契約をかわす必要がある。

　送電管理者は、すべての送電申し込みを公平に扱うことが義務付けられている。相対契約の場合には、発電入札が市場に出される場合と異なり、相対契約の当事者たる発電所について、送電管理に必要となる発電所の諸元が自動的にはRTO、ISOに入ってこない。そこで、アメリカではeTagという制度が設けられ、相対契約に伴う発電諸元が中立機関を通じて、RTO、ISOなどの関係者に周知される仕組みとなっている。

2　当日WEB市場による微修正

　先に述べたように前日市場段階の予測と実際の需要やこれに伴うグリッドの状況は、必ずしもピッタリとは一致しないので、リアルタイムのオペレーションとして最終的に調整することになる。

❶リアルタイム市場で前日市場とのズレを調整

　リアルタイムのオペレーションでもリアルタイム市場への需要入札、発電入札の結果が反映される。ISO、RTOが前日市場と実需との差を調整力で調整する前に、市場参加者もリアルタイム市場で前日市場と実需などのズレを調整することができる（市場参加者は、調整をせずにズレたままで放置するとインバランス・ペナルティを課せられることになる）。

リアルタイム市場で前日市場のスケジュールに追加された需要入札、発電入札も含めて、潮流計算などの作業を前日市場と同様に行い、グリッドに収まるかの確認を行う。ここでも、コストの低い発電入札から順に採用して行く点は、前日市場と同様である。この場合に、変更されていない前日市場のスケジュールは、そのままリアルタイムのスケジュールに組み込まれる。

❷需給バランスが取れるように調整

リアルタイム市場の需要入札、発電入札によっても残る需給のインバランスがある場合には、ISO、RTOは、調整力を投入して均衡が取れるように調整を行うが、この場合の各種調整力は、アメリカの場合、前日市場と同時に同一市場内で受け付けられる。

リアルタイムのオペレーションの作業で、信頼性違反が検出された場合には、前日市場の場合と同様に、出力抑制 (curtailing schedules)、給電指令の変更 (re-dispatch)、需要抑制などの必要なオペレーションが行われる。

❸アメリカのリアルタイムオペレーション

図10.11に示すように、アメリカのリアルタイムのオペレーションでは、2時間30分先までの時間断面を対象に15分周期で起動停止計画 (15分単位) を計算し、計算結果は毎時15分、30分、45分、00分に関係者に通知される。

直近の計算結果 (計算タイミングによって変わるが、15分または30分先) は確定値として扱われ、残りの時間帯の計画は予告値として扱われる。

起動停止指令の対象となる発電機は、起動時間が30分以内の高速起動発電機に限定されている。

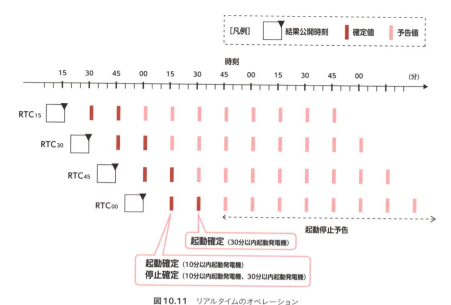

図10.11 リアルタイムのオペレーション
出典：New York ISO「Transmission and Dispatch Operations Manual」(2016) [6] をもとに作成

　アメリカでは、発電入札の電子申込の様式の中に上振れ上限、下振れ下限などの記入欄やランプアップ、ランプダウンの速度の記入欄があり、ISO、RTOは、これらのデータも調整力として用いながら、エネルギー、調整力の両者の合計調達コストが最小になるようにリ・ディスパッチなどの作業を行う。この点は、ヨーロッパと異なる点である。

　ヨーロッパの場合は、調整力市場はエネルギー市場と分離しており、ヨーロッパのTSOは調整力市場のみ運営している。調整力の発動のタイミングも、ヨーロッパの場合は、エネルギー市場が完全に閉じたあとの最終給電指令の段階で調整力を動員するので、エネルギー市場と調整力市場を合わせて最適化するということはできない。

3　時刻毎の確定発電量の電子的な発電命令

　リアルタイムのオペレーションの結果は、発電命令として出されるが、この間にも実需要や実発電の状況により必要に応じて発電出力の調整が行われる。アメリカのシステムでは、5分毎に潮流計算の修正を行っており、5分毎に発電指令を出すことができる。

発電命令の処理は、5分後断面の確定値と、毎時00、15、30、45分の予告値をローリングしながら算出し、求解プロセスの中で系統制約違反が発生した場合は、すべての違反が解消されるまで起動停止・出力配分の計算を繰り返し行う。

　リアルタイムのオペレーションの段階では、発電施設の追加・削除を行うが、発電命令の段階では、命令対象施設はリアルタイムのオペレーションで確定したとおりで、発電出力の微調整だけで対応する。

　リアルタイムオペレーションや発電命令の場合も、前日市場と同様に、送電線の割り振りは、リアルタイムのオペレーションの結果として、スケジュールに組み込まれた需給に自動的に割り振られているということになる。しかも、この割り振り作業は、5分毎に修正されているということになる。

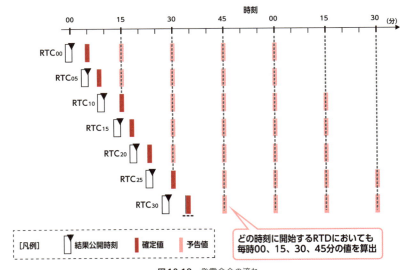

図10.12　発電命令の流れ

出典：New York ISO「Transmission and Dispatch Operations Manual」(2016) [6] をもとに作成

　5分毎の発電指令の間の状況の変化に対しては、AGC (Automatic Generation Control) で6秒毎に制御が行われる。

4 揚水発電などで調整困難なときは出力抑制

　フローベースの送電運用で、効率的に広域の電力融通を行うと、一般的には、再エネの変動が平準化されて出力抑制が減少することが期待される。また、大都市の大規模需要と結びつくことで、再エネ発電のピーク出力を大都市需要で吸収することも可能となる。特に風力発電は、風況が地域により異なるので、広域融通による平準化の効果は大きいと言えよう。

　太陽光発電は、全国で発電ピークがほぼ同時となり、気象条件による差はピークの高さの差のみになる。太陽光発電は、全国でほぼ同時にピークとなるので、出力抑制につながりやすいという傾向が否めない。

　日本で出力抑制が大きく発生するのは、ゴールデンウィーク前後の頃である。図10.13を見るとわかるが、実は、この頃は年間で電力需要がもっとも小さい時期となっている。つまり春先の出力抑制が発生しているときの送電線は、実は混雑していない。

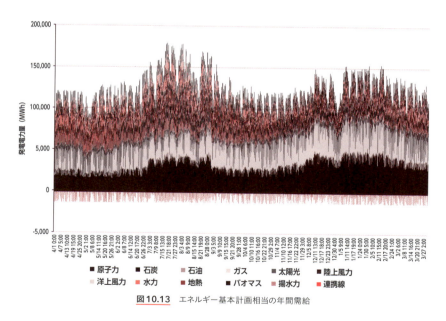

図10.13　エネルギー基本計画相当の年間需給

春先の再エネ出力抑制は、送電混雑によるリ・ディスパッチの結果生じた再エネ出力抑制ではなく、需要不足の結果再エネ電力が余剰となることにより生じているわけである。

　一方で、この時期は天候のよい日も多く、日照時間も比較的長いために、太陽光発電の出力が大きく伸びる時期でもある。このために、日中のピーク時には、揚水発電などで太陽光発電の余剰電力を吸収してもなお、出力の余剰となるために、太陽光発電の出力抑制となる。

　経済産業省の2030年計画に沿った再エネ導入量で全国シミュレーションを行ってみると、図10.14に示すようにこの春先の時期の晴天日の正午頃は、発電出力のほとんどは、太陽光発電から供給され、揚水でも調整しきれず、出力抑制の対象となることがわかる。

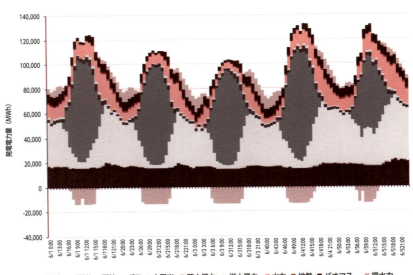

図10.14　2030年6月1〜5日の全国の需給

　このような場合もフローベースの送電運用で必要最小限の時間・対象に限って出力余抑制を行うことにより、5〜6月の出力抑制比率は高くなっても年間の出力抑制比率は数%とできる可能性もある。

　このためには、時々刻々の発電指令の変更に応じてリモートで再エネ発電も時々刻々のきめ細かな対応ができるようにしておくことが重要である。

ドイツでは、一定規模以上の再エネ発電所には、法律でこのようなリモート対応の機器を設置することが義務付けられている。このような装置を装備していないと2〜3時間で済むはずの出力抑制に対して丸1日発電所を無駄に止めるようなことになりかねない。

1.06 ── DXで管理する電力管理システム

Column 4

トマスペインとベーシックインカム

筒井 潔

　ベーシックインカムの実現に石油資源が活用されるロジックを紹介する。

　アダム・スミスの『国富論』が出版された直後の時期にあたる当時の古典派経済学の発想では、農業的な土地利用による総収入のうち、地主は土地改良の成果として地代を、農業資本家は農業経営の成果として農業利潤を、農業労働者は労働提供の対価として労賃を分配される。同時代のトマス・ペインはそれに対して、地主が占有した後でも、以前の自然状態の土地に対する人類全体の権利が残っていると考える[7]。そこで、新しい土地から排除されてしまった人類の一員である人々は、そのような土地喪失の不利益に対して、地主から補償金を受け取る権利があるというのである。そこには、地主が受け取る地代には、土地改良の成果だけでなく、不当な占有によって社会全体から不当に分配されたものが含まれているという判断がある。

　しかしペインの構想は採用されなかった。それに対して、共和党知事のジェイ・ハモンドによるアラスカ恒久基金の提案は実現し、アラスカでは石油資源を原資とするベーシックインカムが実現している。この違いはどこからくるか？　答えは、政治の現実である。18世紀のアメリカは今日のように、少数の富裕層の政治的反対が強力であり、知的にもっとも洗練されて正当化された政策さえ、法制化されることはなかった。これに対して、アラスカ恒久基金は、アラスカ州が獲得したばかりの油田からの収入を財源とするものだった。

　ペインの構想は、理論的、道徳的には正しいものだったが、政治の現実を動かすことはできなかった。それが地主階級の既得権益を犯すものだったからだ。アラスカ恒久基金[8]は、既得権益のない「たなぼた」式の資源を財源としたから実現できた、というわけである。

第 11 章

電力のDX：
電力会社・市場で
さらに進むDX

第11章　概要

　11章では、送電管理のDX化に伴い、市場の価格コントロールの防止や地域ごとの市場価格設定、需要側のコントロール、地域単位での需給管理といった多様な分野でのDXも進んでくる。

　これは、根本となる送電システムをDX化することにより、これらと接続する各種の機能もDX化することで、システム全体の管理が情報システムとして一体的に行いやすくなるからである。

11.1 > コンピューターで行う市場価格のリアルタイム監視

1 市場の価格操作を監視するシステム

❶ 市場価格の操作を自動的に防止する NYISO システム

大規模な発電施設を保有する元の垂直統合の電力会社が、意図的に電力市場への出し惜しみなどを行うと、大きな価格影響力を持つことになる。

そこで市場価格操作の防止のために NYISO のシステムでは、AMP (Automated Mitigation Process) というシステムが組み込まれている。発電施設の約定のプロセスの中で市場支配力の行使に伴う市場価格の高騰などを判定し、自動的に防止する仕組みである。

市場への影響力の行使に関して NYISO は、次に示す三種のケースを想定している。

❶ 物理的出惜しみ	発電施設で本来提供可能な売入札・発電計画を意図的に NYISO に提出しないこと。
❷ 経済的出惜しみ	発電施設が発電指令を受けないように、または市場の約定価格に影響を与えることを目的に不当な高値の入札を提出すること。
❸ 非経済的電力供出	本来非経済的な発電施設であるにも関わらず、送電混雑を起こすため、ひいてはそれによって利益を得るために、意図的に発電設備の出力を上昇させるような入札を行うこと。

これらを判定するための検証は、次の ❶ Conduct test (入札価格検証)、❷ Impact test (市場影響評価) の2ステップから成る。

❶ Conduct Test (入札価格検証)	各入札の価格を各入札に対する基準価格と比較し、両者の差異が ISO (送電グリッド管理者) の定める閾値を超過している場合、当該入札は「価格検証不合格」と判定される。
❷ Impact Test (市場影響評価)	価格検証不合格の入札の価格を基準価格に差し替えて発電約定のプロセスを行い、差替前の市場価格と比較してどの程度価格が変化したか確認する。リアルタイムの発電約定のプロセスでも、これが行われている。差替前後の市場価格の変化が ISO の想定する閾値を超過していた場合、Mitigation と呼ばれる市場支配力の抑制措置により、価格検証不合格の入札は強制的に基準価格に差し替えられる。

233

ちなみに、定期点検や不測の発電施設の不具合などが発生した場合には、発電ユニット毎に供給停止（OUTAGE）の報告をISOに提出する必要があり、ISOがOUTAGEとして認めると、この発電ユニットは潮流計算から外される。

❷ リアルタイムで監視するAMP

リアルタイムのプロセスでは、時間的制約が厳しいので、**図11.1**に示すようにリアルタイム通常処理のための潮流計算とAMPのための価格計算のための潮流計算を同時並行で行い、処理時間の節約を行っている。

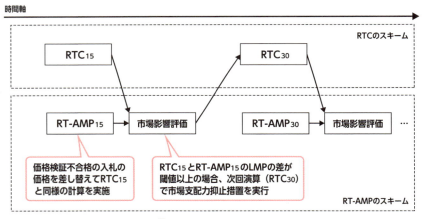

図11.1 リアルタイムのAMP
出典：New York ISO「Transmission and Dispatch Operations Manual」(2017) [1] をもとに作成

2　地域によって利用される電源ポートフォリオが異なる

図11.2に示すように、A、Bの2つの地域があり、B地域内の都市への電力供給を行うとする。

発電所は4つで①②④の発電所はB地域にあり、③はA地域にあるとする。メリットオーダーでコストの安い順に並べると、①②③④の順になっているとする。

A、Bの地域をつなぐ送電線に送電混雑が存在しない場合には、A、Bの2つの地域は一体的に運用され、両地域のすべての発電所を統合したメリットオーダーにより、コストの安い順に発電所が選択される。

需要とのバランス点が③発電所の出力の範囲にあるとするとA、B両地域の卸売電力価格は、③発電所の価格となる（**図11.3** 上図）。

A、B両地域の間に送電制約があって、A地域の③発電所の電力がB地域に送れないということになると、B地域のメリットオーダーは①②④で構成され、需要とのバランス点は、④発電所の出力の範囲となる（**図11.3**下図）。このため、B地域の卸売電力価格は、高い④発電の価格となる。

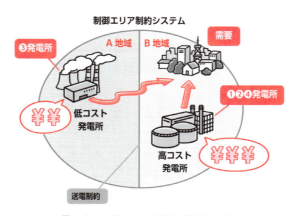

図11.2　Re-dispatchに伴う卸売価格の変化
出典：米国連邦エネルギー規制委員会 (FERC)「Energy Primer」(2015)[2] をもとに作成

　送電管理の手順で考えると、A、B両地域の需要入札と発電入札をすべて揃えたところで、潮流計算を行ったところ、AB間で送電制約違反が発見されたために、③発電から④発電に発電指令が変更されるというリ・ディスパッチが行われたことになる。この結果、A地域とB地域で電源のポートフォリオが変わってしまうことになる。A地域とB地域では、電力の調達ポートフォリオの相違に応じて市場価格も異なるものとなることになる。

11.2 地域ごとのWEB市場価格設定 ノーダルプライシング

1 ノーダルプライシングとは？

　送電線の運用容量内にすべてのPOINTの需給が送電グリッド全体にうまく収まっている時には、基本的には送電グリッド全体としてほぼ同一のメリット・オーダー曲線となる。送電グリッド全体の電力需要が大きくなると、グリッドを構成する送電線の中には送電制約違反になるものが出てくる。

　このような場合には、先に述べたリ・ディスパッチを行い、送電制約を解消させるわけであるが、**図11.3**に示すように、これに伴い送電制約の前後で異なるメリット・オーダー曲線となる。**図11.3**の例では需要側に近い地域では送電制約に伴う振替送電により高価な電源に振替られたことを示している。

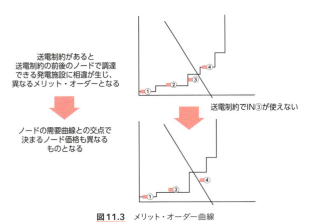

図11.3　メリット・オーダー曲線

2 アメリカのノード価格

　このように、送電混雑の状況下では、需給の結節点となるノード（変電所）により、メリット・オーダー曲線が異なるものとなり、ノード毎に市場価格が変わることになる。ノーダル価格制というのは、この需給の結節点毎の市場価格を電

力取引に用いるものである。正確には、ノード価格にはわずかではあるがエネルギーロスも反映されるので、ノード価格差は、混雑とロスを反映したものとなる。なお、距離の長い送電では、このロスの影響も無視できず、広域の送電を考える場合には混雑がなくとも送電線のつながり方や距離の差によりノード価格差が生じる可能性がある。

この価格差は、ノードに実際に給電する発電所のコストを反映したものでもあるということも言えよう。そういう意味では、送電線でつながっていても、潮流計算すると、実際に調達される電力のポートフォリオはノードごとに異なっているので、このような地域差を市場価格に反映させるというのは合理的ということもできよう。

アメリカでは、ノード間の価格差のことを「混雑料」と称している。混雑がなければ、ノード間の価格差は、エネルギーロス相当分だけになり、ほとんど同一価格になる。

3 ノーダル価格制への転換

アメリカでは、電力の卸売取引は、すべてノード価格に基づいて行われている。一般に、需要が大きく発電施設が少ない大都市部などではノード価格は高くなり、需要が少なく発電施設が多数立地する地方ではノード価格は低くなる傾向がある。ただし、需要全体が少ない多くの時期や時間帯では当然、どのノードもほぼ同価格となる。

相対取引でもアメリカでは混雑料を受け入れる相対取引送電契約をファームの送電契約として混雑時にもリ・ディスパッチにより代替電源から契約通りの送電が実行される。混雑料を受け入れない送電契約は、すなわちリ・ディスパッチによる代替電源の確保を受け入れないということで、混雑時には送電が打ち切られる。アメリカでは、このような送電契約をノンファームと称している。混雑時には、リ・ディスパッチにより高価な電源に振替えて送電が維持されていることを考えると合理的と言えよう。日本とはファーム、ノンファームの考え方が根本的に異なることに留意する必要があろう。ちなみに、何らかの理由でノード価格が高騰した場合にも、ファーム相対送電契約では高騰したノード価格に基づく混雑料が適用され、相対契約で格安価格の契約を締結していても意味がなくなる。

アメリカでもゾーン価格制とノーダル価格制のどちらがよいかという議論が、過去に行われている。先のホーガン教授の意見では、送電混雑の状況を反映した

ノーダル価格制の方が、発電所立地や工場などの需要立地を需給平準化の方向で誘導するので好ましいとしている。アメリカの場合には、結局、ゾーン価格制を採用した地域も最終的にはノーダル価格制に転換している。

図11.4 ノード価格(LMP)の構成要素
出典：PJM (PJM Interconnection)「Generation Initial Training Program - Dispatch Signal & Locational Marginal Pricing (LMP)」(2024)[3] をもとに作成

4 日本のノード価格は？

2030年の日本のエネルギー基本計画に基づく電源構成の場合に日本ではノード価格はどのようになるのかということを東日本で試算してみると図11.5のような分布となる。

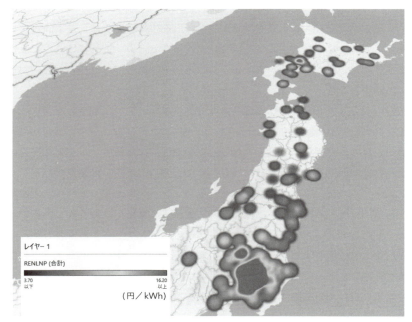

図11.5 2030年の年平均ノード価格の地理的分布

2030年には、再エネ率が上昇しているので、ノード価格は低下し、大半のノードで5〜8円／kWhとなっている。東北や北海道のように再エネが大量に立地し、需要の小さい地域では、一般にノード価格は低くなり、再エネよりも需要の圧倒的に大きい東京周辺ではノード価格が上昇している。東京周辺のノード価格の高騰は、2030年時点では大規模に存在する東京周辺の火力発電所からの送電の影響が大きいことを示している。

　再エネの出力抑制が発生する春先のノード価格の分布をみると**図11.6**のように全般的に低く 2.5〜6.5円／kWh の間に分布しており、極端な値は見られない。

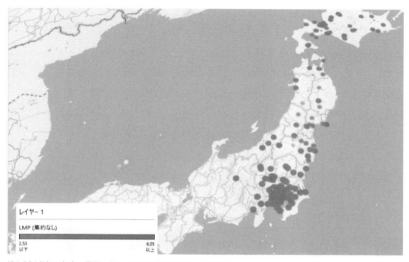

注）2018年の気象・需要に対して2030年の発電構成を適用
図11.6　出力抑制の発生している時（5月5日）のノード価格分布

　この日は電力需要は小さいが、天候に恵まれ再生可能エネルギーの発電量が多くなっており、揚水発電や火力発電により吸収し切れない再生可能エネルギー発電に対して出力抑制が発動されている。したがって、ノード価格は、再生可能エネルギーの余剰を反映して全般的にかなり低くなっているが、再生可能エネルギー産地と需要地との間の送電混雑によるノード価格の段差は特段見られない。

　春先には、需要が小さいところで再エネ発電量が大きくなるために、余剰電力分が出力抑制されるが、需要が小さいので送電線は混雑しておらず、ノード価格は、東日本全体でほぼ同じような値となっている。

11.3 〉電力の地産地消とDSO

1 北海道のブラックアウトで何が起きたか

　以前、北海道でブラックアウトが発生した時に聞いた話によると、オーストラリアの電力会社でも北海道のブラックアウトは大きな話題になった。オーストラリアの電力会社の認識では、北海道電力管内には風力発電が多数立地しており、しかも、北海道電力の政策で蓄電池もかなり導入されているのに、なぜブラックアウトになったのか理解できないとのことである。

　オーストラリアの電力グリッドには、アメリカと同様なグリッドオペレーションソフトが持ち込まれ、先進国の標準的なグリッドオペレーションが行われている。ここでは、グリッドの結節点ごとの需給均衡を考慮して、さまざまな分散電源を活用するような需給調整が行われている。オーストラリアの電力会社の先の疑問は、先進国で当然行われているはずの欧米型のグリッドオペレーションを前提とすれば、多数の風力発電などが分散立地している北海道でブラックアウトが起こるはずがないという彼らの常識に基づき発せられたものだろう。ところが、北海道で実際に行われたオペレーションでは、真っ先に再エネを系統から切り離す指示が出されたのである。

2 日本のエネルギー地産地消

　日本は、自然災害が多く、災害時に電力系統が停電しても地域で電力を供給できるような地産地消型の電力供給を目指す地自体も多い。

　図11.7 に示したように、日本のほとんどの市町村ではエネルギーの地産地消が可能なだけの再エネポテンシャルを持っている。

　需要が集中し、一方で再エネ用地に乏しい東京などの大都市では、当然のことながら、地産地消は困難である。しかし、このような大都市は江戸時代でも周辺地域からの広域的な薪炭供給でエネルギー需給が成り立っていたと思われるので、大規模産業用や大都市業務用の大規模エネルギー需要は、本来、別途、洋上風力などの広域の再エネ調達により賄う性格のものであろう。

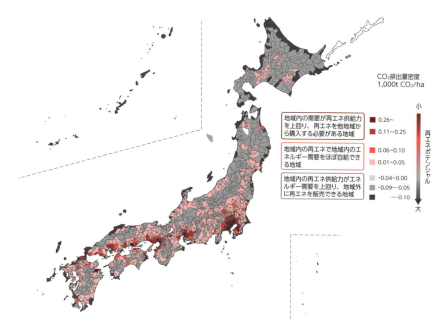

図11.7 市町村別の再エネ導入ポテンシャル
出典：環境省「環境白書・循環型社会白書・生物多様性白書(平成30年版)」(2018)[4] をもとに作成

多くの自治体が地産地消を目指して地域電力を設立しているが、実際に実現しているのは、小規模な発電の電力を地域電力会社により公民館などの極一部の公共施設に供給することぐらいである。

先のオーストラリアの電力会社がイメージするように、一部地域を切り離して供給を維持するということとはかなり距離がある。

3　ドイツの配電管理

❶ TSOとDSOの関係

実は、欧米のほとんどの国では、送電会社と配電会社が分離していて、配電会社の管内で一定の需給均衡を取るように調整する体系となっている。

ここで改めてTSOとDSOについて簡単に説明すると、日本以外の先進国においては、送電システム管理はDSO（配電管理者）とTSO・ISO・RTO（送電管理者：

いては、送電システム管理はDSO（配電管理者）とTSO・ISO・RTO（送電管理者：以下「TSOなど」）に分かれている。

　DSOは配電の管理を行う組織で末端の需要家に電力を配電する組織であり、TSOなどは送電の管理を行う組織で電力の広域融通や需給管理、アンシラリーサービスなどを行うとともに、大口の需要家[1]に電力を供給する組織である。

　TSOは、元来は広域送電網でDSOに電力を供給する機関だったが、再生可能エネルギーなどの地域電源が増加すると、TSOの役割も変化した。DSOの配電線内で電力の余剰が生じたときには、この余剰電力をTSOの高圧線で広域に供給するなど、DSOとの電力のやり取りも双方向になる。DSOも管内の地域発電が多ければ、TSOからの供給量を減らすことができる。

❷ 配電管理も担うシュタットベルケ

　ドイツでは、シュタットベルケという地域電力会社が存在するが、その多くは小売だけではなく配電管理（DSO業務）も同時に行っている。

　図11.8に示すように、送電管理（TSO業務）は旧大手電力4社の送電部門が分離独立して担っているが、配電管理は883の多数の配電管理会社に分かれている。この中にはシュタットベルケが配電管理会社を兼ねて、地域の配電管理していることも多い。

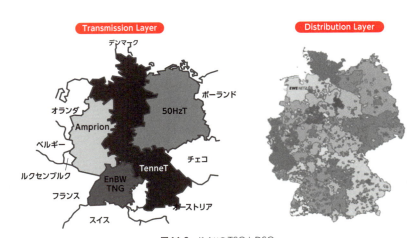

図11.8　ドイツのTSOとDSO
出典：Office franco-allemand pour la transition énergétique／EWE netz「Network areas and 'Layers' in Germany - Transmission and Distribution」(2012)[5]をもとに作成

1　**大口の需要家**　大規模工場・事業場やDSOのこと。

電力小売と配電管理会社を兼ねているシュタットベルケは、配電管理区域内に再エネや調整電源として利用可能なコージェネレーションや水力発電などがある場合には、可能な範囲でこれらによる需給マッチングを行う。その上で、さらに電力の過不足がある場合には、TSOとのやり取りにより±の調整をすることになる。

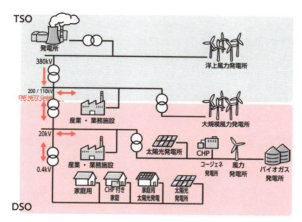

図11.9　ドイツのTSO・DSOシステム

　シュタットベルケが配電管理会社を兼ねる場合には、TSOとの接点となる数カ所の変電所で接続を遮断すれば、配電管理会社管内は独立のグリッドとなる。管内に需要に見合う十分な発電キャパシティと需給調整機能があれば、災害時に送電系統が停電しても、配電管理区域内で給電を続けることも可能だろう。

4　日本の送配電網の課題

　先のオーストラリアの電力会社は、このような管理をイメージして疑問を呈したのだろう。日本では、配電が分離していないので、送電配電は一蓮托生となる。自治体の地域電力が公民館にしか供給できないのは、停電時に自立供給するためには、配電線から切り離して自営線で供給することになるからだろう。
　日本の送配電網は、送配電がグリッド会社により一体的に管理されているため、一部配電線を切り離してDSO的[2]な管理をすることが基本的にはできなかっ

2　**DSO**　配電系統の管理・運用者のこと。

たが、経済産業省が制度改正を行った。2022年4月から配電ライセンス制度が施行され、地域電力が経済産業大臣の許可を得ると、配電線の一定範囲を切り離してDSO的な管理をすることが可能となった。残念ながら、現在のところ、地域電力で配電ライセンスを取得しようという動きはあまり見られない。

近年の災害の教訓を踏まえ、**平時は主要系統と接続し、災害時は既存系統を利用し独立運用を行うマイクログリッド**について、大手電力会社とその他の事業者が参画する形で、**具体的な実証事業**が始まっている。また、コスト効率化や災害時のレジリエンス向上の観点から（※）、特定の区域において、**一般送配電事業者の送配電網**を活用して、**新規参入者自ら面的な系統運用を行うニーズ**も高まっている。

（※）新規参入者がAI・IoT等の技術を活用して、特定の区域の系統運用や設備管理を行うことにより、配電網を流れる想定潮流の合理化や、課金体系の工夫等を通じて、設備のサイズダウンやメンテナンスコストの削減が期待される。また、この特定の区域において、系統運用者が調整可能な分散リソースを確保している場合には、災害時等には、独立して緊急対応的な供給を行うことも期待される。

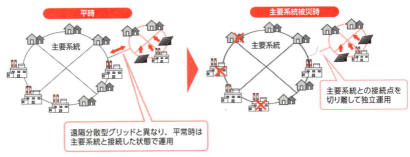

図11.10 配電ライセンス制度の概要

出典：内閣府／第10回電力託送料金に関する調査会「送配電網等の強靭化や再エネの導入拡大に向けた託送料金制度改革等の検討状況について」(2020) [6] をもとに作成

これに加えて、ドイツのシュタットベルケのように、ある程度、自律的な地域内の需給均衡が取れるように調整を行うには、配電管理者型の需給管理システムが必要となる。これは、送電管理者の送電管理システムのミニ版であるが、送電管理者のように周波数管理などの責任はなく、配電管理区域内で需給の完全な均衡を取る必要もない。需給の過不足分は送電管理者とのやり取りで調整することになる。

日本では、マイクログリッドの研究や実証事業は数多くあるが、ハードウェアとしてのPtoP（ピア・トゥー・ピア）の送電の管理やPtoPのこれに伴う決算管理を電子的に行うシステム、マイクログリッド内の需給バランスの均衡が取れるように調整を行うシステムについての技術的検討にとどまっている。

これらの多くの試みが実証事業の領域から脱却するためには、そろそろマイクログリッドの言葉に値する一定の配電区域内のDSO型の管理を目指すことが重要となろう。このようなDXも日本には欠けている。

11.4 自立した地域電力とは？

1 ドイツのシュタットベルケの例

ドイツのシュタットベルケでは、**図11.11**のマーケットシェアを見てわかるように、多くのユーティリティの分野でシュタットベルケが地域シェアの大宗を把握している。

図11.11 シュタットベルケの売上など
出典：ラウパッハ・スミヤ ヨーク（立命館大学経営学部　教授）「ドイツ都市公社の成り立ち」(2017)[7] をもとに作成

これは、自治体を挙げて地域のユーティリティーサービスを、シュタットベルケに委任するという姿勢で設立されていることから当然だろう。

シュタットベルケは、以下に主眼があり、必ずしも地産地消のためにつくられたものではない。

❶ 黒字の電力部門の収益により、都市交通などの慢性赤字の分野を補填し、全体として黒字経営で市民サービスを提供すること
❷ 大手電力会社のように、巨大な間接部門の経費を支出することなく必要最小限の体制で運営し、市民に対して安価にユーティリティサービスを提供すること

しかし、再エネが普及するにつれ、シュタットベルケのようなものがあると、地産の再エネエネルギーが、地域内循環することが可能となる。たとえば、ソーラーコンプレックス社によると、ドイツのマウエンハイム村では、地域の熱需要と電力需要を満たすために毎年30万ユーロの地域資金が域外に流出していたものが、地産バイオ資源によるバイオ・コージェネレーション発電の電力・熱を域内供給したうえで、余剰電力を域外に売電することにより、逆に売電収入として域外資金が村に流入するようになった。

村内需要規模に比べて、地産バイオ資源によるバイオ・コージェネレーション発電の電力がかなり大きいために、これが可能となっている。エネルギー・マネイジメント・システム（EMS）の観点からも、オーバーフローした余剰電力を電力市場に売るだけなので、比較的容易な運営となる。

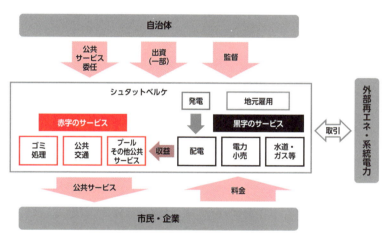

図11.12 シュタットベルケの仕組み

2　日本の地域電力の顧客

一方、地域電力として安定した経営をするためには、地域住民の大半を顧客として確保する必要があるということも示している。

日本の地域電力の顧客は、多くの場合、公民館などのごく一部の公共施設だけである。公共施設でも下水処理場や浄水場のような大規模需要は顧客としていない。このような小規模需要だけを相手に小売をしても、なかなか黒字にならないのは当たり前と言ってよいだろう。

下水処理場や浄水場の買電は入札で行われ、大手電力会社はこのような大口需要を手元に留めておくために破格の安値で入札するので、地域電力では落札できない。

　欧米では、大手電力から地域電力に地域住民の契約を変えてもらうために相応の努力をしているが、日本の自治体や自治体をサポートするコンサルタントでこのような顧客確保の努力をしているという話はあまり聞かない。

3 地域電力の需要を取りまとめる制度

❶アメリカのCCA制度

　アメリカでは、自治体が推奨する地域電力に、地域の需要を自治体が取りまとめて斡旋するCCA[3]というプログラムを実施しているところがある。中山 琢夫准教授(千葉商科大学)によれば、アメリカのイリノイ州では、CCAにより州の電力顧客の34％が州政府により地域電力に斡旋されている[8]。

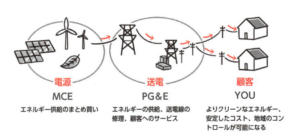

図11.13　アメリカのCCA制度
出典：Junko Movellan／株式会社 日経BP　日経XTECH「再エネ電力を電力会社より安く販売できる『CCA制度』(前半)地方自治体が太陽光や風力をまとめ買いして消費者に提供」(2015)[9]をもとに作成

❷京都のEE電制度

　このCCAのメカニズムに近い方法として京都市(京都府と共催)では、「EE電」という制度を令和2年～4年まで行った。一般市民が再エネ電力を購入したくとも現状ではなかなか入手することは困難である。そこでグループ購入の形で再エネ需要を京都市が取りまとめたうえで、一定の割合の再エネを供給することを条件として、公募をした電力小売事業者に取りまとめた需要を斡旋するものである。

---

[3] **CCA**　Community Choice Agregattionの略で、アメリカ連邦政府が定める電力の共同調達する制度。家庭や企業、または地方自治体の電力の需要を集約し、調達コストを引き下げたり、再エネを調達しやすくする。

京都市の場合、第1回は再エネ電力35％以上（第3回には100%）の電力の供給者をオークションにより選定し、この供給者に集めた再エネ電力購入希望市民を斡旋している。

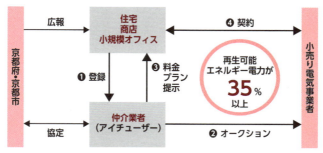

図11.14　京都市EE電制度の仕組み
出典：権敬淑／株式会社 朝日新聞社「再エネ電力いかが　京都府・京都市がキャンペーン」(2020)[10] をもとに作成

　アメリカなどでは、市民の需要を公共が関与する形で取りまとめ、一定の要件を満たす地域電力にあっせんするCCAのメカニズムを利用する自治体が多数存在するが、京都市のこの試みはCCA類似の試みと言えよう。

4　地域では発電は十分か？

❶ 地域電力の連携の課題

　地域の発電はどうだろうか。地域電力が発電事業を兼業する必要はないが、エネルギーの地産地消や災害時の独立供給を目指すのであれば、発電施設が地域需要に見合うだけ地域に立地する必要がある。

　また、地産地消を目指すなら、FITで売電したり、相対契約で大都市に電力が送られてしまうようでは、地産地消にはならない。しかし、日本でこのような地域電力と地域発電との連携が見られるだろうか。ドイツの場合、**図11.15**に示すように陸上再エネは地元で建てたものが多い。

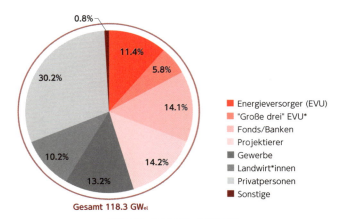

図11.15 ドイツの再エネの所有者
出典：Agentur für Erneuerbare Energien「Eigentümerstruktur der Erneuerbaren Energien」(2021) [11]
をもとに作成

　日本の地域電力の状況は、自営線で直結したわずかな公共の需要に供給するために、小規模の発電施設を設置するか、さもなければ、大規模な発電施設を設置してFITで他地域にエネルギーを流出させてしまうのかのどちらかではないだろうか。

❷ 一般住宅への再エネ導入事業

　ドイツのように地元の住民が積極的に再エネ投資をしない日本で、地域に再エネ電源を導入するには、どのような方法があるだろうか。

　市民が再エネを自己資金で設置することは一般にハードルが高い。そこで、第三者が市民保有スペースに再エネを設置し、通常より少し安い電気代で設置場所の提供者に再エネ電力を供給しつつ、余剰電力は売電することで、設置事業者は初期投資の償還などを行うようなオンサイトPPA型のメカニズムを取り入れるところもある。

　京都市（京都府と共催）も「京都0円ソーラープラットフォーム」として、このような事業の斡旋を行い始めている。京都市は、「京都0円ソーラー」事業者の公募を行い、多数の企業が応募し、京都市の「京都0円ソーラー」のプロジェクトに参加している。なお、京都0円ソーラー事業として十分な経済性を得るには一定の再エネ規模が必要で、筆者が事業開始時に参加事業者から聞いたところでは、一般民家への設置には消極的との話であった。

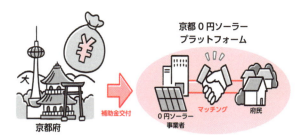

図11.16　京都市京都0円ソーラーの仕組み
出典：京都府総合政策環境部脱炭素社会推進課
「京都0円ソーラー　〜初期費用0円で太陽光パネルを設置しませんか？〜」[12]をもとに作成

　地域で電力の地産地消を行うには、地域の需要に見合った規模の発電施設の立地が必要であるが、FITや遠方大企業との相対契約によらずに地域需要に見合った規模の発電施設を立地させるには、ドイツのシュタットベルケや戦前の地域電力のように地域を挙げて地域電力に切り替えるか、アメリカのようにCCAにより自治体が需要を取りまとめるなどして投資に値するまとまった安定需要をつくり、発電事業者に提供する努力が必要だろう。

5 戦前は本格的に経営されていた地域電力

　実は、日本でも戦前は、自治体が経営する地域電力が多数あった。現在のように大手電力会社数社が全国をカバーするようになったのは、第二次世界大戦中の戦時統制令により、国主導で多数の地域電力が大手電力に強制的に統合されたためである。

　高崎経済大学の西野寿章教授によれば、1937年には全国の電気事業者は731あり、県営6、市営16、町営23、村営65、複数町村共同営11の他に地元民で結成した電気利用組合が244ほどあった[13]。

　日本の電化が進んでいく過程では、採算のよい大都市部では直ぐに電化が進んでも、採算の悪い地方に行くと大手電力会社は電化に消極的で、電化から取り残された地域が多数あった。このような地域では住民の生活水準向上のために、自治体公営や自治体の取りまとめた電気利用組合のような形で、多数のシュタットベルケ的な電力会社が立ち上げられた。

　これらの電力会社の中には、仙台市のように市営電力の収益の4割が市の一般財源に組み入れられ、市財政をささえていたものもある。戦後すぐの時期にこれらの

自治体は福島県議会を中心にして公営電気復元運動を繰り広げるが、電力会社は結局一度傘下に収めた公営電力などの配電網を手放すことなく今日に至っている。

同じく西野教授によると、たとえば、長野県伊那地方三穂村では、村民大会を開催して合意形成を図り、「村営電気設立承諾書」に全村民が捺印している。村営電気設立事業費は、村民の負担力に応じた傾斜配分の指定寄付金を募り、水力発電、配電線を整備し、約400世帯すべてに給電を行った。経営が軌道に乗ると、毎年、収益を村の一般会計に繰り入れ、一般会計歳入の一割程度を占めた。

このように、小規模な山村でも発電、小売、配電管理事業が戦前には行われていたわけである。また、「電化」という大義名分があったとはいえ、村民全体を対象に合意形成を行い、出資を募っている。現在の日本の地域電力より、こちらの方がドイツのシュタットベルケに遥かに近い存在と言えよう。

実は、近年、日本で戦前の電気利用組合のような事例が成立したところがある。宮崎県日之影町の大人止（おおひと）昴発電所である。ここでは、農業用水の水利権を持つ組合員全員の合意のもとに「大人発電農業協同組合」を設立し、全員の出資の下に約50kW水力発電所が設置されている。

図11.17 大日止昴小水力発電所建屋
出典：世界農業遺産高千穂郷・椎葉山地域活性化協議会事務局／大人発電農業協同組合「農民の農民による農民のための『小水力発電所』」(2021)[14]

合意形成に3年強の年月を要しているが、地域全員の合意形成による戦前型の本格的な地域電力が、現在でも設立可能ということである。このプロジェクトは九州の地元のコンサルの支援により実現したものであるが、三大都市圏の大規模コンサルもこれを見習うべきだろう。

11.5 需要を管理するDX

1　近年の蓄電池の需要拡大

❶ 蓄電池の再生可能エネルギーの調整力としての利用

　水力やコージェネレーションが調整力として期待できない地域の配電グリッドでは、大規模蓄電池の利用が議論されることが多い。しかし、大規模蓄電池は高コストである。

　欧米では、需要を取りまとめて負の調整力として電力市場に供給したり、小規模発電を取りまとめて正の調整力として電力市場に提供したり、熱利用を調整力として利用することなどが実用化されている。また、EVの普及する将来では、EV蓄電池を調整力として用いることも検討されている。

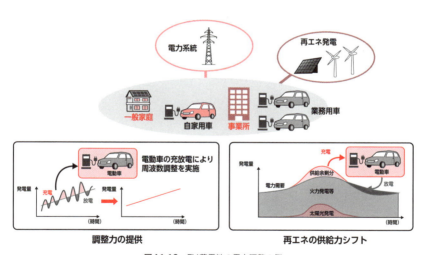

図11.18　EV蓄電池の電力調整の例
出典：豊田通商株式会社／中部電力株式会社「電動車の蓄電池を活用した仮想発電所 (VPP) V2Gアグリゲーター事業への参画〜国内初の電動車蓄電池から電力系統への充放電実証事業実施へ〜」(2018) [15] をもとに作成

　たとえば、ここ数年の内に自動車各社は電気自動車を主力製品として一斉に販売開始する方向にあるので、系統蓄電池の投資をするよりも、むしろ電気自動車の蓄電池を利用するほうが安価となる。

近年の電気自動車1台に搭載される蓄電池は60kWhが標準となっている。たとえば、京都市を例に思考実験をすると電力のピーク需要は約150万kWで、25000台ほどの電気自動車の蓄電池で1時間のピークを賄うことができる。京都市内の乗用車は、約40万台保有されているので、1割程度の乗用車がEV化されるだけで、十分な調整力となる。

❷EVの蓄電池としての利用

　2050年の時点でカーボンニュートラルが実現されるためには、2050年に乗用車のEV化率ほぼ100％を達成している必要があるから、今から、EVを利用した電力のバランシングシステムを構築していくことが重要である。

　自動車は一般に走行している時間は5～10％程度で、それ以外は駐車しているので、2050年時点で駐車場にEV充電用コンセントが標準装備されるようになれば、駐車しているEV蓄電池のキャパシティの一部をアグリゲートし、調整力として用いることは可能だろう。また、日常的なEV利用では、蓄電池キャパシティの一部の充放電を繰り返しているだけなので、調整力として利用できるEV蓄電池キャパシティ余力は十分にあることが想定される。このようなDXシステムの開発が必要となる。

　残念ながら、日本では、まだ、EV蓄電池から、直接、電力系統に放電することが法的に認められていない。

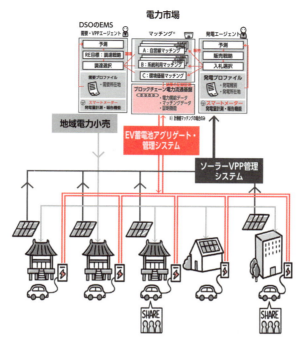

図11.19 地域電力管理の将来イメージ

2 熱供給と電力が連系するDX

❶デンマークのコージェネレーションシステム

　デンマークでは、2011年に国会において超党派でOur Future energyという政策を決定すると、今までの大規模火力発電による中央集権型の電力システムから多数のバイオコージェネレーションと風力発電などによる分散型電力システムに切り替えた。

　このバイオコージェネレーションシステムは、農業から発生する麦わらなどのバイオ資源をシステマチックに集積し、コージェネレーションシステムの燃料として発電と熱供給を行い、灰を農地に還元するものである。コージェネレーションシステムで発生した熱は、巨大な温水タンクに蓄積され、最大20kmくらいの範囲に熱供給されている。

図11.20 デンマークの地域熱供給システムの例

出典：REFA Energi「Udbud af levering af halm Maribo-Sakskøbing Kraftvarmeværk：SÅDAN FOREGÅR UDBUDDET」(2023) [16]

　デンマークでは、この蓄熱タンクを電力の調整力として機能するように用いている。筆者がヒアリングしたロラン島の熱供給では、コージェネレーションシステムの定期点検時にも熱供給が行えるように、一日分の温水供給量に相当する容量を持つタンクを設置している。

　この熱供給では、風力などの再エネ電力が余剰で電力価格が低下しているときには、コージェネレーションシステムの発電は止めて系統から電力を購入してタンクの温水を加熱する。系統電力が不足し電力市場が暴騰するようなときには、コージェネレーション発電出力を最大限とし、余剰電力を系統に売却するということを自動運転で行っている。

　このような運転の柔軟性を確保することを可能としているのが、熱供給用の巨大なタンクである。バッテリーの代わりに貯湯タンクを用いているわけである。

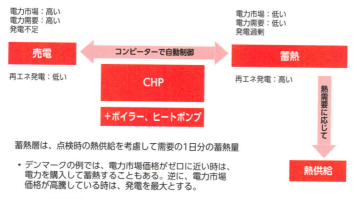

図11.21 コージェネレーションの貯湯タンクの活用による電力調整力

❷日本のコージェネレーションシステムの課題

　日本では、残念ながら地方の本格的な熱供給事業は存在せず、大都市再開発などに伴い設置されたもの以外は、コージェネレーションシステムを組んでも熱はごく一部の公共施設にのみ供給されるものが多い。筆者の経験では、地方自治体が大都市のコンサルタントに地域熱供給事業の検討を依頼すると、配管コストなどが巨額となりペイしないという結論となることが多い。

❸ヨーロッパの熱供給

　人件費の高いデンマークでペイしているのは、なぜだろうか。北欧では冬季の暖房などにより熱需要自体が日本の倍以上あるということもあるが、一方で年間安定した給湯需要が想定される日本の方が、設備の利用率が高くなる可能性がある。

　ヨーロッパの熱供給では、日本と異なり実はさまざまなコストダウンの工夫がされており、日本と比較すると地方都市でもペイするように技術的に発達しているということが言えよう。たとえば、欧米の熱供給は第四世代の熱供給と称して、送り出し80～60℃で帰り30～40℃の温水による低温熱供給が最先端となっている。これにより、熱ロス減少、熱源多角化、配管コスト・工事費減少の効果がある。

　また、欧米の熱供給では送りと返りの温度差が40℃程度もある。デンマークの関係者に聞いたところによると、温度差は熱配管の20km先の末端でも確保されていて、熱端末（暖房用はそのまま、給湯用は水道水と熱交換）で40℃程度の温度差が生じるとのことである。

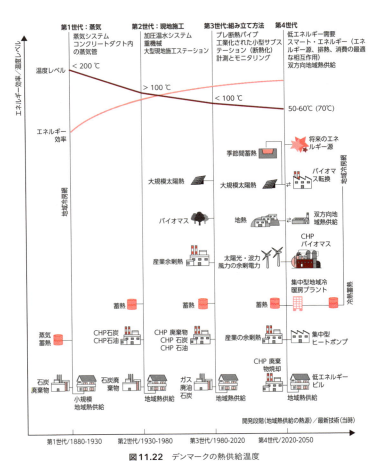

図11.22 デンマークの熱供給温度

出典：全国ご当地エネルギー協会／日本語版デンマーク「地域熱供給白書」(2020)[17]をもとに作成

　日本では、熱供給の往還温度差は、せいぜい10℃前後で端末での熱の回収効率や熱の輸送効率が低い。同じ熱量を輸送するのにデンマークの3～4倍のポンプ駆動エネルギーが必要となることになる。

　これは、日本では相変わらずコストの高い第一世代の高価な配管の高温蒸気による熱供給が中心となっているためである。先に例に挙げた日本の大都市のコンサルタントは、大都市の再開発の熱供給の技術諸元をそのまま地方都市に用いてペイしないと言っていたように見受けられる。

　地方で経済効率的な地域熱供給のビジネスを成立させるためには、欧米で開発されてきたような熱供給システムが必要であり、このような最新の技術を導入して大幅なコストダウンを図る必要がある。

第 12 章

貯蔵をコントロールする
DX

第12章　概要

12章では、DXを活用したエネルギー貯蔵の事例を紹介する。

欧米ではガス貯蔵により、パイプラインでの配給システムが主流だが、日本では蓄電池による貯蔵が主流となる。欧米の事例から日本の問題についても解説する。

12.1 国内外のガス貯蔵施設

1 アメリカのガス貯蔵施設

　エネルギー貯蔵というと日本では蓄電池やLNG（液化天然ガス）タンクを直ぐに思い浮かべるが、どちらも短期貯蔵向きで長期貯蔵には適さない。ところが、天然ガス需要は、一般に季節によって大きく異なる。暖房や加熱用の天然ガスは、気温が低い時に需要が増える。電力の需要もエアコンが活躍する夏と冬にピークがあり春秋は需要が少ない。

　欧米では、天然ガスの比較的低需要―低価格―の期間に貯蔵し、比較的高需要および高価格の期間に貯蔵からガスを引き出し、ガスの調達コストを全体として下げるようなことをしている。ガス貯蔵への注入量、引出量は、需要と生産の差となる。

　ガス貯蔵により、送ガスパイプラインと配給システム全体の柔軟性が増加し、また、ガス貯蔵が低需要の期間の過剰なガスの捌け口となることによって、価格の適正化にも寄与する。ガス貯蔵施設は、また、高需要期にガスの入手を容易にし、高需要期のガス価格を下げることにも寄与する。

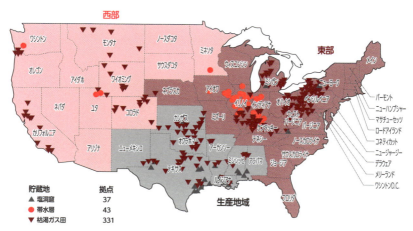

図12.1 アメリカのガス貯蔵施設
出典：米国連邦エネルギー規制委員会（FERC）「Energy Primer」(2015)[1] をもとに作成

アメリカのガス貯蔵施設のほとんどは、枯渇した旧油田およびガス田に設置されている。これらの施設では、ガスなどがまだ生産されていた時にガス生産をサポートするために設置されていた種々のインフラ (井戸、収集システム、パイプライン接続) を再利用することができる点では有利である。

しかし、枯渇ガス田などに設置されたガス貯蔵施設の場合は、ガスの引出速度が遅いので、ガス在庫は通常1年に1～2回回転する程度となる。

2 日本の貯蔵施設

日本では天然ガスは、電力・ガス会社の設置したLNG基地に貯蔵され、ここから供給されている。

LNGタンクでは、ボイルオフガス (LNGタンクの低温維持のために気化させる少量のガス) が発生するために2～3カ月が貯蔵期間の限界となり、欧米のように季節間変動に対応するような長期間貯蔵は不可能である。また、LNGタンクは高価であるため、年間回転率が一定程度以上必要となる。

東京ガス株式会社 (2018) によれば、同社のLNGタンクの年間回転率は8～9回／年となっている。欧米の地下ガス貯蔵施設は、通常、LNG基地の数十倍の容量を持つのが一般的である。

経済産業省は、2016年のガス自由化に向けた検討で、ガスの広域流通に向けたパイプラインの整備と地下貯蔵の検討を行った。これは、新潟の廃止ガス田と生産ガス田を欧米のようにガスの地下貯蔵施設として用いるもので、経済産業省 (2016) によるとLNG基地 (20万kl) 758個分の貯蔵能力がある。

12.2 再生可能エネルギーの季節による活用

　再エネが大量導入される時代になると、発電側の季節変動も大きくなる。太陽光発電は日照時間の長い春先から梅雨の前あたりに発電のピークがあり、風力発電は季節風の強い冬に発電のピークがある。冬の電力需要期と風力発電のピークは重なるが、夏の電力需要期には風力の出力は低下し、太陽光発電も春先程には発電しない。

　一方で、春先に太陽光発電がピークになるときは、電力需要が最低の時期で、太陽光発電で発電した電力は余ってしまうので、何らかの方法で貯蔵をしない限りは出力抑制で発電出力を抑えることになる。春には余剰発電を切り捨て、夏には発電不足分をどこかから調達しなければならなくなる。

- 日照時間が多い8月や、比較的涼しい5月の発電量が多くなる場合が良く見られる
- 地域や製品の型式、設置条件等にも依存する

図12.2　太陽光発電の年間変動の例
出典：国立研究開発法人産業技術総合研究所「太陽光発電技術／実環境における発電量」(2009)[2] をもとに作成

　このような季節間の需給ギャップをカバーするためのエネルギー貯蔵量は、莫大な量になり、しかも、数カ月間の長期の貯蔵を必要とすることになる。従来の電力システムでは、ピーク需要に合わせて火力発電所の整備をしていたわけであるが、このようなことを再エネで行うと、非需要期の出力抑制の量は、莫大なものとなり、経済性に問題が生ずるだろう。

　ヨーロッパでは、この再エネと需要の季節感の需給ギャップを再エネ電力が余

剰の時に水素にして地下貯蔵に蓄え、再エネ電力が不足するときに水素発電で放出するということを考えているようである。

このような運用を日本で行ったときの水素貯蔵量の季節変化は、**図12.3**のようなものになる。日本は今までエネルギーの季節間貯蔵というようなことは行ってこなかったが、このようなシステムも考えることが必要となろう。

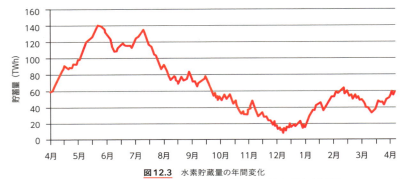

図12.3　水素貯蔵量の年間変化

出典：栗山 昭久・劉 憲兵・内藤 克彦・津久井 あきび・田中 勇伍「実潮流に基づく電力系統運用シミュレーションを用いた日本の再生可能エネルギー実質100％シナリオにおける電力需給構造分析」(2023)[3]をもとに作成

第13章

スマートエネルギーと
DX

第13章　概要

　電気・ガス用スマートメーターにより、エネルギーの消費量がリアルタイムで可視化され、記録を即座に確認することができるとともに、消費者も当事者となり、エネルギーのピークの調整に協力できるようになる。
　とりわけ電力分野では、太陽光発電や電気自動車の登場により、配電線の末端に取り付けられたスマートメーターはネットゼロを計量可視化するための重要なインフラの一部になる。
　13章では、電力・ガス用スマートメーターなどによって効率化を図るDX化の有用性について解説する。

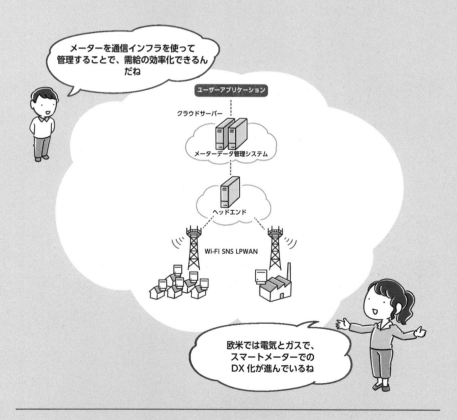

13.1 > 欧米のガスのスマートメーター

　電力やガスメーターのスマート化が急速に進んでいる。欧米ではスマートメーターはNet Zeroを計量可視化するための重要なインフラの一部と認識されている。スマートメーターは、メーターと中央システム間の双方向通信により、スマートグリッドの一部となる。これはAdvanced Metering Infrastructure (AMI) とも呼ばれるものである。

　とりわけ電力分野では、太陽光発電や電気自動車の登場により、配電線の末端のスマートメーターが逆潮流の検知などを含む重要な役割を果たすと認識されている。

　電力用スマートメーターは、電力消費量、電圧レベル、電流、力率などの情報を記録し送信する電子デバイスである。スマートメーターは電力メーターをさすことが多いが、ガスや水道も含まれる。

1　ガスのスマートメーターの重要な機能

　ガスのスマートメーターには自動検針機能に加え、安全・保安機能が備わっていることが重要な要件となる。消費者も当事者となり、エネルギーをほぼリアルタイムで記録確認し、場合によってはガスの供給・運営者と一緒に消費ピークを調整する役割を担うことになる。

　ガスのスマートメーターにとって安全面で欠かせない機能は、ガス漏れ検知や地震などの災害時では安全措置とガス遮断後の復旧時に対応する機能である。

2　スマートメーターによるモニタリング

　欧米でのスマートメーターは各戸あるいは事業所に取り付けられ、エネルギーネットワークの一部を構成している。室内に設置されたモニターでエネルギーの消費状況とコストについて見ることができる。

　スマートメーターは通信ネットワークに接続され双方向の通信が可能となっている。通信ネットワークは広域をカバーするために多様なシステムの組み合わせですべてのユーザーとつながるように設計されている。

メーターからのデータは通信ネットワークを通して、通信のハブHead End Systemに接続される。これらの集約されたデータはさらにデータの仕分けや統合を行うシステムMDMS (Meter Data Management System) に送られる。このように整理統合されたデータにより、消費者はエネルギーの消費情報や支払金額を即座に知ることができる。

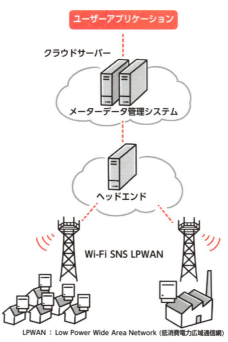

図13.1　スマートメータの通信システム

3　通信システムの種類と選択

通信システムは、電力線搬送 (PLC：Power Line Communication) や固定電話回線などの固定有線接続を介して行う方法と、無線を使った方法に分かれる。とりわけ無線システムは、大きな進化を遂げてきた。

メーターからの無線ネットワークを通じた通信は一般的な通信とは異なり、データーサイズが小さいため、小消費電力で、広域をカバーする通信手段が望ましい。このような要件を満たす無線通信手段をLPWAN (Low Power Wide Area

Network) と呼んでいる。LPWANにはさまざまな種類がある。

表13.1 LPWANの種類

	家庭内	住宅地域	市街地	地域
免許が必要な周波数帯				LTE-M／NB-IOT
免許が不要の周波数帯			LoRaWAN	
			ZETA	
				sigfox
	Wi SUN			
	Wi Fi			
	Zigbee			
	Bluetooth			
距離	～10m	～100 m	～1 km	～10 km

LTE-MとNB-IoTは携帯電話の周波数帯を使用したもので使用には免許が必要となるため、既存携帯通信会社との協業が求められる。

LoRaWAN、sigfox、ZETA、Wi-SUNなどは免許不要の周波数帯で運営される。LoRaWANとZETAはデータの双方向通信に制限はなく、広域をメッシュでカバーすることが可能である。またWi-SUN単独の通信距離は長くはないが、マルチホップ機能を搭載することによって、広大な範囲では大規模な無線ネットワークの構築を可能にしている。

Sigfoxはさらに広範囲な地域をカバーできるのが特徴であるが頻繁な双方向通信には限度があるとされている。SigfoxはイギリスのDCC (Data Communication Company) で採用されている。

LPWAは広域な範囲で使用されるが、導入にあたっては地形的な問題や障害物の存在を考慮し、選択する必要がある。

13.2 〉 イギリスのスマートエナジー政策

1 スマートメーターのエネルギーシステム

EUでは加盟国にインテリジェントメーターシステムの導入を義務付けている。加盟国は2024年までに消費者の少なくとも80％がインテリジェント電力メーターとシステムを導入する必要がある。EUに足並みをそろえ、イギリス政府もスマートメーターの設置を政策として取り上げ、2008年に改定されたエネルギー法に設置義務を盛り込んだ。

スマートメーターは、エネルギーインフラをアップグレードする重要な機器であり、消費者がエネルギー使用を管理できるだけでなく、21世紀の課題であるNet Zeroに資する、より柔軟で強靭なエネルギーシステムの構成要素となると考えられている。イギリス政府 (BEIS：Department for Business, Energy & Industrial Strategy) は2020年末までに国内のすべての家庭と中小企業にスマートメーターを設置することを義務化した。スマートメーター導入プログラムはBEIS傘下のガス電力市場局 (Ofgem：Office of Gas and Electricity Markets) によって規制され、エネルギー供給会社によって設置される。政府の役割には、スマートメーター政策と戦略の設定、エネルギー供給者とネットワークオペレーターがシステム連携するための適切なフレームワークの提供、消費者への消費データの確実な提供が含まれる。

イギリスのガスと電力企業はOfgemによりライセンスを与えられ運営されている。Ofgemは企業によるスマートメーター設置と運営、順守義務の監督を行っている。

エネルギー供給会社により設置されたスマートメーターからのデータは、電力・ガス共に Smart DCC (Smart Meter Data Communication Company LDT) により、一元的に取りあつかわれる。Smart DCCは、Ofgemにより独占的なライセンスを受け、イギリス全土を対象とした電力とガス両方のメーター計量情報伝達のためのプラットフォームを提供し、運営している。

2 スマートメーターの通信インフラ

2011年に政府は、スマートメーターの導入に関する政策を取りまとめた。メーターとの双方向通信が可能なシステムの実現のために、全国規模のスマートメーター通信インフラを提供するSmart DCCが設立された。

これに関連し、スマートエネルギーコード(SEC)が制定され、DCCとそのユーザーの間の契約の枠組みがつくられた。

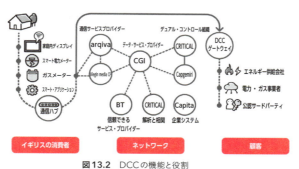

図13.2　DCCの機能と役割

出典：Data Communications Company「Our smart meter network ecosystem」[1] をもとに作成

スマートメーターにはさまざまな機能とデータ通信規格があった。政府は、2013.当時一部のエネルギー供給会社がすでに設置していたスマートメーターの性能のばらつきを防ぐため、最低限の共通機能に関する規格(SMETS1)を制定した。さらに2013年、SMETS2として知られる第2世代スマートメーターの標準を設定した。これらのメーターは、DCCによって構築されたスマートメーター通信インフラ上で作動し、すべてのエネルギー供給者、ネットワークオペレーター、その他の認定サービスユーザー(価格比較サイトなど)とスマートメーター間の通信が可能になった。さらに電力とガスメーターがプラットフォームを共有することが可能となった。

なおVirgin Media and O2はブロードバンド事業者、ArquivaはLow Power Wide Area Network事業者(Sigfoxを採用)、BTは事業者と電話線・携帯電話事業者である。CGIはシステムのインテグレーターとして維持管理にあたっている。Critical Software社は集められたデータの整理と統合を行う作業やシステムのメインテナンスを担っている。

重要なことは、DCCはデータの中身を見ることはできないが、システムの維

持管理を行うデータ流れを管理するシステム・オペレーターであることである。

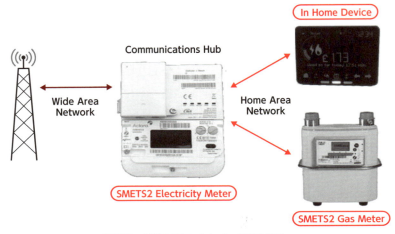

図13.3 イギリスのスマートメーター（電力とガス）
出典：SMART METERS UK「Smart Meters」[2] をもとに作成

　イギリス政府の2019年版Cost-Benefit Analysis (CBA) 報告書によると、スマートメーター設置により、エネルギー小売市場が展開の開始以来大幅に進化し、特に、小規模なエネルギー供給会社による市場参入が大幅に増加したこと。スマートメーターにより、イギリス全土の家庭や企業向けに、よりスマートで柔軟なエネルギーシステムを実現し、2050年までに二酸化炭素排出量を実質ゼロに削減するという政府の目標に大きく貢献することが期待されていると記載されている。

図13.4　家庭内電力とガスモニター

3　ISO 20400への対応

　スマートメーターの調達にはISO 20400 Sustainable Procurementのフレームワークが適用された。調達（物品の購入）行為は、もっとも積極的な環境と社会配慮と経済に影響を与えるものであるとの考えに立って作成された指針で2017年に制定されたものである。

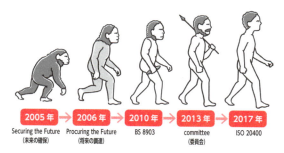

図13.5　ISO 20400誕生までの道のり

　モノづくりの日本としてはこのISO 20400への対応も考えなければならないが、課題はシステムの中のモノであることを忘れてはいけない。

Column 5 エネルギー産業での サイバーセキュリティの重要性

　サイバーセキュリティは、今日すべてのビジネスでもっとも重要な側面の一つである。施設や機器、ネットワーク、およびシステムに対する十分かつ最新の保護がない企業は、インターネットプライバシー、マルウェア、その他多様なセキュリティ侵害を引き起こす危険な侵入者に対して業務文書など重要データをさらし、結果として大きな被害を受けることになる。このように、サイバーセキュリティは、多くの企業にとって最大の課題の一つである。近年クラウドテクノロジーやソーシャルメディアなどの発達により、運用やデータのセキュリティを確保することがますます困難になってきている。

　常に存在するサイバー攻撃のリスクと脅威から会社を守るために、最新のサイバーセキュリティ手法の導入など防御のためのシステムに投資することが重要である。

　パイプライン事業者に対するサイバー攻撃の例として、2021年5月7日に起きたコロニアルというアメリカ最大のガソリンおよび石油製品のパイプラインのハイジャック事件が挙げられる。同社はサイバー攻撃の犠牲者となったが、その結果として全米の石油供給に大きな影響を与えた。報道によると身代金要求型のランサムウェアによる攻撃だった。

第 14 章

日本の総合取引所

第14章 概要

　電力のDX化を加速させるためには、取引を円滑に進めるための取引所の整備も欠かせない。現状では電力やガスを取引する先物市場がないことが課題となっている。
　14章では、商品取引所の課題と、今後どのような仕組みが必要かについて解説する。

14.1 > 日本の総合取引所が設立された経緯

1 日本の金融取引の課題

　世界の商品先物市場が活況を呈しているなかで、日本の商品先物市場は低迷を続けてきた。

　これまで日本の市場では、商品先物取引所で直接取引ができるのは商品取引所の会員に限られ、取引所と各投資家あるいは委託者の橋渡しの役割を担ってきた。また商品先物取引市場は、農林水産省と経済産業省がそれぞれ管轄、金融商品は金融庁の管轄となり、一元的な取引の妨げとなってきた。

　たとえばこれまで株式指数や個別株、債券といった金融先物・オプションは「大阪取引所」、貴金属やゴム、農産物の先物は「東京商品取引所」で取引されていた。株価指数や個別株は「金融商品取引法（金融庁）」、貴金属は「商品先物取引法（経済産業省・農林水産省）」といったように分かれていたため、金融先物と商品先物は別々の口座で取引する必要があった。

2 総合取引所の誕生

　2019年11月1日に東京商品取引所は日本取引所グループの完全子会社となり、日本取引所グループと東京商品取引所は経営統合した。そして2020年7月27日、東京商品取引所に上場していた貴金属やゴム、農産物の先物を大阪取引所へ移管し「総合取引所」が誕生した。総合取引所とは、幅広いデリバティブ（金融派生商品）取引を一元的に提供する取引所のことである。先物・オプション取引の清算業務を一括して行う日本証券クリアリング機構と日本商品清算機構も統合された。

　今回の総合取引所の実現により今後は一つの口座で取引できるようになった。総合取引所の実現によって期待できる効果は、主に投資家の利便性向上と結果的に期待される市場の流動性向上である。

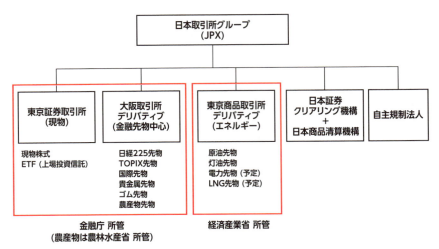

図14.1 日本取引所の仕組み

　実際には東京商品取引所から貴金属、農産物の先物を大坂取引所に移管するが、東京商品取引所そのものはそのまま存続し、原油や石油製品を残したうえで新たに電力と液化天然ガス (LNG) の先物を上場し、「総合エネルギー市場」として再出発させるという構想である。

　しかし東京証券取引所には、原油ETF (Exchange Traded Fund)[1]がすでに存在する。これと東京商品取引所に原油先物の裁定取引などを行う窓口が別にあるということになり、不合理な部分を残しながらの船出ということになる。

　なお、裁定取引 (アービトラージ) とは、同一の価値を持つ商品の一時的な価格差が生じた際に、割高なほうを売り、割安なほうを買い、その後、両者の価格差が縮小した時点でそれぞれの反対売買を行うことで利益を獲得しようとする取引のことである。

---

[1] ETF　金融商品取引所で取引される投資信託のこと。

14.2 〉 日本のガス先物市場設立の課題

1 EFP取引とは

日本でもガス先物市場の整備を目的に、2014年にLNG先物市場協議会が開催され、現金決済型EFP取引による先物市場設立を優先することが決議された。

EFP (Exchange of Futures for Physicals) 取引とは、現物取引が背後にあるといった一定の条件の下に、先物の買いと売りを、個別競争売買を介さずに、取引所へ申出て、その承認をもって先物取引を成立させる方式のことである。

LNG先物市場協議会では市場化に向けた課題として、次のような内容が提示された。

・標準品の定義が難しい
・価格Indexの導入が必要である
・現物引き渡しの場所が不明である (現実的には各ターミナルをつなぐTSOがない)
・LNGの流動性がない
・取引仲介機能が欠如している
・清算機関が欠如している
・技術問題としてボイルオフガスの処理の問題があるまた熱量の違いもある

2 日本と欧米との違い

現物の受け渡しを伴わない先物市場設立は、市場としての意義が問われることになる。健全な先物市場創設には、各ターミナルとつなぐパイプライン・インフラの運営者 (TSO) が必要だろう。また仕向け地規制に関しても、独占禁止法の見地から切り込む必要がある。

欧米での1970年代後半から始まった世界の電力・ガスの規制改革は、公正で開かれた市場創設を伴うものだった。日本のアプローチは欧米の公正な市場設立に向けた姿とは異なる。

14.3 ISO・TSOの運営する電力市場

1　ドイツとアメリカの電力市場

　日本の電力市場は、ドイツなどのヨーロッパ型を手本として日本卸電力取引所（JPEX）が、設立されている。**図14.2**に示すようにドイツ型は、金融事業体が送電管理とは切り離して電力卸売市場を管理している。

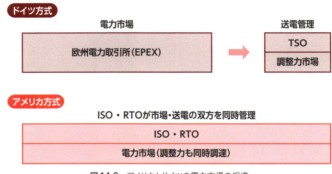

図14.2　アメリカとドイツの電力市場の相違

　ドイツでは送電管理に必要な調整力を調達するために、これとは別にTSOが調整力市場を独自に管理し、調整力を調達している。アメリカ型の電力市場は、ISOなどがエネルギー市場たる電力卸売市場と調整力市場を同時に管理している。現在の日本やドイツの場合は、電力市場運営者と送電管理者が別になっているので、先行して発電所の選択、約定が行われ、あとから送電管理者が送電グリッド制約との調整を送電管理者側の負担で行わなければならない。

　アメリカの場合は、送電管理者が電力市場の運営も行っているので、リ・ディスパッチなどの処理を行い送電制約との調整を経た結果で発電施設の約定が行われている。アメリカ型のシステムでは、市場への発電入札を行う際に、ランプアップ、ランプダウンの速度などの発電諸元を同時に入力することとなっており、また、発電入札した出力値に対する上振上限、下振下限や上振・下振時のコストなども別途記入するようになっている。また、調整力も同時に募集されるため、アメリカISOは、これらのデータも含めて、潮流計算を行いもっとも低コストとな

るようにリ・ディスパッチを行った上で、前日市場の約定発電所を決定し、公表している。また、アメリカ型の市場運営は、経済性を基本としつつも、ランプアップ、ランプダウンの速度などを考慮して、応答速度の遅い発電所は徐々に出力が増加し、その間は別の発電所がカバーするような技術的な対応も潮流計算の過程で織り込まれ、約定にも反映されている。

2 日本のJPEX

ドイツ型の場合は、純粋に経済的観点から電力卸売市場の約定がEPEXで決定され、TSOに結果が引き渡される。しかし、この約定には送電制約などが考慮されていない。TSOは、送電制約などを解消するためにTSOの負担でリ・ディスパッチを行い、約定の変更に対してTSOが約定者に対して補償を行う。

これらのコストは、送電料金としてすべて需要側に転嫁される。調整力の発動のタイミングも、ヨーロッパの場合は、エネルギー市場が完全に閉じたあとの最終給電指令の段階で調整力を動員するので、エネルギー市場と調整力市場を合わせて最適化するということはできない。

日本のJPEXも基本的にドイツ型で運営されている。アメリカ型のやり方を日本では同時市場と称して、現在、経済産業省にて検討が進められているところである。

Column 6 グローバリズムを支えるのは誰か?

筒井 潔

　エネルギー産業は常にイノベーションの根源であるが、1700年頃に起こった産業革命によって、化石燃料の利用によって大きな仕事量が取り出せるようになり、複雑な構造物をつくれるようになった。そして、第二次世界大戦以降、それまでは戦争によってのみ先進国に名乗りを上げることができたのとは対照的に、化石燃料資源を持つことで国際政治の舞台に登場できる可能性が出てきた。

　1960年代、自国の石油資源の生産、販売、価格決定権が英米系の石油精製企業に握られていることに不満を持っていた産油国は、石油輸出国機構 (OPEC) を設立し、工業大国を屈服さえるに至る。ここでアメリカ側で登場するのは、ロバート・マクナマラである。マクナマラは政府に対してケインズ的なアプローチを提唱した。しかし、マクナマラとエネルギー産業の接点で大事なことは、マクナマラが世界銀行を、グローバリズムという掛け声の中で企業や銀行や政府によって構成される利益集団のための巨大なエージェントへと変身をさせる基礎をつくったことだ。

　たとえば、1970年代の石油危機のときに、なぜサウジアラビアは石油の決済を米ドルで行うことにしたのだろうか。もし、石油など豊富な資源を持つ途上国の指導者に対して、世界銀行の融資を受けて国家を近代化すれば飛躍的に経済成長を達成できると言葉巧みに持ち掛け、その国に巨大の債務を負わせる役目を担う人や組織があれば、合点が行く。融資された資金は巨大なインフラ建設を受注するベクテル社やハリバートン社などの米国企業と、現地の利権を持っているほんの一部の裕福なエリート層に流れるし、さらに債務は返済できずに、たとえば国際通貨基金 (IMF) の管理下に置かれたりする。1970年代以降、エネルギーは金融、そして国際政治に取り込まれていく。歴史に偶然はないのである。

第 15 章

再生可能エネルギーを
評価するシステム

第15章　概要

　2050年のネットゼロ(温室効果ガス正味ゼロ)を実現するためには、再生可能エネルギーの調達が、必須となるが、電力やガスの相対取引で再生可能エネルギーを調達すると、エネルギー流通に伴うさまざまな制約やインバランス反則金などの問題が生じる。

　そこで、再エネ価値をエネルギー価値と切り離して取引するシステムがアメリカで考案された。

　15章では、海外の事例を見ながら、再エネを日本の電力市場にいかに組み込んでいくかを解説する。

15.1 ＞ 再生可能エネルギー価値取引の経緯

1 再生可能エネルギーの推進システム

　欧米では、2000年頃から再エネの推進システムとして、REC（Renewable Energy Certificate）やGO（Guarantee of Origin）のシステムが設けられ、活用されている。再エネには、電力価値と再エネとしての環境価値があり、これを切り離して取引をするためのツールである。

表15.1　欧米の再生可能エネルギー推進システム

証書	対象国・地域	証書管理システム
GO **(Guarantee of Origin)**	欧州連合(EU)加盟28カ国アイスランド、ノルウェー、スイス	EECS (European Energy Certification System)または国別のシステム
REC **(Renewable Energy Certificate)**	アメリカ、カナダ、プエルトリコ	地域・州別のシステム
I-REC **(International Renewable Energy Certificate)**	ブラジル、チリ、中国、コロンビア、グアテマラ、ホンデュラス、インド、インドネシア、イスラエル、ヨルダン、マレーシア、メキシコ、モロッコ、ナイジェリア、ペルー、フィリピン、サウジアラビア、シンガポール、南アフリカ、台湾、タイ、トルコ、UAE、ウガンダ、ベトナム(2019年6月1日時点)	国・地域別のシステム

(注) 2024年からI-RECが日本にも導入された。

出典：株式会社ウェイストボックス「海外の再エネ証書(電力)」[1] をもとに作成

　日本では、再エネによるゼロエミッションを実現しようとすると、再エネ電力を使用しなければならないという風に長らく考えられてきた。アメリカなどでは、早い段階から、再エネ電力の再エネ価値と電力価値を切り離して、個別に取引するということが行われてきた。

　元来、系統を通じて相対契約で再エネ電力を購入しても、実際に購入者のところに届く電力は、時々の電力潮流に応じて化石由来・再エネ由来の電力が混ざったものである。再エネとの相対契約は、形式上の再エネ利用権の確保に過ぎなかったわけであるが、これをより明確に電力価値と再エネ価値を分離したのである。

　再エネ価値を分離すると、重複する発電履歴の再エネ価値証書をつくらないよう、いつ、どの発電所で、どれだけの電力を発電したのであるかという、発電履歴を正確にたどれるように厳密に管理することが重要となる。

　北米のRECやヨーロッパのGOのシステムでは、この発電履歴の管理システムが属性トラッキングシステムとして発展してきた。一方で、気候変動対応のた

めに、企業の電力使用を100％再エネにするという運動が、RE100として、世界的に活発になっている。これを達成する手段として、属性トラッキングが重要なツールとなっている。

以降では、まず属性トラッキングシステムについて解説したうえで、RE100の要件として、属性トラッキングシステムがどのように活用されているかを解説したい。

2 再エネ電力の販売を義務化するRPS制度

電力消費のゼロエミッション化に取り組む先進的企業や自治体では、自家発電としての再エネ発電の導入や相対契約による再エネ電力の導入が早い段階から行われていた。アメリカでは1990年代の半ば頃になると、多くの州で相次いでRPS制度が導入されるようになる。

RPS制度は、州法にて電力小売り事業者に一定割合の再エネ電力の販売を義務付けるものである。アメリカ各州は、再エネ普及のインセンティブと州の電力消費のゼロエミ化を狙って、RPS制度を導入する。

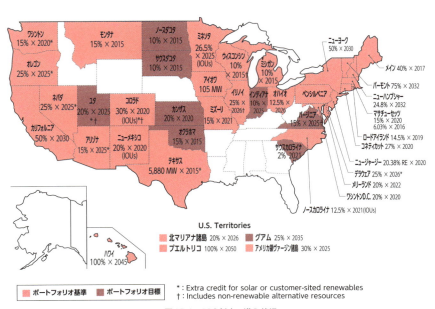

図15.1 RPS制度の導入状況
出典：DSIR insight「States Expanding Renewable and Clean Energy Standards」(2020) [2]をもとに作成

RPS制導入と並行して、アメリカではREC (Renewable Energy Certificate) 取引のシステムが整備される。再エネ比率を上昇するのに、再エネ電力を相対取引などで購入していると再エネは出力変動するので、同時同量義務に基づくインバランスペナルティを避けるためには、発電・受電の精密な管理が必要となる。

これを避けるには、電力取引と再エネ価値取引を分離すると都合がよい。再エネ発電の電力価値は、最寄りのノードから電力卸売市場に売却し、再エネ発電の再エネ価値 (環境価値) は、証書化して別途販売するわけである。

この場合、再エネ価値のカバーする電力量と再エネ発電から売却される電力量が、正確に一致することが必要であり、再エネ価値証書が独り歩きして、多重に使用されることなどを防止する必要がある。

つまり、再エネ価値の証書を扱うものは、次のような点を厳格に管理する必要があるわけである。

❶ 再エネであることの確認
❷ 再エネ価値の所有者の確認
❸ 再エネ発電の時刻、発電量、場所の確認
❹ 二重取引防止のための発電属性の相互チェック
❺ その他

そこで、北米では、こうしたことを確認・認証する組織が設立された。

北米では、**図15.2**に見られるように複数の認証機関が、担当地域を決めて活動しているので、RECの二重使用がされないように、認証機関同士で相互チェックする体制が敷かれている。アメリカでのこのような動きを受けて、ヨーロッパでも再エネ価値の取引のメカニズムがつくられることになる。

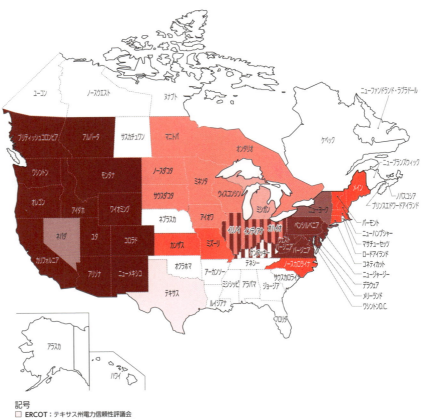

図15.2 REC認証・取引機関

出典：Center for Resource Solutions (CRS) 「Renewable Energy Certificate Tracking Systems in North America」(2024) [3] をもとに作成

❶ 1999～2002年	1999年から2002年の間に、RECイニシアティブということで、イギリスの発電事業者とオランダとの間でREC取引の連携が始まり、その後、6カ国でパイロット的に事業を実施した。このパイロット事業を受けて、2015.のEU指令でヨーロッパ版のRECシステムであるGO (Guarantees of Origin) の体制が確立される。
❷ 2015年	同時期に、オランダで、2015年に国際トラッキングシステムとしてThe International REC Standard Foundation (国際REC規格財団) が設立され、北米・ヨーロッパ以外のRECの国際的システム構築が始められた。
❸ 2018年	2018年には、国際REC規格財団は、非営利、中立な団体としてルールメイキングと実施機関認定、ルール順守の監視に徹することになった。

　RECシステムの運営自体は、オランダに設立されたI-REC Services B.V. という会社が、営利活動として実施している。RECサービスの名称は「EVIDENT」として、イギリスにコンピューターセンターを設け、I-REC (International REC) 登録管理のハード、ソフトを管理している。

　国際REC規格財団では、25年以上の欧米ではRECシステムの経験を踏まえて、国際属性トラッキング規格 (The International Attribute Tracking Standard) を2021年に制定している。RECシステムのグローバル規格化の第一歩を踏み出したものとみることができよう。なお、財団は、2024年に名称を「国際トラッキング規格財団」に変更し、RECからトラッキングへの概念の変化を明確にしている。つまり、「再エネ証書」という概念から「トラッキング証書」という概念に進化している。

　一方で、日本では、非化石証書、JクレジットなどのローカルなREC類似システムが構築されてきた (2024年から日本にもI-RECが導入された) 。

15.2 > 再生可能エネルギー価値取引の位置づけの変化

1 再生可能エネルギー証書の経緯

　再エネ価値取引は、25年の間に次第に発展し、性格が変化してきていると考えてよいだろう。

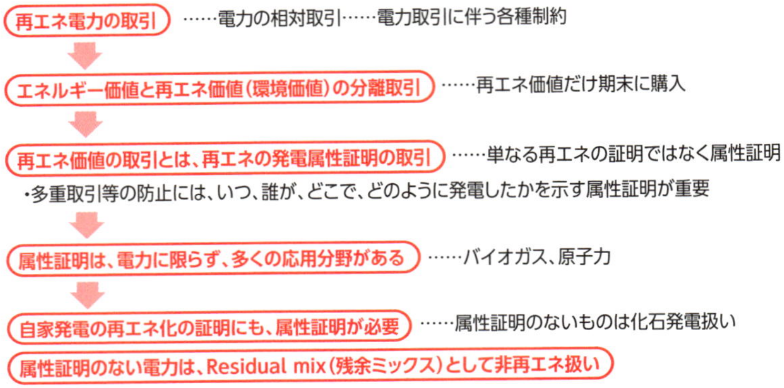

図15.3 再エネ価値取引の変化

　再エネ価値の取引は、当初は、「再エネ電力」の取引だったが、エネルギー取引と再エネ価値取引は切り離され、「再エネ証書」の取引に変貌する。

　しかし、二重取引されない「再エネ証書」とするためには、どういう種類の再エネで、どこで、いつ、どれだけ、誰により発電されたかという詳細な属性をトラッキングすることが重要であるということが認識されるようになる。このようになると、単なる再エネ電力証明ではなく、属性証明自体が再エネ証書の本体として認識されるようになる。つまり、「再エネ証書」は、「属性証明証書」に取って代わられるようになる。

　当初は、REC (Renewable Energy Certificate) という言葉に現れているように、再エネの証明だったものが、国際属性トラッキング規格 (The International Attribute Tracking Standard)[4] という言葉に現れているように属性トラッキング証明に変質したわけである。

2 国際属性トラッキング規格の概要

再エネの証明を、属性証明という概念に抽象化・整理してみると、この属性証明という概念は、再エネの世界だけではなく、同じように属性証明を必要とする多くの分野にそのまま使えることが明らかになる。国際属性トラッキング規格 [4] の前書きにも、次のように明記されている。

> 本規格により、消費者は「グリーン」電力と「グレー」電力を区別できるだけでなく、基本的な特性でも一見目に見えない特性を属性トラッキングシステムで確認してトレースすることができれば、他のタイプの好ましい製品 (天然ガスVSバイオガス、新たに採掘された鉱石VSリサイクル金属など) も識別できる可能性がある。

たとえば、EUでは、この属性トラッキングシステムをそのまま、再エネ由来水素に適用し、ガス版RECをつくり、再エネ水素製造のインセンティブとする方向で動き出している。この「国際属性トラッキング規格」は、属性トラッキングの基本的なフレームを定める憲法のようなもので、トラッキングの対象により、コードがさらに定められている。たとえば、再エネ電力用には、EVIDENTというコードマネージャーがI-REC (E) を定めている。

3 グリーン電力とブラウン電力の違い

一方で、実質ゼロエミッションを達成するためには、グリーン電力とブラウン電力を厳密に区別していこうという動きがEUなどで始まっている。この区別の手段として、属性トラッキングが活用されることになる。たとえば、自家発再エネで工場のゼロエミッション化を図ろうとした場合に、再エネであることは自己申告のみで誰かが証明してくれるわけではない。そこで、自家発の再エネにも属性トラッキングによる証明が必要という前提で、国際属性トラッキング規格は自家発も含めることができるようにつくられている。ヨーロッパでは、逆に属性トラッキング証明のない電力は、残余ミックス (Residual mix) として一般系統電力と同じ扱いとする方向となりつつある。

15.3 属性トラッキングシステム

1　属性トラッキングシステムのI-REC

　属性トラッキングシステムの概要をI-RECの例で示すと、**図15.4**のとおりである。

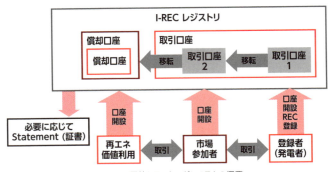

図15.4　属性トラッキングシステムの概要

　トラッキングデータを管理する大規模なレジストリが用意され、トラッキングを希望する発電者は、まず発電者登録を行う。

　通常は、発電者としての取引口座をレジストリ上に開設し、RECにする場合には、REC発行者として定められた中立団体の認証を受けたのちに、発電履歴データを取引口座にRECとして書き込む。REC発行者は、申請されたデータの信頼性などを確認するとともに、二重使用などがないことをチェックしたうえで、RECの認証を行う。

　このような確認作業のために、詳細な属性履歴が重要となるわけである。一度レジストリに書き込まれたRECは基本的に変更不可となる。

　一方で、RECを使用したいと考える者は、参加者として、レジストリに口座を設けることができる。発電者から参加者への売却は、レジストリ内でのRECの口座間の移動という形となる。なお、RECを再エネ価値として利用しない間は、何回でも転々売買が可能である。RECの所有者が、再エネ価値としてRECを利用する場合には、償却口座を開設し、所有するRECを償却口座に移転する。

　償却口座に移転されたRECは、そこで凍結され、償却口座から外に出すこと

はできない。このようにして、RECの二重使用を防止しているわけである。償却口座に移転されたRECについては、属性情報を辿れるシリアルナンバーの付与された証書 (Statement) が必要に応じて発行される。

2 トラッキング体制の組織構造

レジストリを運営するEVIDENTでは、発行者の認証作業を効率化するために、スマートメーターなどのデータの電子的確認などを可能とするシステムを構築している。

以上が基本的なシステムの動きであるが、運営する組織の構造は、**図15.5**のようになっている。

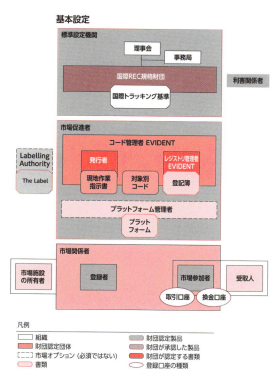

図15.5 国際属性トラッキング規格におけるトラッキングの体制
出典：The International Tracking Standard Foundation「The International Attribute Tracking Standard」(2021)[4] をもとに作成

先に述べたようにREC規格財団が、基本的なルールを国際トラッキング基準として制定し、再エネのトラッキングであれば、コードマネージャーが、運用細則を定め、レジストリ管理者がレジストリシステムの管理を行う。

❶発行者

発行者は、RECの認証者としての役割があり、中立団体であることが求められている。発行者は、原則として一国一団体であり、日本では、すでに一般社団法人ローカルグッドが、発行者として認定されている。

❷プラットフォームオペレーター

プラットフォームオペレーターは、発電者や参加者といった属性トラッキングシステム参加者とレジストリをつなぐ仲介者の役割で、各国のユーザーが母国語で容易にトラッキングシステムを利用できるようにしたり、取引の仲介をしたりする機能を持つ。

また、個々の発電者や参加顧客が直接レジストリ上の口座を開設しなくとも、プラットフォームオペレーターの口座で、トラッキングの処理が代行できることになっている。

3 国際属性トラッキング規格の概要

国際属性トラッキング規格には、詳細に種々のことが定められているが、ごく基本的なことを列挙すると、次のように定められている。

❶ 不変の原則	本規格に従って発行された製品(発電)証書は、製造(発電)所における1つ以上の行為または活動に関連する検証済みの事実のステートメントである。発行時の製品(発電)証書に含まれる情報を後で修正することはできない。将来の活動または行為に対して製品(発電)証書を発行することはできない。
❷ 一意性の原則	製品(発電)証書は、指定された期間に特定の行為または活動に関連付けられた証明済みの属性を表す一意のステートメントである。製品(発電)証書は、同じ行為または活動に関して、当該製品の別の証書や類似の手段、または製品の仕様に含まれる属性が現存する場合、発行されない。

❸ 専有と所有権の原則	属性トラッキングシステムの信頼性は、生産者から最終証書利用者への製品 (発電) 証書の保有の連鎖が明瞭で途切れないことによって保証される。製品 (発電) 証書の保有が常に検証可能であることが必須である。
❹ 使用の明確性	製品 (発電) 証書は、償却されると使用済みと見なされる。償却された製品 (発電) 証書は、別の事業体または個人に譲渡できなくなり、複数回にわたって償却することはできない。製品 (発電) 証書の使用は、償却時にのみ最終証書利用者に検証可能な形で譲渡することができる。
❺ 証拠主義	製品 (発電) 証書は、過去の行為または活動について独自に検証された証拠に対してのみ発行することができる。

　国際属性トラッキング規格の特徴は、個々の発電所の時々の発電行為をレジストリにRECとして記録し、書き換えを許さないという点にある。これにより、同一発電であるかどうかを常に確認できる状態にしておくということだろう。

　たとえば、年間の再エネの発電量の合計値を分割して証書として単に割り振ると、割り振られた再エネ価値がいつ、どの発電所の発電によるものか、辿れないので、仮に重複販売されても不正を証明できないことになる。また、償却の手続がないと、再エネ価値が使用済みか未使用かも判別できないので、価値の二重使用ということも起こる可能性がある。

　この他に、国際属性トラッキング規格では、関連するインフラのデータ保護やセキュリティ、データ管理などについても詳細に定められている。

15.4 RE100技術基準での トラッキングシステム

1 RE100プログラムの概要

　トラッキングシステムを利用する側としては、RE100などのプログラムがある。RE100には、すでに多くの日本企業が参加し、使用電力の再エネ100%に向けての努力を開始している。RE100の技術基準では、トラッキングは、どのようにあつかわれているのだろうか。

　RE100では、信頼性の高い申告が必要とされており、次のような要件が列挙されている。

❶	信頼性の高い発電データ
❷	属性の集成
❸	属性の二重にカウントされない、独占的所有権
❹	属性の二重にカウントされない、独占的申立て
❺	申立ての市場の地理的制限
❻	申立ての製造(発電)年の制限

　上記に見られるように、RE100では、属性トラッキングを前提とした申告が必要とされていると考えてよいだろう。

2 RE100の再生可能エネルギー要件

　RE100では、さらに再エネの調達方法別に、細かく要件を整理している。

表15.2 RE100　再生可能エネルギーの要件

要件	要件の概要	条件	条件の概要
❶ 自家消費に利用する自家発電の再生可能電力	オンサイトまたはオフサイト、ローカルグリッドに接続された、または完全にオフグリッドの会社が所有する設備により発電された再生可能電力	企業は自家発電からの証明書を保持する必要がある。証明書システムのない市場では、会社は発電の属性を保持し、他者が施設からの再生可能電力の使用または供給を主張できないようにする必要がある。	このように自家発電を利用する場合にも、属性証明が必要ということをRE100では、定めていそうである。少なくともトラッキングは実施しておき、いつでも属性証明ができる状態にする必要がありそうである。
❷ サプライヤーが所有するオンサイト設備から購入	サードパーティのサプライヤーが所有し、運営するビハインドメーター（系統の電力メーターの工場側）のオンサイトで発電された電力	再生可能電力消費量は、プロジェクトのエネルギー属性またはプロジェクトに関連するエネルギー属性証明書の権利を譲渡するサプライヤーとの電力供給契約によって裏付けられねばならない。	いわゆるオンサイトPPAですが、発電者の所有する属性証明の移転が電力契約の際に必要とされている。
❸ グリッド送電なしのオフサイト発電機への自営線接続	サードパーティが所有および運営するオフサイト設備で発電され、グリッド送電なしで直接自営線を介して会社に供給される再生可能電力	再生可能電力の消費量は、再生可能エネルギーの属性を含む、プロジェクトの所有者および運営者との電力供給契約によって裏付けられなければならない。	これは、自営線で結ばれたオフサイトPPAで、❷と同じ扱いとなっている。
❹ オフサイトのグリッド接続された発電機からの直接調達（PPA）	購入者（電力を調達する会社）と再生可能エネルギー発電機との間で契約を締結。PPA。	仮想PPA：再生可能エネルギー発電機が地元の卸電力市場に電力を販売する契約。発電者と企業は、変動卸売市場価格と契約行使価格の差額を決済し、企業は当該プロジェクトから生成された証明書を受け取る。物理的PPA：発電者は、物理的な電力とエネルギーの属性、およびその他の可能な条件をスケジュールして送電。いずれのPPAについても、エネルギー属性証明書は同じ市場境界内で取引される。	ここでも再エネ価値については、属性証明の取引によることが前提となっている。系統を利用するPPAの場合、送電線のつながっている同一市場内の取引が前提となっている。
❺ 供給業者からのグリーン電力製品	顧客は通常、キロワット時あたりのプレミアムを支払い、標準の契約から再生可能な電気に移行する。サプライヤーは、会社が消費する電力とさまざまなソースから調達された再生可能電力とを一致するようにグリッドを介して供給。	証明書システムが存在する市場では、サプライヤーは、消費する会社に代わって証明書を償却。サプライヤーは、紐づけされていない証明書を購入することで、グリーン電力供給をバックアップすることもできる。	電力小売り会社が、グリーン電力商品を売却するときには、消費者に代わって電力小売業者が、RECの償却をすることが条件となっている。また、電力小売り会社は、RECを買い集めてグリーン電力商品を構成することができるとされている。
❻ エネルギー属性証明書の購入	企業は、請求者と同じ市場境界内で稼働する再生可能発電機に発行されるエネルギー属性証明書を取得することにより、再生可能エネルギー発電の環境上の利益の申し立てができる。	購入した属性証明でRE100に対応できる。化石燃料の自家発電に対して、属性証明を用いることは推奨されない。	これは、RE100企業が自ら属性証明を買い集めるというもの。
❼ 証明書によってサポートされた、既定供給された再生可能電力	消費者が自主的に調達したものではなく、電力会社／供給業者が顧客へのデフォルトの供給として供給した、再生可能エネルギー電力MIX。	消費者は、サプライヤがRECを償却していることを確認する必要がある。	これは、電力小売りから供給されるエネルギーミックスの中の再エネ分をRE100に用いるというもので、RE100の申告に用いる分のRECについて、電力小売りが償却していることを確認することが条件となっている。

　以上、RE100が技術基準で定めている種々の再エネの申告方法であるが、いずれの場合も、属性トラッキング証明の移転や償却が前提となっており、電力小売りが再エネ商品として販売する場合には、電力小売りが消費者に代わってRECの償却処理を行うことが前提となっている。

このように、RE100の世界では、属性トラッキングの存在が、前提として既にシステムが組まれていることに注目する必要がある。現在の日本には、このようなRE100の厳しいグローバル基準は適用されていないが、これは日本がこうしたシステムの立ち上げの初期段階にあるとみなされているからだろう。

世界的には、トラッキングをベースとした取引システムをグローバルスタンダード化する方向に動いており、いつまで日本が「大目に見てもらえる」状態が続くかわからない。

3　EUのガスのトラッキングシステム

再生可能、脱炭素、低炭素ガスの取引には、国境を越えて分子を移動させるための十分に相互接続され統合された市場が必要であるだけでなく、EU加盟国間で「気候価値」を取引するための証明書システムも必要となる。以下は、EUのガスTSO（送ガス管理者）の連合体であるENTSOGの取り組みである。

「ENTSOGは、ヨーロッパのGO／証明書システムを確立することにより、国内登録簿の開発と、加盟登録簿間のバイオメタンおよび水素証明書の国境を越えた取引を歓迎する。ENTSOGは、再生可能、脱炭素、低炭素ガスのGOの国境を越えた取引可能性に関するEUスキームとその炭素EU排出権取引システム(EU ETS)および輸送セクターへのリンク、「再生可能」、「脱炭素」、「低炭素」をカバーする加盟国間で交換されるすべての種類のガスの気候価値をサポートする。バイオメタンでは、改訂された再生可能エネルギー指令2018／2001／EU(RED II)で対応する。バイオメタン生産を奨励および可能にするヨーロッパレベル―そして国レベルで適用される固定価格買取制度のメリットを認識する。RED IIは、再生可能ガス生産者によってもたらされる利益をすでに認識している。」

以上のように、EU指令RED IIでは、水素のトラッキングもすでに組み込まれており、国際社会の動きは非常に速い。

付録

エネルギー産業の歴史

付録　概要

　20世紀になると、石油は小型で高効率なエンジンの燃料として、戦争の行方を決める決定的な戦略物質となった。

　エネルギーのDXは、エネルギー経済の発展の歴史である。20世紀の前半はセブン・シスターズという恐竜が闊歩する世界だった。石油輸出国機構 (OPEC) の登場により恐竜の時代は終焉を迎え、市場経済の時代となった。

　本章では、本編では触れきれなかった環境価値やエネルギー価値の取引のための情報と、そのプラットフォームが覇権を争う時代になった経緯を解説する。

付録 1　エネルギーとして使われはじめた石油の歴史

［1］エネルギー経済の発展により重要になったDX

　産業革命の進展に伴いエネルギーの需要が高まり、当初は石炭、そしてより高効率で小型化が可能な石油燃料が重要な役割を果たしてきた。

　エネルギーのビジネスはオセロゲームに似て、端を取ったものが勝つ。アメリカのジョン・D・ロックフェラーは乱立状況にあった油田開発には興味を持たず、石油製品市場の独占により巨額の富を手にした。その後、セブン・シスターズと呼ばれた石油メジャー7社は、世界の石油資源を独占することにより、巨万の富を得た。

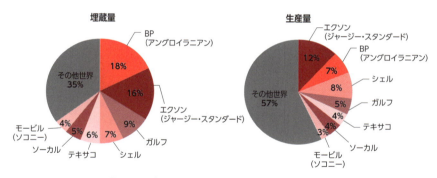

図A.1　セブン・シスターズの埋蔵量と生産量 (1949年時点)
出典：経済産業省・資源エネルギー庁「エネルギー白書2016 — 平成27年度エネルギーに関する年次報告」(2016)[1]をもとに作成

　石油輸出国機構 (OPEC) の登場により独占は崩れ、原油・石油製品の市場化の時代が始まった。市場には人・物・金・情報が集約される。これによりエネルギーのDX化が開始され、金融工学の発展により多くの金融派生商品がつくられるようになった。

　現在は地球温暖化という課題が加わり、低炭素化への対応が求められている。それを解くカギは、エネルギー利用のさらなる効率化技術開発と精緻な情報をベースに、高度で統合的な環境価値や、エネルギー価値の売買のためのプラットフォームの構築だろうと考えている。

［2］燃料のはじまりは鯨油

　19世紀に入り、産業革命の進展とともに蒸気機関など重機械用潤滑油や灯火用の、いわゆる灯油への急速な需要の高まりとともに、それらの用途に適合するものとして鯨油が使用された。

　蒸気機関など重機械の潤滑油には、マッコウクジラなどハクジラ類の鯨油 (Sperm Oil) が使用され、ヒゲクジラ類の鯨油 (Whale Oil) は灯火用に使用された。この需要を満たすため、欧米の国々は世界中の海で捕鯨を行った。

図A.2　グリーンランド鯨油の採取用のかまど跡
出典：Makemake (2006)[2]

　日本近海は、クジラの生息地として知られていた。1848年アメリカはメキシコとの戦争に勝利し、カリフォルニアを獲得した。この結果アメリカは、太平洋に進出する拠点を得ることになった。

　当時、捕鯨船の航海は長期にわたり、船上で鯨油の抽出を行っていたため、大量の燃料 (薪や石炭) と水が必要だった。加えて、船が難破した際の課題として漂流民の保護があり、当時のアメリカ海軍の任務の1つだった。

　当然ながら、太平洋の対岸に位置する日本と条約を締結することは有益だった。1853年、アメリカ東インド艦隊司令長官のペリーは、4隻の軍艦を率いて浦賀に入港し、当時のアメリカ大統領フィルモアの親書を渡し、開国を迫ったのである。これは武力をちらつかせながらの「外交」だった。

［3］安価な石油の登場

　クジラの乱獲により捕獲量も減少し、捕鯨コストも増加した。鯨たちにとって幸いなことは、同時期に鉱物由来の代替品、すなわち原油の精製による石油製品が安価に提供され始め、捕鯨が急速に姿を消していったことだった。

　石油の存在は古代より世界各地で知られてはいたが、小規模で限定的な使用にとどまっていた。1870年代には灯火用油は、ほとんどすべてケロシン（灯油）に置き代わった。捕鯨が姿を消したのは、環境保護団体や動物愛護団体の圧力ではなく、単純に経済的に引き合わなくなったからである。

　近代石油産業は、機械掘りによる油井技術の導入により始まった。石油採掘事業としての最初の事例は、1859年8月に、ペンシルバニア州タイタスビル近郊でエドウィン・ドレークが油層を掘り当てたことであると言われている。

図A.3　ペンシルバニア州の初期の石油採掘場（1962年頃）
出典：Raminagrobis (2006) [3]

［4］外燃機関と内燃機関による燃料使用量の増加

　最初は鯨油に代わる灯火用の燃料や潤滑油でしかなかった石油製品が、やがて現代文明を支える必要不可欠な存在となっていった。

　熱エネルギー（火力）を動力（往復動）に変換する装置として、外燃機関と内燃機関がある。

外燃機関は蒸気機関に代表され、シリンダーの外部の熱で気体を膨張させ、ピストンを動かして動力に変換する。それに対し、内燃機関は、シリンダー内で石油燃料を爆燃させ、直接動力に変換するものである。

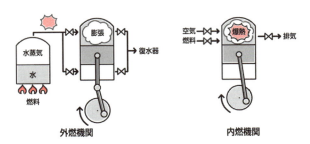

図A.4 外燃機関と内燃機関

　18世紀初頭には石炭を燃料とした外燃機関、すなわち蒸気機関が登場し、炭鉱での排水ポンプに使用され、採炭効率を著しく向上させた。18世紀後半にジェームズ・ワットなどにより改良が加えられ、高効率化が達成された。さらに小型化により、紡績工場、鉄工所、蒸気機関車などに応用された。

図A.5 トラクション・エンジン車(蒸気自動車)
出典：Sommerset Traction Engine Club [4]

外燃機関のエネルギー効率改善のための研究の過程で、内燃機関が考案され、当初は石炭の乾留ガス（一酸化炭素と水素の混合気体）で動くガスエンジンなどが試作された。とりわけ石油燃料を使用する内燃機関（エンジン）の発明は、文明社会を大きく変えるものとなった。

［5］内燃機関エンジンの発展

❶カルノーサイクルによる理想的なエンジンの開発

　1826年にフランスのニコラ・レオナール・サディ・カルノーは、理想的なエンジンとしてカルノーサイクルを提唱した。

　カルノーサイクルは、熱機関の可逆サイクルの1つで、温圧縮→断熱圧縮→等温膨張→断熱膨という、2つの等温変化と2つの断熱変化により、熱から仕事への変換を行うものである。各種熱機関の効率を比較する上でのベンチマークとなった。

　なお、カルノーサイクルを逆向きにした逆カルノーサイクルは、空気中から熱を集めて熱エネルギーに変換するエアコンや冷蔵庫の「ヒートポンプ」で利用されている。

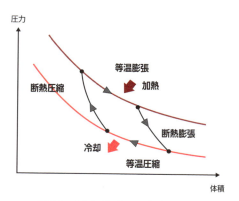

図A.6　カルノーサイクルの圧力-体積線図

❷ガソリン・エンジンで駆動する自動車の登場

1870年代にドイツのニコラス・オットーは、オットーサイクルで知られる4ストロークエンジン（ガソリン内燃機関エンジンの基本型）をつくり上げた。

当時、原油のガソリン成分は産業廃棄物だったが、1885年にドイツのメルセデス・ベンツによって世界最初のガソリン・エンジンで駆動する自動車が製造された。この生まれたてのガソリン・エンジンは、ノッキングのため圧縮比を低く抑える必要があり、馬力は小さかった。

1893年ルドルフ・ディーゼルは燃料に軽油（ディーゼル油）を利用した内燃機関に関する論文を発表した。軽油はガソリンを蒸留する過程でできる副産物で安価に入手できた。また、空気を高圧に圧縮し、自然発火温度に達したところで燃料を吹き入れるため、一気に爆発燃焼させることができ、熱効率も向上し大きな馬力が期待できた。

これがディーゼルエンジンで、大型のトラックや軍用車両、船舶用エンジンに使用されるようになった。なおガソリン・エンジンも1920年代以降、四エチル鉛をガソリンに添加することにより圧縮比が改善され大きな馬力を出すことができるようになった。

このように石油を燃料とする内燃機関の出現により、19世紀後半以降、石油の需要が急速に高まった。船舶も石炭ボイラーに代わり重油ボイラーを使うようになると、さらに高圧の蒸気を発生させることができ、船舶の高速化が行われた。

当時、石油探査と掘削技術が未熟であり、石油の産地は地理的に偏っていた。このため19世紀後半になると石油は重要な戦略資源となり、世界規模での石油の争奪戦が始まった。

付録 2 〉 石油メジャーの誕生と発展

［1］石油のスーパーメジャー

　石油メジャーとは、石油の探鉱から生産・精製・輸送・販売まで垂直統合し、ビジネスの大部分を独占する巨大石油企業の総称で、1970年代までその影響力を保持し続けた。

　とりわけ主要7社はセブン・シスターズと呼ばれ、次の企業が含まれた。

表A.1　セブン・シスターズ7社

旧社名	資本	新社名
スタンダード・オイル・オブ・ニュージャージー	アメリカ	エクソンモービル
スタンダード・オイル・オブ・ニューヨーク	アメリカ	エクソンモービル
スタンダード・オイル・オブ・カリフォルニア	アメリカ	シェブロン
テキサコ	アメリカ	シェブロン
ガルフ・オイル	アメリカ	シェブロン（一部BPに統合）
ロイヤル・ダッチ・シェル	オランダ・イギリス	Shell
アングロペルシャ石油会社	イギリス	BP

［2］巨大石油会社の誕生

　まずはアメリカで巨大石油会社が誕生した。スタンダード石油である。産出された原油はそのままでは製品にはならない。

　原油にはナフサ（ガソリン成分）、灯油成分、ディーゼル（軽油）油成分など多様な成分が含まれていたため蒸留によって分離する必要があった。当初は単独釜（鉄製の樽）に原油を入れ、熱を加えて蒸発させ温度を見ながら各成分を留出させるものだった。

　次に示す写真は1876年にCalifornia Star Oil Works（スタンダード・オイル、現在のシェブロン）によって建設された初期の製油所である。当時は灯油成分のみを抽出するもので、ガソリン成分やディーゼル成分は廃棄物であった。

図A.7 初期の製油所1940年頃(現在のシェブロン)
出典：California Historical Society (2017) [5]

その後、1910年頃には、連続的に蒸留を行う、現在の石油精製と同じ蒸留施設が考案された。

原油は加熱炉で350℃(熱分解が起こる限界温度)まで加熱され、気化された石油成分と液体分(重油)がともに縦長の蒸留塔の底部に送られる。

蒸留塔には多数の棚段があり、気化された石油成分は蒸留塔を下段から上段まで上昇する間に順次冷却され、240～350℃で液化するディーゼル油、170～250℃で液化する灯油、35～180℃で液化するガソリンに分離回収される。石油精製はこのあと、燃料油の生産だけではなく石油化学を発展させることになる。

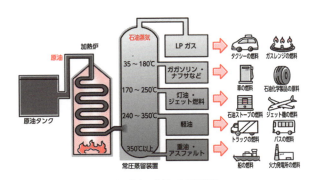

図A.8 蒸留の仕組みと石油製品
出典：田中実業株式会社「石油精製の仕組み」(2021) [6] をもとに作成

［３］スタンダード石油の企業の発展

❶スタンダード石油の設立

　1863年にジョン・D・ロックフェラーは、石油精製事業のカルテルを創設した。1870年にスタンダード石油を設立し、製油所の9割を独占していった。1890年にはシャーマン反トラスト法が施行され、巨大化したスタンダード石油に適用された。その結果同社は1911年に34の会社に分割された。これらが今日のエクソン・モービルやシェブロンの礎となった。

❷石油メジャーの誕生

　1901年にはテキサスで油田が次々に発見され、テキサス会社（テキサコ）が設立された。1908年に同じテキサスにガルフ石油が設立され、メキシコ湾岸のポートアーサーで石油精製事業を開始した。

　BPとロイヤル・ダッチ・シェル（現：Shell PLC）は両社ともにアジアの植民地で発見された石油開発を目的に設立された。

　まずはBPの創設についてである。1880年代に当時イギリス領だったビルマのアラカン山中で石油が発見された。1886年にビルマを含むイギリス領インド亜大陸での石油利権取得と開発のため、Burmah Oil Company (BOC) が設立された。1908年BOCは隣接するカジャール朝ペルシャの油田開発のために子会社として、Anglo-Persian Oil Company (APCO) を設立した。

　1925年にカジャール朝が滅び1935年に国名がイランと改められたためにAPCOはアングロ・イラニアン石油 (AIOC: Anglo-Iranian Oil Company) に社名変更した。これがのちのBP (British Petroleum) となった。なお、BOCは活動の舞台をインド（アッサム州）、東パキスタン（現在のバングラデシュ）をはじめオーストラリアやその周辺国、アメリカ、北海などに移していった。

　また、1966年潤滑油の大手Castrol社を傘下に収めた。しかし1974年のオイルショックの際に、BOCのタンカー部門は莫大な損失を出したことにより事業を縮小し、さらに2000年にBPに吸収された。

　ロイヤル・ダッチ・シェルはイギリスのシェル社とオランダのオランダ領東インド石油開発会社の合同会社である。シェルはイギリス領ボルネオでの石油開発に成功し、1897年に Shell Transport and Trading Company を設立した。

　一方、「ロイヤル・ダッチ」は、1980年にオランダ王室からの勅許を得て設立されたオランダ領東インド石油開発会社だった。1907年に両社はロイヤル・ダッ

チとシェルのグループを形成した。2社のグループ体制は長い間継続されたが、2005年に石油・ガス田の資源量の水増し問題が発覚し、これを機に両社は合弁会社となり単一の法人となった。

表A.2　スーパーメジャー5社

社名	資本	事業内容
エクソンモービル (ExxonMobil)	アメリカ	石油メジャー5社の中でも最大手。アメリカのシェールオイルや南米ガイアナなど大規模な石油開発に携わる。LNG事業にも力を入れる。
シェブロン (Chevron)	アメリカ	石油メジャーの中では、エクソンモービルに次ぐ規模の大きさを持つ。石油事業のほか、CCSや水素、バイオ燃料、地熱発電などカーボンニュートラル実現に向けた事業も推進している。
BP	イギリス	石油メジャーの中では、いち早くカーボンニュートラル実現に向けた取り組みに着手し、再生可能エネルギー・CCS・水素なども強化している。
シェル (Shell)	イギリス	2022年のエネルギー危機をきっかけに、石油事業以外に再生可能エネルギーにも重点を置いている。LNGトレーディングや水素、CCS、植林といったカーボンニュートラルの取り組みにも力を入れる。
トタルエナジーズ (TotalEnergies)	フランス	石油や天然ガス事業のほか、大規模な再生可能エネルギー事業に取り組んでおり、日本の大規模洋上風力発電プロジェクトにも携わっている。

出典：独立行政法人 エネルギー・金属鉱物資源機構（JOGMEC）
「『石油メジャー』『オイルメジャー』『資源メジャー』って？ 該当する企業や特徴を解説！」(2022) [7] をもとに作成

［4］石油メジャーの発展

　油田開発には石油探査から生産・精製に至る莫大な資本力と高い技術力と必要となる。開発リスクも高いが、成功時の見返りもまた莫大だった。このため石油会社の巨大化が進んだ。

　自前で採掘し精製する技術と資本を持たない国々では、こういった資本力と技術力を持つ石油会社の言いなりに独占採掘権を売り渡すしか選択がなかった。これによってメジャー石油への石油資源の集中化はさらに進み、時には産油国の政治を左右する巨大な企業となっていった。

付録3 ナショナリズムとOPECの創設

[1] あいつぐ巨大油田の発見

1920年代、中東の石油生産の中心はイランとイラクだったが、第2次世界大戦後、サウジアラビアでは、次のような巨大油田で次々に生産を開始した。

名称	発見された年
ダンマーム油田	1938年
アブカイク油田	1940年
ガワール油田	1948年

　これらサウジアラビアの油田はアメリカのメジャー合弁会社（シェブロン、テキサコ・エクソン・モービル）によって運営され、当初サウジ側にはその利権料とそこから得られるわずかな税金しか支払われなかった。しかし、1950年の契約改定に際し、サウジアラビアのサウド国王とその利益を折半する契約を結んだ。

　クウェートでは、1938年に巨大なブルガン油田が発見され、アングロ・イラニアン社とガルフ石油の合弁会社が生産にあたった。

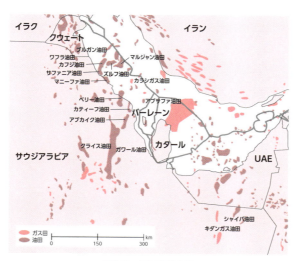

図A.9　中東の巨大油田

出典：独立行政法人 エネルギー・金属鉱物資源機構（JOGMEC）「サウジアラビアの石油・ガス・エネルギーをめぐる最近の動向」（2022）[8] をもとに作成

［2］イランの石油国有化と挫折

　イランでは、アングロ・イラニアン社による利権独占に対して石油国有化を要求する動きが高まり、1951年に資源ナショナリズムの運動を進めたモサデグ首相が国有化を断行した。

　アングロ・イラニアン社は国際裁判所に提訴したが、国際連合と国際裁判所は、アングロ・イラニアン社の提訴を棄却し、イランの石油国有化は成功した。しかしアングロ・イラニアン社は他の石油メジャーと共同してイラン産原油の締め出しを行ったため、イラン政府の財政は困窮することとなった。

　1953年軍部のクーデターによりモサデグ政権が倒れ、立憲君主国からパーレビ国王の親政となり、メジャー石油の合弁会社がイランの油田を独占的に管理運営することとなった。

［3］日章丸事件からはじまった産油国との取引

　石油メジャー以外の石油会社にとって、石油の入手がいかに困難だったかを示す例として、日章丸事件がある。

　1953（昭和28）年3月に出光石油は石油を国有化し、イギリスと係争中のイランへ石油タンカー（日章丸）を極秘裏に差し向けた。5月に同船はガソリン、軽油約2万2千kLを満載し、大勢の人々が歓迎の声をあげる中で川崎港に帰港した。

図A.10　日章丸
出典：株式会社 共同通信社

これに対し、イギリスのアングロ・イラニアン社は積荷の所有権を主張し、出光を東京地裁に提訴した。この「日章丸事件」は、法廷で争われることになった。裁判の経過は連日、新聞でも大きく取り上げられ、結局、アングロ・イラニアン社が提訴を取り下げたため、出光側の勝利となった。その後、イランにおいて石油メジャーの結束が再び強化され、イラン原油の輸入は、1956年に終了した。

しかし、この「事件」は、産油国との直接取引の先駆けを成すもので、「快挙」として受け止められた。1972年のリヤド協定により産油国が消費国と直接売買を行うことが可能となった。これらの原油はGG原油あるいはDD原油と呼ばれ、日本の主要な原油供給源となったが、結果的に市場価格よりも高値で購入することになり、差額はジャパン・プレミアムと呼ばれ、現在も続いている。

［4］OPECの設立

1960年9月にメジャーに対抗して石油輸出国機構 (OPEC：Organization of Petroleum Exporting Countries) が設立された。OPECの設立目的は次の2点にあった。

❶ 産油諸国の石油収入の維持、増大
❷ 石油産業のへの参画と国有化 (1972年のリヤド協定で実現した)

OPECは、設立当初イラン、イラク、クウェート、サウジアラビア、ベネズエラの5カ国で構成され、イラクの首都バグダッドで結成された。その後13カ国まで加盟数を増やしたOPECは、1973年の第四次中東戦争に際しては、アラブ諸国が中心となってイスラエル支持国への石油禁輸措置を打ち出し、石油市場での発言権を確保するとともに、石油価格の大幅引き上げを実現した。

また、一連の交渉の結果、事業参加の面では少なくとも自国の石油資源や石油販売と価格決定に関する権利を確立し、国際石油市場での重要なプレーヤとなった。

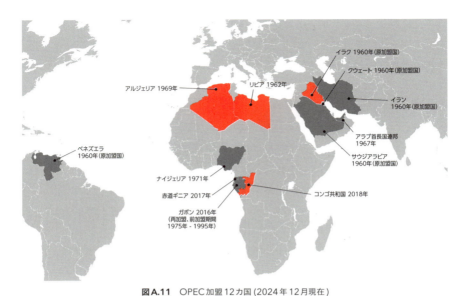

図A.11 OPEC加盟12カ国 (2024年12月現在)
出典：外務省「石油輸出国機構 (OPEC：Organization of the Petroleum Exporting Countries) の概要」(2024)[9]
をもとに作成

付録 4 > オイルショックとスポット市場の設立

[1] オイルショックによって設立された原油先物市場

　1973年には第4次中東戦争にともないOPECはカルテルを組織し、イスラエルを支援する国に対して原油の禁輸を打ち出した。これが第一次オイルショックである。原油の禁輸というエネルギーの供給を武器としたものだった。

　その後、1978年の第二次オイルショックや1979年のイラン革命、それに続くイラン・イラク戦争などにより一時的に石油価格は高騰したが、これを機に消費国が省エネや代替エネルギーへの転換を図り、また非OPEC国からの供給量も増加した。

　1983年に需給調整の機関としてニューヨーク・マーカンタイル取引所(NYMEX：New York Mercantile Exchange)により、原油の先物市場が上場された。その取引市場価格(スポット価格)は、国際情勢や経済状況により揺れ動くものとなっていったが、先物市場によりその影響は緩和されるものとなった。

図A.12　国際原油価格の推移
出典：一般社団法人エネルギー情報センター(EIC)／新電力ネット「価格と需要から見るガスと電力、自由化など3つの要素が電気料金に与えた影響(8)」(2017)[10] をもとに作成

［２］原油のベンチマーク価格

　産油国では1970年代に油田や精油施設の国有化が進んだが、石油精製やマーケットでの主導権は未だ石油メジャーが握っていた。しかし、石油メジャーも原油の需給ギャップをスポット調達で穴埋めをすることになり、その際の売買価格（スポット価格）が原油価格のベンチマークとなっていった。

　当初スポット市場は全体の小さな部分でしかなかったが、ほとんどすべての石油製品価格が原油スポット市場価格にリンクされるようになった。中東の原油価格はターム契約だったが、市場の流動性を促すために、地域ごとのスポット市場価格を参考に決められることになり、アラビアライト原油とUK40原油やブレント（Brent）原油の個別のベンチマーク価格がつくられた。のちに北海のBrent、UK40（Forties）、Ozeberg、Ekofiskの原油は総称してブレント原油あるいはBFOEと呼ばれるようになった。

　1983年にNYMEXは、ウェスト・テキサス・インターミディエイト（WTI：West Texas Intermediate）原油をベンチマークとし、原油先物の上場を行った。ドバイやオマーン原油のアジア向け価格はこのWTI価格にリンクされるようになった。結果WTI原油のスポット価格は世界のスポット価格となった。

　現在WTIとBrentのスポット市場は、高度に電子化されたシステムにより運営され、もっとも信頼性の高い原油市場価格となっている。

図A.13 原油価格のベンチマーク
出典：フジトミ証券株式会社「原油価格のベンチマーク」(2018) [11] をもとに作成

［3］石油メジャーの石油精製業からの撤退

　原油や石油製品の流動化と取引市場の拡大は、石油メジャーに大きな変革を迫るものとなり、これまでのビジネスモデルだった油田開発からガソリンスタンド運営までの垂直統合の崩壊を意味した。やがて石油精製業は儲からないビジネスとなり、石油メジャーの石油精製業やガソリンスタンド事業からの撤退が開始された。日本においても1990年代後半よりカルテックス（シェブロンとテキサコの合弁会社）やエクソン・モービル、シェルなど外資石油会社が撤退していった。一方、このような動きは産油国側にとって石油製品の小売りに参入する機会となった。

　1983年にクエートは、クウェート石油インターナショナル（KPI：Kuwait Petroleum International）を設立し、西ヨーロッパのガルフ石油の製油所や石油スタンドを買収した。さらにBPの製油所などの買収により、ヨーロッパ最大級の石油精製やマーケット会社となった。1986年に本社をロンドンに移しブランド名を「Q8」とした。サウジアラモコもアラビア半島紅海やペルシャ湾岸に世界最大級で最新の装置を備えた製油所を建設し、極東においても韓国の石油会社Sオイルに資本参加した。日本でも製油所建設が検討されたようであるが、実現しなかった。

付録 5 　天然ガスと石油メジャー

[1] 石油代替技術の確立

　1973年のオイルショック以降、石油メジャーは、石油代替として未利用の資源だった天然ガスの開発とその高度利用に力を入れるようになった。

　石油開発では、原油は「当たり」で天然ガスは「はずれ」の評価だったが、天然ガスは大気汚染を改善するための新たな燃料としての可能性を秘めていた。そればかりではなく、液体合成燃料技術 (GTL：Gas to Liquid ／ GTO：Gas to Olefin) に示されるように、石油製品の原料となる可能性を秘めていた。1990年頃には技術的にも完成されたものになった。

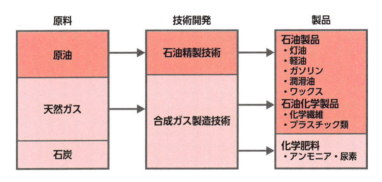

図A.14　石炭・天然ガスによる石油製品代替技術

[2] Gas to Liquid 技術開発とその終焉

　当初天然ガスには値段がなかった。そのため、天然ガスの付加価値を高めるため、合成原油を製造する技術開発が行われた。これは1920年代にFischerとTropschという2名の科学者により開発された石炭から石油製品を製造する技術の延長線上にあった。

　合成原油製造には、天然ガスから水素と一酸化炭素の混合気体である「合成ガス」を製造する。これを鉄やコバルトを触媒としたフィッシャー・トロプシュ

(Fischer-Tropsch) 反応により、水素と一酸化炭素の重合が起こり、「合成原油」が製造される。重合反応に伴い大量の水も生成される。

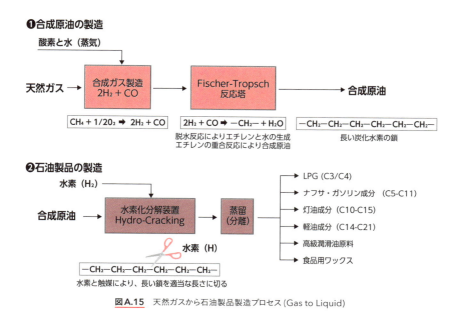

図A.15 天然ガスから石油製品製造プロセス (Gas to Liquid)

合成原油は炭化水素の長い鎖状の物質で、そのままでは石油製品としては使えない。これを水素化分解装置にかけて適度な長さの鎖に切り分け、ナフサ（ガソリン）成分や灯油成分、または軽油成分などに切り分け、蒸留により石油製品を製造するものである。

しかし天然ガスの価格が原油と等価で取引されるにしたがい、経済的な優位性を失った。合成原油の製造には脱水反応がともない、大量の水が副産物として生成されることになり、石油精製による製品と比較してエネルギー効率が著しく低かった。各石油メジャーをはじめ日本でもその技術開発に多大な資金と人材を投入されたが、結局は失敗に終わった。

［3］天然ガスの電力利用

天然ガスの利用価値を高めたのは電力利用だった。1970年代を通しガスタービン技術の発展により、効率的な発電も可能となり、石油に代わる環境にやさし

い発電燃料としての需要が急速に増加していった。ガスタービンによる発電は応答性に優れ、急激な需要増にも対応できた。

ガスタービンの効率化には燃焼温度がカギとなった。ガスタービン入口温度すなわちガスの燃焼温度が高いほど効率が上がるため、そのため様々な工夫がなされた。またガスタービンからの排熱を利用した蒸気タービンとの組み合わせにより熱効率が60％ (LHV) に引き上げられるようになった。これはガスの燃焼エネルギーのうち6割が電気に変換されることを意味している。

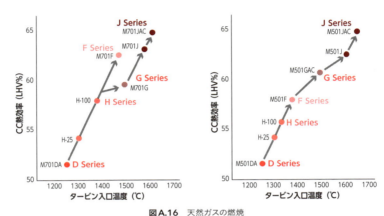

図A.16 天然ガスの燃焼
出典：三菱重工業株式会社／性能比較（左）「三菱重工 ガスタービン性能比較（50Hz）」／
（右）「三菱重工 ガスタービン性能比較（60Hz）」[12] をもとに作成

石油メジャーの投資対象も石油精製事業から天然ガス開発や液化天然ガス(LNG) 製造プロジェクト建設事業へ移っていった。LNGの開発には長い時間と膨大な投資のため大きなリスクが伴う。

これを大きく飛躍させたのは、産ガス国政府、電力・ガス事業者、石油メジャーの共同作業だった。とりわけ日本の電力・ガス事業者の果たした役割は大きく、これら事業者が長期での引受量を保障し、石油メジャー側は価格を保障した。また、日本政府による金融支援によりプロジェクトのリスクが軽減された。このように世界のLNGプロジェクト開発に果たした日本の役割は大きい。

付録 6 〉 ヨーロッパの天然ガスの歴史

［1］初期の天然ガス開発

　1800年代前半に、ボルタ電池で知られるイタリアのボルタ伯爵により湖底から湧き上がる泡はメタンであることが発見された。このメタンが1850年代になると国威発揚のシンボル、あるいは都市の美化のためにガス灯の光源として利用されるようになった。しかし本格的に都市ガスとして使用されるのは、ガス採掘技術やパイプライン・インフラが発達した1950〜1960年代に入ってからとなる。

国	経緯
❶イタリア	1950年から60年代初頭に、ポー川流域でガス田開発が開始された。現在はそのガス生産の中心がオフショアに移りイタリアの石油会社Eniにより生産が継続され、イタリアのガス需要の10%を生産している（2020年）。
❷オランダ	1964年頃よりフローニンゲンでガス田が開発され、オランダ国内はもとより西ドイツに輸出されてきた。相当量のガスが生産されたが近年枯渇と地盤沈下防止の観点から生産を終了している。
❸オーストリア	1844年に最初のガス田がウイーン近郊で発見された。1934年には発電にも使用されたが、1963年のVoitsdorfガス田の発見により工業用に使用されるようになった。現在も国内需要の15%〜19%を賄っている。

［2］ガス需要の増加と新規天然ガス開発

　1960年代、イギリスとフランスでは、天然ガスの代わりに石炭の乾留法により製造された合成ガス（一酸化炭素と水素の混合気体）が都市ガス用に使用された。

　アルジェリアではフランスからの独立戦争を経て1963年に政府のエネルギー政策の執行機関SONATRACH（アルジェリアの国営ガス会社）が設立され、石油・天然ガスの探鉱・開発や石油製品の流通、販売などの実業にも携わるようになり、炭化水素産業における独占的役割を保持してきた。1964年、SONATRACHによりアルズーに世界初の本格的なLNG製造プラント（年産30万トン×3トレイン）が建設され、生産を開始した。シェルによりLNG運搬のための専用船が2艘（Methane PrincessとMethane Progress）が建造され、ブリティッシュ・ガスにより運用された。LNGは、イギリスCanbey IslandのLNG専用ターミナルに導入された。LNGによるガスは、石炭乾留による合成ガスと比較し熱量が高く、拡

大しつつあるガスインフラへの投資コストを抑制する意味でも大きな効果があった。また、空気より重い一酸化炭素を含まないため、中毒事故を防ぐことができた。その後LNG製造施設はアルズーに加えてスキクダにも建設された。

［3］イギリスの天然ガス開発

1970年代に入ると、イギリスでは、北海油田・ガス田からのガスが導入され、価格的に高価なLNGを使う必要はなくなった。アルジェリアのLNGは限られた地中海沿岸地域への供給にとどまった。フランスではマルセイユの西50kmに最初のLNGターミナル (Fos Tonkin LNG Terminal) が建設され1972年に商業運転が開始された。

図A.17 1965年の時点のガスインフラ
出典：Cambridge Energy Researchの資料をもとに作成

おわりに

本書の表題はエネルギーのDXである。英語ではDigital Transformationと言う。エネルギー分野のDX化に至る道は長く、歴史的には、市場設立と運営のためのプラットフォームの構築に向けられてきた。従来の欧米の電力およびガス事業は、社会・産業を支えるインフラとして国営企業あるいは政府の管理の下での公益企業により運営され、運営システム的には最も遅れた産業であった。社会あるいは消費者からの要請によりエネルギー価格の透明化が求められるようになり、欧米を中心に先ずはガス事業の規制緩和 (あるいは民営化) が開始された。そこではビジネスとインフラ運営の分離が行われ、現物および先物市場の創設と TSO (Transmission System Operator) などのパイプライン・インフラ運営企業が設立された。英国ではTSOがNBP価格として知られる現物市場を創設したが、この仕組みは革新的でその後の先物を含む市場のDX化の先駆けとなった。

気候変動が人類の脅威であると認識されるに至り、従来、別々に取り扱われてきたガスと電力の売買には、環境価値が主要なパラメータとなり、パイプラインや送電線には再生可能エネルギーによる様々なガスや電力が流れるようになり、システムに注入される電力やガスはトラッキングという仕組みで識別され売買されるようになった。また付随する環境価値はエネルギーとしての価値から分離され別個に市場で売買されようとしている。このような変化を支えるのはDXの力とその活用であった。

日本でも規制緩和が行われたがその結果、電力とガスの垣根が取り払われ、電力とガスあるいは携帯電話の抱き合わせサービスを実現させたことができるようになった。しかし本質的なエネルギー価格の透明化には未だ至っていない。市場やTSO設立の重要性が認識されてこなかったことが課題であった。周回遅れではあるが、先ずは、TSOの設立と市場の醸成を検討する時期に来ている。

2024年12月　蝦名 雅章

［参考文献］

第1章

[1] 経済産業省・資源エネルギー庁、「再エネの大量導入に向けて 〜「系統制約」問題と対策」、(2017)、2024、https://www.enecho.meti.go.jp/about/special/tokushu/saiene/keitouseiyaku.html

[2] 髙橋 豊／神奈川県川崎市、第4回講座 企業の歴史と産業遺産⑤ 〜 東京ガス「東京ガスの歴史とガスのあるくらし」、「東京ガスの変遷」、p.9、(2006)、2024、https://www.city.kawasaki.jp/kawasaki/cmsfiles/contents/0000026/26446/08takahashi.pdf

[3] 自然電力株式会社、HATCH「自治体が〝つくる地域の会社〟ドイツのシュタットベルケとは？」、「なぜ多くのシュタットベルケがあるの？メリットは？」、(2022)、2024、https://shizen-hatch.net/2022/03/22/stadtwerke/

[4] フューチャー株式会社、フューチャー技術ブログ「【エネルギー業界】電力基礎知識編」、「1.電気事業法改正／一般電気事業者に対して、新規参入者のシェアを増やすことを目的とした改革／(1)発電の自由化(1995年)」、(2022)、2024、https://future-architect.github.io/articles/20220630a/

[5] 株式会社コアコンセプト・テクノロジー、Koto Online「設備総合効率(OEE)とは？ 計算方法や低下する原因、改善方法を解説」、(2024)、2024、https://www.cct-inc.co.jp/koto-online/archives/446

[6] 内 閣 府、「Society 5.0」、2024、https://www8.cao.go.jp/cstp/society5_0/

[7] 総務省／木谷 強(NTTデータ技術開発本部)、「第3回 ICT新事業創出推進会議」、「演算速度の向上」、(2014)、2024、https://www.soumu.go.jp/main_content/000277812.pdf

[8] Md. Shirajum Munir／Do Hyeon Kim／Sun Moo Kang／Choong Seon Hong、"Intelligent Agent Meets with TSO and DSO for a Stable Energy Market: Towards a Grid Intelligence"、"Figure 1 "、(2020)、2024、https://www.researchgate.net/figure/A-system-model-for-coordinating-between-TSO-and-DSO-by-an-intelligent-agent-for-a-stable_fig1_347635143

[9] 大橋 弘／山本 敏之(東京大学大学院経済学研究科)、CIRJE-J-303「需給調整メカニズムの現況と課題：欧米の比較を踏まえた2024年度以降に向けての考察と提言」、「図 5-1 集中型市場の概要」、p.27、(2022)、2024、https://www.cirje.e.u-tokyo.ac.jp/research/dp/2022/2022cj303.pdf

[10] Felix Christian Matthes、Oko-Institute、"The transition toward a sustainable energy system"、"The new power market structures A windy week in Germany 2033"、(2015)。

[11] 一般財団法人電力中央研究所、電気新聞ゼミナール(158)、「電力系統の近代化に取り組むニューヨーク州での配電事業者の役割とビジネスモデルとは？」、(2018)、2024、https://criepi.denken.or.jp/jp/serc/research/publications/view?indexId=1289

[12] 東芝エネルギーシステムズ株式会社、「水素をつくる」、「持続可能な社会に向けて」、2024、https://www.global.toshiba/jp/products-solutions/hydrogen/products-technical-services/supply-chain.html

第2章

[1] Cambridge Energy Research Associates (CERA)、"European Gas Pipelines Situations in 1975"、(1991)。

[2] Jan A. Wendt、Fig 1 "Germany`s postwar territorial losses"、(2017)、2024、https://www.researchgate.net/figure/Germany-s-postwar-territorial-losses_fig1_324124013

[3] エネルギー憲章に関する条約 (Energy Charter Treaty)、"Investment and Market Development in Carbon Capture and Storage : Role of the Energy Charter Treaty"、5. Role of the ECT in CCS : 5.1. Geographic Coverage of the ECT : Figure 4 The Energy Charter Constituency (as of May 2009)、p.3、(2009)、2024、https://www.energycharter.org/fileadmin/Documents Media/Thematic/CCS_2009_en.pdf

[4] 国際肥料工業協会 (IFA : International Fertilizer Association)、「ウクライナの尿素輸出」、"Ukraine Urea Export (1000 ton)"、(2019)、2024、https://knoema.com/atlas/sources/FAO

[5] EPEX SPOT、"APX Group and EPEX SPOT integrate their businesses : Integration to foster creation of pan-European power market"、(2013)、2024、https://www.epexspot.com/en/news/apx-group-and-epex-spot-integrate-their-businesses

[6] WiGas GNV (ウィガスワールド国際ガソリンスタンド : World International Gas Station)、"Russia-German Partnership Pipeline"、(2008)、2024、http://www.wingas.de/infrastruktur.html?&L=1

[7] GASCADE Gastransport GmbH、"Unser Netz - Für Deutschland und Europa"、2024、https://www.gascade.de/ueber-uns/unsere-infrastruktur#c390

[8] Nord Stream、"Sichere Energie für Europa : Das Nord Stream-Pipelineprojekt 2005 - 2012"、"Zahlen & Fakten : Forschung & Vorbereitung - Teleskopbauweise"、p.58、(2014)、2024、https://www.nord-stream.com/download/file/documents/pdf/de/2014/04/sichere-energie-fur-europa-komplette-fassung_245.pdf

[9] Urgewald eV、"Global Oil & Gas Exit List"、"Nord Stream 2"、(2021)、2024、https://gogel.org/nord-stream-2

[10] GIS (Geopolitical Intelligence Services)、"Turkey`s energy foreign policy at a crossroads"、"Elements of the Southern Gas Corridor"、(2018)、2024、https://www.gisreportsonline.com/r/turkey-energy-security/

[11] S&P Global Commodity Insights、"Algerian pipeline gas flows to Southern Europe remain robust in 2023"、(2023)、2024、https://www.spglobal.com/commodityinsights/en/market-insights/latest-news/natural-gas/052223-algerian-pipeline-gas-flows-to-southern-europe-remain-robust-in-2023

[12] DW (Deutsche Welle)、"Pipeline network Africa-Europe"、"World Energy Map 2006"、(2006)、2024、https://corporate.dw.com/en/europe-looks-to-africa-to-fill-natural-gas-gap/a-61017873

第3章

[1] 米国連邦エネルギー規制機関 (Federal Energy Regulatory Commission:FERC)、"Securing a Reliable Energy Future"、2024、https://www.ferc.gov/

[2] RBN Energy LCC、"Riders on the Storm - Henry Hub Physical Gas Volumes Jump with LNG Exports, Storage Flows"、(2020)、2024、https://rbnenergy.com/riders-on-the-storm-henry-hub-physical-gas-volumes-jump-with-lng-exports-storage-flows

第4章

[1] Connectivity Standards Alliance (csa), "Ivie Bud (00:15)", 2024, https://csa-iot.org/csa_product/ivie-bud-0015/

第6章

[1] 独立行政法人 エネルギー・金属鉱物資源機構 (JOGMEC), 「天然ガスが暮らしを灯すまで (使う)」, 「日本の天然ガス用途別消費割合 [2021年度]」, 2024, https://www.jogmec.go.jp/publish/jogmecnews_73_04.html

[2] 国土交通省・海事局／舶用燃料油の性状変化への対応に関する検討会, 「2020年SOx規制適合舶用燃料油使用手引書」, 「図2-1 現在の舶用燃料油とSOx規制適合油」, p.3, (2019), 2024, https://www.mlit.go.jp/common/001284245.pdf

[3] 一般社団法人 日本ガス協会, 「都市ガスが届くまで — 日本のLNG基地と主要導管網」, 2024, https://www.gas.or.jp/gastodokumade/

[4] 韓国ガス公社 (KOGAS), "Natural Gas Business", 2024, https://www.kogas.or.kr/site/eng/1030603010000

[5] 韓国ガス公社 (KOGAS), "Natural Gas Business — Status of LNG Terminal Construction", 2024, https://www.kogas.or.kr/site/eng/1030605000000

第7章

[1] Michael Juliano／TradeWinds, "Landside LNG bunkering coming to Gothenburg : Skangas has delivered LNG ship-to-ship in the port for the past two years.", (2018), 2024, https://www.tradewindsnews.com/gas/landside-lng-bunkering-coming-to-gothenburg/2-1-265497

[2] 米国連邦エネルギー規制機関 (Federal Energy Regulatory Commission : FERC), "eTariff", 2024, https://www.ferc.gov/ferc-online/etariff

第8章

[1] 内藤克彦, 一般社団法人 日本風力エネルギー学会, 風力エネルギー学会誌 114号「ドイツと日本のグリッド運用の相違」, 「図2 我が国の送配電システムの模式図」, p.156, (2015), 2024, https://www.jstage.jst.go.jp/article/jwea/39/2/39_156/_pdf

[2] 経済産業省・資源エネルギー庁, 「エネルギー基本計画 (案)」「(参考) 電力需要に対応した電源構成」, p.74, (2014), 2024, https://www.enecho.meti.go.jp/category/others/basic_plan/pdf/140225_1.pdf

[3] 経済産業省・資源エネルギー庁, 「エネルギー白書2016」, 「第2節 一次エネルギーの動向」, 「【第222-2-11】世界の太陽光発電の導入状況 (累積導入量の推移)」, (2016), 2024, https://www.enecho.meti.go.jp/about/whitepaper/2016html/2-2-2.html

[4] 米国連邦エネルギー規制委員会 (FERC), "Order No. 888", (2020), 2024, https://www.ferc.gov/industries-data/electric/industry-activities/open-access-transmission-tariff-oatt-reform/history-order/order-no-888

[5] 米国連邦エネルギー規制委員会 (FERC), "Energy Primer - A Handbook for Energy Market Basics", "Figure 2-6: Market Supply Curve for NYISO (Illustrative)" p.57., (2024), 2024, https://www.ferc.gov/sites/default/files/2024-01/24_Energy-Markets-Primer_0117_DIGITAL_0.pdf

[6] Felix Christian Matthes, Öko-Institute, "The transition toward a sustainable energy system", "The new power market structures A windy week in Germany 2033", (2015) .

第9章

[1] 国立研究開発法人 科学技術振興機構低炭素社会戦略センター, 低炭素社会の実現に向けた技術および経済・社会の定量的シナリオに基づくイノベーション政策立案のための提案書「国土の有効利用を考慮した太陽光発電のポテンシャルと分布」, p.7, (2022), 2024, https://www.jst.go.jp/lcs/pdf/fy2021-pp-03.pdf

[2] 環境省, 「令和元年度再生可能エネルギーに関するゾーニング基礎情報等の整備・公開等に関する委託業務報告書」, (2020), 2024, http://www.renewable-energy-potential.env.go.jp/RenewableEnergy/report/r01.html

[3] 一般社団法人 日本風力発電協会 (JWPA), 「日本で洋上風力を導入する意義」(20200730_No1_OffshoreWind_JinKato), (2020), 2024, https://jwpa.jp/information/4518/

[4] 国際エネルギー機関 (IEA), "World Energy Outlook 2019", Figure 14.4, p.620, (2019), 2024, https://iea.blob.core.windows.net/assets/98909c1b-aabc-4797-9926-35307b418cdb/WEO2019-free.pdf

[5] Crown Estate Scotland, "ScotWind Awarded Sites", (2023) .

[6] The Scottish Government, "Planning Scotland's Seas :National Marine Plan Sustainability Appraisal Report", "Figure 1. Nautical Limits around Scotland", p.1, (2013), 2024, https://www.gov.scot/binaries/content/documents/govscot/publications/strategy-plan/2020/10/national-marine-plan-key-documents/documents/sustainability-appraisal/sustainability-appraisal/govscot%3Adocument/national%2Bmarine%2Bplan%2Bsustainability%2Bapprasial.pdf

[7] Carbon Trust, "Floating Offshore Wind:Market and Technology Review", p.49, (2015), 2024, https://ctprodstorageaccountp.blob.core.windows.net/prod-drupal-files/documents/resource/public/Floating%20Offshore%20Wind%20Market%20Technology%20Review%20-%20REPORT.pdf

[8] 環境省, 「環境白書・循環型社会白書・生物多様性白書 (平成30年版)」, 図2-1-3「各自治体の地域内総生産に対するエネルギー代金の収支の比較 (2013年)」, 2024, (2018), 2024, https://www.env.go.jp/policy/hakusyo/h30/html/hj18010201.html#n1_2_1

[9] 田中いづみ (デンマーク王国大使館), 「デンマークのエネルギー政策と第四世代熱供給」, 「集中型から分散型エネルギー供給へ 過去25年間におけるエネルギー生産分布の変化」, p.30, (2019), 2024, https://www.isep.or.jp/wp/wp-content/uploads/2019/02/Tanaka20190314.pdf

[10] 経済産業省・資源エネルギー庁, 「統計表一覧」, 「発電所数・出力」, (2024), 2024, https://www.enecho.meti.go.jp/statistics/electric_power/ep002/results.html

[11] Felix Christian Matthes (Öko-Institut : エコロジー研究所), "The transition toward a sustainable energy system", (2015) .

[12] Newyork ISO (NYISO), Manual 11 "Day-Ahead Scheduling Manual", "Figure 4: Multi-Pass Solution Process", p.26, (2024), 2024, https://www.nyiso.com/documents/20142/2923301/dayahd_schd_mnl.pdf/0024bc71-4dd9-fa80-a816-f9f3e26ea53a

第10章

[1] 米国連邦エネルギー規制委員会 (FERC), "Energy Primer", p.54,

325

[2] 栗山 昭久・劉 憲兵 (公益財団法人 地球環境戦略研究機関：IGES)・内藤 克彦 (京都大学)・津久井 あきび・田中 勇伍 (公益財団法人 地球環境戦略研究機関：IGES)," Importance of long-term flexibility in a 100% renewable energy scenario for Japan", (2023), 2024, https://www.iges.or.jp/en/pub/importance-long-term-flexibility-100-renewable-energy-scenario-japan/en

[3] 北海道電力ネットワーク株式会社,「再生可能エネルギーの導入拡大に向けたダイナミックレーティングシステム実証試験の開始について」, (2022), 2024, https://www.hepco.co.jp/network/info/2022/1251936_1916.html

[4] 米国連邦エネルギー規制委員会 (FERC)," Energy Primer". p.61, (2015), 2024, https://www.ferc.gov/sites/default/files/2020-05/energy-primer.pdf

[5] PJM (PJM Interconnection), Market Implementation Committee - Meeting Materials," 8.25.2020 - MIC Special Session - Five Minute Dispatch and Pricing"," 8.24.2020 - Item 5A - Manual 11"," 2.2 Definition of Locational Marginal Price"," Energy Market Daily". p.9, (2020), 2024, https://www.pjm.com/-/media/committees-groups/committees/mic/2020/20200825-five-minute/20200825-item-05a-m11-redlines.ashx

[6] New York ISO, NYISO RTC Time Line：MANUAL 12," Figure 5-1 RTC15 Time Line". p.Figure 5-1 RTC15 Time Line, (2016), 2024, https://www.nyiso.com/documents/20142/1395694/Transmission%20Dispatching%20Operations%20Manual%20March%202016%20DRAFT.pdf/c6e1a9bb-0cd5-1e22-7560-0cb994ea8287

[7] トマス・ペイン (著) ／山形浩生 (翻訳) ／合同会社イカリング,「土地をめぐる公正」, (2021).

[8] 株式会社 朝日新聞社, SDGs ACTION「ベーシックインカムとは？メリット・デメリット、実現の可能性を解説」, (2022), 2024, https://www.asahi.com/sdgs/article/14572473

第11章

[1] New York ISO," Transmission and Dispatch Operations Manual", (2017), 2024.

[2] 米国連邦エネルギー規制委員会 (FERC)," Energy Primer". p.54, (2015), 2024, https://www.ferc.gov/sites/default/files/2020-05/energy-primer.pdf

[3] PJM (PJM Interconnection)," Generation Initial Training Program - Dispatch Signal & Locational Marginal Pricing (LMP)". p.31, (2024), 2024, https://www.pjm.com/-/media/training/nerc-certifications/gen-exam-materials-nov-22-2022/training-material/02-generation/1-3-dispatch-signal-and-lmp.ashx

[4] 環境省,「環境白書・循環型社会白書・生物多様性白書 (平成30年版)」,図2-2-3「再生可能エネルギーの導入ポテンシャル (市町村別)」, (2018), 2024, https://www.env.go.jp/policy/hakusyo/h30/html/hj18010201.html#n1_2_1

[5] Office franco-allemand pour la transition énergétique, EWE netz：" Network areas and 'Layers' in Germany - Transmission and Distribution. p.5, (2012), 2024, https://energie-fr-de.eu/de/veranstaltungen/leser/fachkonferenz-zur-integration-der-erneuerbaren-energien-in-die-verteilnetze.html?file=files/ofaenr/02-conferences/2014/140327-lintegration des energies renouvelables aux reseaux de distribution/03_Marcus_Merkel_EWE_Netz_Integration_of_RES_case_example_from_

Germany.pdf

[6] 内閣府,第10回電力託送料金に関する調査会 資料1「送配電網等の強靭化や再エネの導入拡大に向けた託送料金制度改革等の検討状況について (資源エネルギー庁 提出資料)」, p.34, (2020), 2024, https://www.cao.go.jp/consumer/history/06/kabusoshiki/kokyoryokin/takuso/doc/010_20200824_shiryou1_3.pdf

[7] ラウパッハ・スミヤ ヨーク (立命館大学経営学部 教授),環境省・地域エネルギー会社による地域活性化研修会「ドイツ都市公社の成り立ち」, p.7, (2017), 2024, https://www.env.go.jp/content/900442555.pdf

[8] 中山 琢夫 (千葉商科大学 准教授),「No.206 イリノイ州における電力小売の自治体アグリゲーション」, (2020), 2024, https://www.econ.kyoto-u.ac.jp/renewable_energy/stage2/contents/column0206.html

[9] Junko Movellan ,株式会社 日経BP,日経XTECH「再エネ電力を電力会社より安く販売できる「CCA制度」(前半) 地方自治体が太陽光や風力をまとめ買いして消費者に提供」, (2015), 2024, https://xtech.nikkei.com/dm/atcl/column/15/286991/101900004/?P=2

[10] 権敏淑／株式会社 朝日新聞社,「再エネ電力いかが 京都府・京都市がキャンペーン」, (2020), 2024, https://www.asahi.com/articles/ASNB87D1VNB5PLZB00C.html

[11] Agentur für Erneuerbare Energien," Eigentümerstruktur der Erneuerbaren Energien", (2021), 2024, https://www.unendlich-viel-energie.de/mediathek/grafiken/eigentuemerstruktur-erneuerbare-energien

[12] 京都府総合政策環境部脱炭素社会推進課,「京都0円ソーラー ～初期費用0円で太陽光パネルを設置しませんか？～」,「0円ソーラーのメリット」, 2024, https://www.pref.kyoto.jp/energy/ppa.html

[13] 西野 寿章 (高崎経済大学),『日本地域電化史論—住民が電気を灯した歴史に学ぶ—』,株式会社 日本経済評論社, (2020).

[14] 世界農業遺産高千穂郷・椎葉山地域活性化協議会事務局,「農民の農民による農民のための『小水力発電所』」, (2021), 2024, https://takachihogo-shiibayama-giahs.com/story/1368

[15] 豊田通商株式会社／中部電力株式会社,「電動車の蓄電池を活用した仮想発電所 (VPP) V2Gアグリゲーター事業への参画～国内初の電動車蓄電池から電力系統への充放電実証事業実施～」,「添付資料 本実証事業の概要」, p.1「本実証事業の目的」, (2018), 2024, https://www.toyota-tsusho.com/press/detail/180530_004195.html

[16] REFA Energi (REFA：Renewable Energy Forum Africa)," Udbud af levering af halm Maribo-Sakskøbing Kraftvarmeværk：SÅDAN FOREGÅR UDBUDDET", (2023), 2024, https://www.refa.dk/wp-content/uploads/2023/02/Det-samlede-udbudsmateriale-2023.pdf

[17] 全国ご当地エネルギー協会,日本語版デンマーク「地域熱供給白書」,「地域熱供給の未来」, p.30, (2020), 2024, https://communitypower.jp/wp-content/uploads/2021/08/SoG_DistrictEnergy_JP.pdf ／原典：UDENRIGSMINISTERIET・MINISTRY OF FOREIGN AFFAIRS OF DENMARK・State of Green (https://stateofgreen.com/en/publications/district-energy/)

第12章

[1] 米国連邦エネルギー規制委員会 (FERC)," Energy Primer". p.29, (2015), 2024, https://www.ferc.gov/sites/default/files/2020-05/energy-primer.pdf

[2] 国立研究開発法人産業技術総合研究所,「太陽光発電技術／

実環境における発電量」,図4 月別の発電量の例,(2009),2024, https://unit.aist.go.jp/rpd-envene/PV/ja/about_pv/output/irradiance.html

[3] 栗山 昭久・劉 憲兵 (公益財団法人 地球環境戦略研究機関：IGES)・内藤 克彦 (京都大学)・津久井 あさぴ・田中 勇伍 (公益財団法人 地球環境戦略研究機関：IGES),「実潮流に基づく電力系統運用シミュレーションを用いた日本の再生可能エネルギー実質100%シナリオにおける電力需給構造分析」,「図15 各シナリオの水素地下貯蔵量年間推移」,p.34,(2023),2024,https://www.iges.or.jp/jp/pub/psa-japan2050/ja

第13章

[1] Data Communications Company, "Our smart meter network ecosystem", 2024, https://www.smartdcc.co.uk/our-smart-network/

[2] SMART METERS UK, "Smart Meters", 2024, https://www.smartme.co.uk/

第15章

[1] 株式会社ウェイストボックス,「海外の再エネ証書 (電力)」「海外の再エネ電力証書にはどんなものがありますか?」,2024,https://wastebox.net/faq/p3704/

[2] DSIRE insight, "States Expanding Renewable and Clean Energy Standards", (2020), 2024, https://www.dsireinsight.com/blog/2020/9/25/states-expanding-renewable-and-clean-energy-standards

[3] Center for Resource Solutions (CRS) , "Renewable Energy Certificate Tracking Systems in North America", (2024), 2024, https://resource-solutions.org/wp-content/uploads/2018/02/Tracking-System-Map.png

[4] The International Tracking Standard Foundation, "The International Attribute Tracking Standard", (2021), 2024, https://www.trackingstandard.org/wp-content/uploads/The-International-Attribute-Tracking-Standard-v1.0.pdf

付録

[1] 経済産業省・資源エネルギー庁,「エネルギー白書2016」／平成27年度エネルギーに関する年次報告 ／第2節 上流開発への投資促進／1.世界規模でのエネルギー開発投資の減退と投資促進に向けた国際協調,【第112-2-2】セブン・シスターズの埋蔵量と生産量 (1949年 時点),(2016),2024,https://www.enecho.meti.go.jp/about/whitepaper/2016html/1-1-2.html

[2] Makemake, German Wikipedia, (2006), 2024, https://commons.wikimedia.org/wiki/File:FourHuileBaleineTrankessel.JPG

[3] Raminagrobis, Wikipedia, (2006), 2024, https://commons.wikimedia.org/wiki/File:Earlyoilfield.jpg

[4] Somerset Traction Engine Club, "Step back in time and jump into the present",(2023),2024,https://somersettractionengineclub.com/news

[5] California Historical Society "National Register of Historic Places in the United States of America", Wikipedia, (2017), 2024, https://commons.wikimedia.org/wiki/File:Pioneer_Oil_Refinery_-_Star_Oil_Works.jpg

[6] 田中実業株式会社,「石油精製の仕組み」, (2021) ,2024,https://niimi.mypl.net/shop/00000361389/news?d=1936033

[7] 独立行政法人 エネルギー・金属鉱物資源機構 (JOGMEC),

「『石油メジャー』『オイルメジャー』『資源メジャー』って？ 該当する企業や特徴を解説!」,2024,https://www.jogmec.go.jp/publish/plus_vol18.html?mid=hp240109

[8] 独立行政法人 エネルギー・金属鉱物資源機構 (JOGMEC),「サウジアラビアの石油・ガス・エネルギーをめぐる最近の動向 ── OPECプラス大幅減産の背景と市場への安定供給を標榜するサウジアラビアの思惑、上流開発の課題等─」,(図11) サウジアラビア主要油田位置図 ,(2022) ,2024,https://oilgas-info.jogmec.go.jp/info_reports/1009226/1009551.html

[9] 外務省,「石油輸出国機構 (OPEC：Organization of the Petroleum Exporting Countries) の概要」, (2024) ,2024,https://www.mofa.go.jp/mofaj/gaiko/energy/opec/opec.html

[10] 一般社団法人エネルギー情報センター (EIC) ／新電力ネット,「価格と需要から見るガスと電力、自由化など3つの要素が電気料金に与えた影響 (8) 」,(2017),2024,https://pps-net.org/column/33977

[11] フジトミ証券株式会社,「原油価格のベンチマーク」, (2018) ,2024, https://www.fujitomi.co.jp/staffblog/原油価格のベンチマーク/

[12] 三菱重工業株式会社,性能比較「三菱重工 ガスタービン性能比較 (50Hz)」,「三菱重工 ガスタービン性能比較 (60Hz)」,2024, https://power.mhi.co.jp/jp/products/gasturbines/performance

［索引］

英数字

AGC	226
AMF	127
AMI	267
AMP	233, 234
APX	49, 50, 112
APX Gas UK	112
BEIS	270
BFOE	316
Brent	316
Buyer	108, 161
Cactus Fund	83
CBA	272
CBOT	125
CCA	248
CDD	92
CDS	124
CEGH	128
CFTC	122
CME	125, 129
CME国際金融市場	125
Cost of Service	158
CPU	21
CZVIP	128
Day-Ahead Unit Commitment	222
DCC	269, 270
DER	32
DES	140
DES/DAP	138
DOE	151
DOT	151
DSO	24, 30, 108, 184, 240, 241, 242, 243
DSPP	32
EEX	114, 129
EFET	140
EFP	279
EMS	247
EPA	151
EPEX	219
EPEX SPOT	50
ETF	278
EUガス自由化	53
EV	253
EVIDENT	289, 291, 293
EV蓄電池	253
FERC	67, 122, 150, 151, 178, 181, 184
FOB	138
FPC	67, 150
FT契約	157, 163
Gas to Liquid	318
Gaspoint Nordic	128
GNMA	79
GO	285
GPL	114, 127
GTL	318
GTO	318
HDD	92
HGA	44

Hub Pricing Program	81	NBP	49, 104, 107, 110, 128, 143	
ICE	98, 124, 129	NCG	114	
IGA	44	NEL	54	
IMM	125	NEPA	151	
IPE	125	NFA	122	
IPP	12, 17, 167, 175, 176	NGA	150	
I-REC	289, 292	NGC	127	
ISO	53, 54, 108, 149, 179, 184, 188, 222, 233, 280	NGG	108	
		NGPA	150	
ISO 20400	273	NIGAL	62	
ITO	149	Nomination	160	
JCC価格	134	NTS	103, 107	
JEPX	114, 130	NYISO	233	
JKM	128	NYMEX	119, 125, 129, 315	
JPEX	280	OCM	112	
KOGAS	143, 144	Ofgas	103	
KPI	317	Ofgem	103, 270	
LDC	153	OPAL	54	
LMP	238	OPEC	68, 301; 311, 313	
LNG	39, 106, 133, 140, 261, 320	OTC	94, 107, 119, 121	
開発	136	PHMSA	151	
価格	138	PLC	268	
LNGターミナル	142, 143, 154	PSA	136	
LNG輸入	135	PSV	128	
LPWAN	268	PSV市場	128	
MDMS	268	PtoG	34	
MEDGAZ	61	PVB	128	
MEG	61	RE100	296	
Moody'sの格付け	74	REC	285, 287, 290, 292	
MSA	138, 140	Registry	128	
NAESB	162	REV	30	
NASEB	159	RPS制度	286	
Natural Gas Wellhead Price Act	150	RTO	219, 222, 280	

SAP	107	アンモニア	39
SCADA	149	イギリスガススポットマーケット	112
SEC	97, 271	一社独占体制	177
SGC	60	ウクライナのエネルギー事情	47
Shipper	108, 153, 154, 157, 159, 161, 163	米国連邦エネルギー規制委員会	150
SMETS	271	液化天然ガス	261, 320
SPA	138	液体合成燃料技術	318
SPC	78, 83, 95, 97	エネルギー・マネイジメント・システム	247
Supplier	108, 161	エネルギー供給	17
Take or Pay	69, 138	エネルギー憲章条約	43, 59
THE	114	エネルギー需要	17
Third Energy Package	53	エネルギー代金	201
TPA	153	エネルギー地産地消	240
TRANSMED	61	エネルギー配給事業者	30
TSGP	62	エネルギー流通	14
TSO	24, 27, 30, 149, 154, 158, 159, 161, 163, 184, 219, 241, 242, 279, 280	エンジン	305, 306
		エンロン	64, 67, 74
TSO パイプライン	35	マーケット	77
TTF	49, 110, 143	オイルショック	315
UK40原油	316	欧州エネルギートレーダー連盟	140
VPP	83	欧州電力取引所	219
WEB市場	221, 223	大阪取引所	277
WTI	72, 316	オープンアクセス	20, 24, 154, 167, 209
WTI原油先物上場	119	オプション料	89
ZEE市場	128	オランダTTF	110

あ

アービトラージ	278
空き容量	182
アメリカ合衆国運輸省	151
アラビアライト原油	316
アルジェリア・ガス	61
アンバンドリング	153

か

外燃機関	303
確定発電量	225
ガスインフラ	142
ガス運送業者	108, 161
ガス運送事業者	157
ガス会社	16

ガス銀行	83
ガスグリッド	34
ガス購入者	161
ガス先物市場	279
ガス事業改革	103
ガス事業監督機関	151
ガス事業規制機関	150
ガス市場	81, 143
ガス指令	53
ガス貯蔵施設	261
ガス電力市場局	270
ガス取引市場	117
契約システム	121
ガスハブ	104
ガス販売者	161
ガス物流	108
ガスプロム	105
ガス輸送契約	159
ガス輸送事業者	153, 154
仮想取引所	110
ガソリン	306
カルノーサイクル	305
環境保全法	151
韓国ガス公社	143, 144
給電指令	224
供給ロス	18
金融市場	67
金融商品取引法	277
金融取引	277
グリーン電力	291
グリッド	12, 29
グリッドシミュレーション	28
鯨油	302

原子力発電	171
原油先物市場	315
権利行使価格	89
合成ガス	318
合成原油	319
合成原油製造	318
コージェネレーション	12, 167, 174, 255
コール・オプション	88
国際属性トラッキング規格	289, 290, 294
国家登録簿	128
固定価格	86
コンピュータ技術　歴史	21

さ

再給電指令	220
再生可能エネルギー	175, 191, 198, 220, 263, 285, 296
再生可能エネルギー証書	290
裁定取引	278
債務相互扶助基金	123
債務不履行	124
先物市場	72, 119
先渡し市場	119
産油国	312
シェールガス	164
市場価格	233
市場取引	188
事前申告システム	160
自然地域独占	14, 173
実潮流ベース	209
自動車	306
地場資源	200
需給ギャップ	263

需給調整	25	送ガス管理者	24
需給バランス	27	総合取引所	277
シュタットベルケ	15, 242, 246	送電	11
出力調整	170	送電管理	183
出力抑制	224	送電管理会社	27
需要ビッド	222	送電管理者	184
需要予測計画	205	送電システム	168
需要量	199	送電システム制度	179
需要ロス	18	送電制約	213
蒸気機関	304	送電線　容量	213
証券化	79	送電電力グリッド	216
商品先物取引法	277	送配電網	12
ショート・コール	88	属性トラッキングシステム	292
新規参入業者	181		
信用格付け	95	**た**	
水素貯蔵量	264	第三者アクセス	153, 154
スーパーメジャー	307, 310	ダイナミックレーティング	214
スタンダード石油	307, 309	太陽光発電	175, 191, 227, 263
スポット価格	316	太陽光発電　出力変動	198
スポット市場	49, 71	タリフ	70, 150, 157, 158
スマートエネルギーコード	271	地域エネルギーセンター	167
スマートメーター	267, 270	地域自然独占	20
スワップ	86, 124	地域電力	246, 248, 251
清算所	123	蓄電池	253
生産物分与契約	136	地産地消	240
政府間協定	44	窒素系化学肥料	39
石炭	304	地方ガス配給会社	153
石炭火力発電	171	長期売買契約	138
石油	301, 303	潮流	27
石油メジャー	307, 309, 317, 318	潮流シミュレーション	215
石油輸出国機構	68, 301, 311, 313	貯蔵施設	262
セブン・シスターズ	307	低硫黄原油	133
前日市場	188, 221, 222, 223	ディーゼルエンジン	306

デジタル技術	21
デフォルト	124
デリバティブ	88,119,138
天候デリバティブ	92
天然ガス	39,43,318,319,321
天然ガス政策法	150
天然ガス法	150
電力流通	172
電力改革	30
電力会社	16,177
電力管理システム	221
電力供給	11,167,209,
電力市場	114,181,219,280
電力システム	25
電力システム管理	203
電力線搬送	268
電力調整	168
電力取引	50
ドイツのガス価格	49
導管使用料	150
東京商品取引所	277
当事国協定	44
投資事業有限責任組合	83
独立系システム運用事業者	54,149
独立系発電事業者	12
独立系発電所	176
トラッキング	298

な

内燃機関	303,305
ナフサ	307
南部ガス回廊	60
日本卸電力取引所	280

日本取引所	277
入札制度	107
尿素	39
尿素輸出	47
熱エネルギー	174,303
熱供給	255
熱電併給	167
ネットワーク	14
ネットワーク管理	20
燃料	302,303
ノーダル価格	237
ノーダルプライシング	236
ノード価格	236,238
ノルドストリーム	54,56

は

バイオ・コージェネレーション発電	247
バイオエネルギー	34
バイオ燃料	175
バイオメタン	35
配ガス管理者	24
配電事業者	184
配電ライセンス制度	244
パイプライン	39,40,43,51
パイプライン運営会社	161
パイプライン事業者	69,149,154,158,163
パイプライン使用料金	156,157
バスケット価格	49
発送電分離	23
発電オファー	211,222
発電会社	175
発電計画	205
発電命令	225

333

発電量	199	メリットオーダー	185, 211, 213, 215, 234
バンカーリング	155	輸送容量	159
ヒートポンプ	305	輸送料	70
ファイナンシャル取引	85	洋上風力発電	193
フィッシャー・トロプシュ反応	318	揚水発電	227
風力発電	175, 193	ヨーロッパのガス市場	50
風力発電　出力変動	199	リ・ディスパッチ	218, 220, 225, 236, 237
プット・オプション	88	リアルタイムのオペレーション	224, 225
ブラウン電力	291	リアルタイム監視	233
ブラックアウト	240	リアルタイム市場	222, 223
プラットフォームオペレーター	294	リーマンブラザーズ	99
ブリティッシュ・ガス	104	ロシアのガス事業	46
ブレント原油	316	ロング・コール	88
フローベース	209	ロンドン国際石油取引所	125

分散エネルギー	174
分散エネルギー源	32
分散システムプラットフォームプロバイダー	32
分散電源	178
米国エネルギー省	151
米国環境保護庁	151
米国連邦エネルギー規制委員会	178
米連邦パイプライン・危険物安全管理局	151
ベースロード	171
ベンチマーク価格	316
変電所	167, 236
変動価格	86
ボイルオフガス	262

ま・や・ら

マイクロコンピューターLSI	21
マスター売買契約	140
メジャーオイル	136
メリット・オーダー曲線	236

［著者略歴］

内藤 克彦（ないとう かつひこ）執筆：1章・8～12章・15章
- 【現 職】 東北大学大学院・環境科学研究科・特任教授。
- 【経 歴】 東京大学工学部物理工学科卒、東京大学大学院工学系研究科修士課程修了。環境省自動車環境対策課長、港区副区長等を経て、2023年まで京都大学大学院経済学研究科再生可能エネルギー経済学講座特任教授、現職に至る。
- 【主な著書】『環境アセスメント入門』（化学工業日報社 1998年）、『いま起きている地球温暖化』（化学工業日報社 2005年）、『展望次世代自動車』（化学工業日報社 2011年）、『PRTRとは何か』（化学工業日報社 1997年）、『「土壌汚染対策法」のすべて』（化学工業日報社 2003年）、『再生可能エネルギー政策の国際比較』（京都大学学術出版会 2017年）、『2050年戦略の提言』（化学工業日報社 2017年）、『欧米の電力システム改革』（化学工業日報社 2018年）、『イノベーションのカギを握る米国型送電システム』（化学工業日報社 2020年）、『欧米のガスシステム − 活性化する市場改革の基本と仕組み −』（化学工業日報社 2020年）

蝦名 雅章（えびな まさあき）執筆：2～7章・13～14章・付録
- 【現 職】 慶應義塾大学経済学部訪問研究員。英国機械技術者協会 (IMechE) 日本名誉代表。日本工営株式会社環境技術顧問。
- 【経 歴】 北海道大学工学部資源開発工学科卒、同大学院工学研究科資源開発工学専攻修士課程修了。日揮株式会社、カルテックス石油 (Caltex Corp.)、テキサコジャパン代表、イーレックス顧問。

筒井 潔（つつい きよし）執筆：Column1・3・4・6
- 【現 職】 アジアパシフィックコーポレーション株式会社代表取締役。慶應義塾大学共生知能創発社会研究センター研究員。
- 【経 歴】 慶應義塾大学大学院理工学研究科電気工学専攻博士課程修了。東北大学金属材料研究所リサーチアドミニストレータ、株式会社海野世界戦略研究所代表取締役会長などを経て現職。共訳書に「電子液体：強相関電子系の物理とその応用」（シュプリンガー・フェアラーク東京）、共著に「欧米のガスシステム − 活性化する市場改革の基本と仕組み −」（化学工業日報社）などがある。

■本書へのご意見、ご感想について

本書に関するご質問については、下記の宛先にFAXもしくは書面、小社ウェブサイトの本書の「お問い合わせ」よりお送りください。

電話によるご質問および本書の内容と関係のないご質問につきましては、お答えできかねます。あらかじめ以上のことをご了承の上、お問い合わせください。

ご質問の際に記載いただいた個人情報は質問の返答以外の目的には使用いたしません。また、質問の返答後は速やかに削除させていただきます。

〒162-0846　東京都新宿区市谷左内町21-13
株式会社技術評論社　書籍編集部
「図解でわかるエネルギーDX」質問係
FAX番号：03-3267-2271

本書ウェブページ：https://gihyo.jp/book/2025/978-4-297-14630-6

カバー・本文デザイン	武田 厚志（SOUVENIR DESIGN INC.）
カバーイラスト	加納 德博
本文イラスト	小野﨑 理香
本文図版・レイアウト	株式会社トップスタジオ
編　集	最上谷 栄美子

未来エコ実践テクノロジー
図解でわかるエネルギーDX
～デジタルで効率化する電力システム大転換技術～

2025年　2月　5日　初版　第1刷発行

著　者	内藤 克彦・蝦名 雅章
発行者	片岡 巖
発行所	株式会社技術評論社
	東京都新宿区市谷左内町21-13
	電話　03-3513-6150 販売促進部
	03-3267-2270 書籍編集部
印刷／製本	日経印刷株式会社

定価はカバーに表示してあります。
本書の一部または全部を著作権法の定める範囲を超え、無断で複写、複製、転載、テープ化、ファイルに落とすことを禁じます。

©2025　内藤 克彦・蝦名 雅章

造本には細心の注意を払っておりますが、万一、乱丁（ページの乱れ）や落丁（ページの抜け）がございましたら、小社販売促進部までお送りください。送料小社負担にてお取り替えいたします。

ISBN 978-4-297-14630-6 C3060
Printed in Japan